Ernst Tugendhat / Ursula Wolf

Logisch-[illegible]ik

Philipp Reclam jun. Stuttgart

Universal-Bibliothek Nr. 8206

Durchgesehene Ausgabe 1993
Gesamtherstellung: Reclam, Ditzingen. Printed in Germany 1997
RECLAM und UNIVERSAL-BIBLIOTHEK sind eingetragene Marken
der Philipp Reclam jun. GmbH & Co., Stuttgart
ISBN 3-15-008206-4

Inhalt

Vorwort

Dieses Büchlein ist als Lehrbuch für ein einführendes Proseminar gedacht und eignet sich wohl auch für den Philosophieunterricht an Schulen. Wir haben es für eine eigene Lehrveranstaltung geschrieben, nachdem wir feststellten, daß es einen geeigneten Text für den Zweck, den wir im Auge hatten, bisher nicht gibt, auch im Englischen nicht. An fast allen Universitäten der Bundesrepublik ist heute ein Kurs in Logik obligatorisch. Dabei hat die Logik den Status einer Spezialdisziplin, die der Student nicht ohne weiteres mit seinem sonstigen Philosophiestudium verbinden kann. Was bisher fehlte, ist eine Einführung ins Philosophiestudium aus logisch-semantischer Perspektive. Eine Ausnahme bildet die *Logische Propädeutik* von Wilhelm Kamlah und Paul Lorenzen, die jedoch eine andere Zielsetzung verfolgt, nämlich eine eigenständige und dadurch auch eigenwillige Einführung in »methodisches Denken«, während wir versuchen wollten, eine erste Kenntnis des *vorhandenen* sowohl traditionellen wie modernen logisch-semantischen Instrumentariums zu vermitteln und seine Relevanz für einige Grundfragen der Philosophie ansatzweise sichtbar zu machen. In der Auswahl der behandelten Themen wie auch in ihrer Präsentation sind wir gewiß auch von subjektiven Präferenzen bestimmt gewesen, wenngleich wir uns bemüht haben, uns nicht von ihnen leiten zu lassen. Bewußt zu kurz gekommen sind die im engeren Sinn logischen Fragen, besonders diejenigen der modernen Logik, nicht nur weil wir keine Logiker sind, sondern weil wir die

Grenze zu einem Logiklehrbuch so wenig wie möglich überschreiten wollten. Die Einführungsveranstaltung, der unser Text als Leitfaden dienen möchte, ist nicht als Ersatz, sondern als Ergänzung zu einem Logikkurs gedacht.
Die Kapitel 5, 7, 9, 10 und 14 hat Ursula Wolf geschrieben, die übrigen Ernst Tugendhat. Die vierzehn Kapitel lassen sich nach unserer Vorstellung und Erfahrung auf die in einem Semester vorgegebene Wochenzahl aufteilen.

Berlin, im November 1982

Ernst Tugendhat
Ursula Wolf

1 Was heißt »Logik«?

Wir beginnen unsere logisch-semantische Propädeutik mit dem Begriff der Logik. Was diese mit Semantik zu tun hat, wird sich im weiteren Verlauf von selbst zeigen. Was ist mit »Logik« gemeint? Das Wort ist im Verlauf der Geschichte dieser Disziplin in verschiedenen Hinsichten enger und weiter gefaßt worden. Dabei ist es nicht sinnvoll zu fragen, welche Bedeutung die richtige ist, da es nicht eine wahre Bedeutung eines Wortes gibt. Was man hier vermeiden muß, ist nicht Falschheit, sondern Unklarheit. Deswegen ist es wichtig, sich darüber Rechenschaft zu geben, in welchen Beziehungen die verschiedenen Bedeutungen, in denen das Wort verwendet worden ist, zueinander stehen. Bevor wir das unternehmen können, sind einige orientierende Vorbemerkungen erforderlich.

Man kann die Geschichte der Logik grob in drei Perioden einteilen.[1] Die erste umfaßt die ältere Logik, die in etwa von ihrem Begründer Aristoteles bis zum ausgehenden Mittelalter reicht. Die zweite ist die neuzeitliche Logik, beginnend mit der sogenannten *Logik von Port-Royal* (1662).[2] Diese zweite Periode ist gekennzeichnet durch ein Vorherrschen erkenntnistheoretischer und psychologischer Fragestellungen, durch die die logische Forschung im engeren Sinn und auch die Klärung der logischen Grundbegriffe zurückgedrängt wurde. Diese Tradition ist auch noch vereinzelt in einigen neueren Büchern vertreten, wie z. B. in der *Logik* des Phänomenologen Pfänder (1921) oder der *Logik* von Freytag-Löringhoff (1955). Diese zweite Periode war die logisch unergiebigste,[3] aber ihre Auffassungen haben sich in den philosophischen Systemen besonders stark ausgewirkt, weil die großen Philosophen der Neuzeit – Kant z. B. und Hegel – in dieser Tradition stehen. Die dritte Periode ist die der modernen Logik, die mit Freges *Begriffsschrift* (1879) beginnt. Diese Logik wird oft als »mathematische« oder auch »symbolische« Logik oder auch als »Logistik« bezeichnet. Diese Bezeichnungen beziehen sich auf die kalkülmäßige Durchführung der Logik. Wichtiger ist jedoch, daß die Logiker dieser dritten Periode die spezifisch logischen von psychologischen Fragestellungen wieder scharf getrennt und die logische Forschung im engeren Sinn erneut aufgenommen und zu ungeahnten Weiterungen geführt haben, nachdem die Vertreter der zweiten Periode der Meinung gewesen waren, daß die Logik im engeren Sinn schon durch Aristoteles zur Vollendung gebracht worden sei[4] (die wichtigsten Weiterungen der stoischen und vor allem der scholastischen Logik waren damals vergessen).

Was ist denn nun aber mit »Logik« überhaupt gemeint? Man kann die verschiedenen Antworten, die auf diese Frage gegeben worden sind, in ihrem Verhältnis zueinander nicht recht verstehen, wenn man nicht – das mag paradox erscheinen – vor der genaueren Ausgrenzung der *Thematik* drei verschiedene *Auffassungsweisen* unterscheidet. Zu diesem Zweck genügt es, zur Thematik vorerst nur so viel zu sagen, daß die Logik doch wohl bestimmte Regeln oder Gesetze oder Zusammenhänge erforscht, und die Frage ist nun: Regeln oder Gesetze oder Zusammenhänge *wovon*? Handelt es sich um Gesetze des Seins oder der Wirklichkeit (wir wollen das die ontologische Auffassung nennen) oder um Gesetze des Denkens (die psychologische Auffassung) oder um Gesetze der Sprache (die sprachliche Auffassung)? Nehmen wir z. B. den Satz vom Widerspruch. Er besagt ungefähr: Etwas kann nicht zugleich der Fall sein und nicht der Fall sein. Warum nicht? Die einen sagen, das gründe im Wesen des Seins; die anderen: im Wesen des Denkens; die Dritten: im Wesen der Sprache. Diese verschiedenen Auffassungsweisen haben sich auf die Frage, wie man die Thematik der Logik ausgrenzen soll, ausgewirkt.

Für die zweite der vorhin unterschiedenen Perioden der Geschichte der Logik ist die psychologische Auffassung charakteristisch. Die *Logik von Port-Royal* definiert die Logik als »die Kunst, seine Vernunft [*raison*] gut zu leiten«. Eine schärfere Umgrenzung finden wir bei Kant: Logik ist die »Wissenschaft von den notwendigen Gesetzen des Verstandes und der Vernunft überhaupt oder, welches einerlei ist, von der bloßen Form des Denkens überhaupt«.[5] Kant betont freilich, daß das nicht psychologisch verstanden werden dürfe: die Logik ist die »Wissenschaft des richtigen Verstandes- und Vernunftgebrauchs überhaupt, aber nicht subjektiv, d. h. nicht nach empirischen [psychologischen] Prinzipien, wie der Verstand denkt, sondern objektiv, d. i. nach Prinzipien a priori, wie er denken soll«.[6] In einem weiten Sinn ist Kants Auffassung gleichwohl eine psychologische, sofern sie eben vom Begriff des Verstandes ausgeht, also von irgendwelchen (und seien es a priori zugängliche) Denkvollzügen.

Demgegenüber war die ältere Tradition und auch wieder die moderne Auffassung eher an der Sprache bzw.

am Sein orientiert, die moderne primär an der Sprache. Es gibt aber weder in der älteren Tradition noch in der modernen Logik Begriffsbestimmungen von Logik, die ähnlich umfassend sind wie die eben genannten. Damit hängt zusammen, daß die Auffassung von der Logik als der Lehre vom richtigen Denken zu unbestimmt ist. Man kann aus ihr allein die spezifische Thematik der Logik nicht entnehmen.

Die übliche Auffassung heute ist, daß es in der Logik um »die Prinzipien des gültigen Schließens« geht;[7] genauer müßte man ergänzen: »sofern dieses auf der bloßen Form der Aussagen (oder Urteile) beruht«. Damit sind zwei Begriffe genannt, die wir erst später genauer erläutern werden: der des *Schlusses* und der der logischen *Form*. Für den Moment mag es wieder genügen, die Erklärung von Kant zu nennen: »Unter Schließen ist diejenige Funktion des Denkens zu verstehen, wodurch ein Urteil aus einem andern hergeleitet wird.«[8] Freilich, was dabei Herleiten besagt, wird die Frage sein. Jetzt nur noch ein Beispiel: (A) »Alle Menschen sind sterblich«, (B) »Sokrates ist ein Mensch«; (also) (C) »Sokrates ist sterblich«. Diese drei Aussagen zusammen bilden einen Schluß; (A) und (B) bilden die Prämissen, (C) die Conclusio oder Schlußfolgerung.

Die erste Lehre vom gültigen formalen Schließen ist von Aristoteles in der Schrift *Analytica Priora* entwickelt worden; aber erst durch Frege ist sie zu einer umfassenden Disziplin geworden. (Wir werden später teilweise sehen, wodurch Frege sie so erweitern konnte.)

Unsere Frage ist jetzt aber folgende: soll man die Logik

auf die Lehre vom gültigen formalen Schließen einschränken? Hier stoßen wir auf eine zweite, inhaltliche Differenz in der Art, wie die Logik heute aufgefaßt wird, und wie sie in der zweiten Periode verstanden wurde. Für die modernen Logiker ist die Logik die Lehre vom gültigen Schließen, für die Logiker der zweiten Periode ist die Logik die Lehre vom richtigen Denken, und diese umfaßt 1. die Logik des Begriffs, 2. die Logik des Urteils, 3. die Logik des Schlusses, 4. eine Methodenlehre. So zum ersten Mal in der *Logik von Port-Royal*. Lassen wir zunächst die Methodenlehre beiseite; an ihr hielt zwar auch Kant noch fest, aber die klassisch gewordene Konzeption ist die, die die Trias Begriff–Urteil–Schluß enthält.

Ist diese triadische Auffassung eine Folge der psychologischen Deutung der Logik in der zweiten Periode oder von ihr unabhängig? Wie sah es in der ersten Periode aus? Aristoteles hatte keinen einheitlichen Begriff von Logik. Die traditionelle Logik der ersten Periode orientierte sich an den Schriften, die als die logischen des Aristoteles galten und als »Organon« zusammengefaßt sind. Es sind: (1) die *Kategorienschrift*, (2) *De Interpretatione* (*Peri Hermeneias*), (3) *Analytica Priora*, (4) *Analytica Posteriora*, (5) *Topica*, (6) *De Sophisticis Elenchiis*. (1) handelt von den einfachen Bestandteilen der Aussagesätze und ließ sich daher als eine Logik vom Begriff auffassen, (2) handelt von den Aussagesätzen und ließ sich daher als die aristotelische Lehre vom Urteil auffassen, (3) enthält die Lehre vom formal gültigen Schließen, (4) handelt vom wissenschaftlichen Beweis, (5) von Wahrscheinlichkeitsschlüssen – die sogenannte »Dialektik«, (6) von Trugschlüssen.

Obwohl Aristoteles selbst die ersten drei nicht so zusammengestellt hatte, konnte sich die Konzeption der späteren Trias doch auf diese Zusammenstellung berufen.

Man kann nun auch von der üblichen modernen Auffassung von Logik aus, die sich auf das formal gültige Schließen beschränkt, das, was mit der Logik des Urteils und der Logik des Begriffs gemeint ist, miteinbeziehen. Wenn es nämlich in der Logik um »die Prinzipien des gültigen Schließens« geht, »sofern dieses auf der bloßen Form der Aussagen beruht«, ist ja die Logik des Schließens auf eine Klärung der Form der Aussagen angewiesen und somit auf eine Logik des Urteils. Und man kann nun weiterhin sagen: die Klärung der logischen Form der Aussagen ist gar nicht möglich ohne eine gleichzeitige Klärung der für die logische Form relevanten Satzteile, und dies würde der Logik des Begriffs entsprechen.

So gesehen steht allerdings das Schließen im Zentrum (und das gilt gewiß auch für die erste Periode der Logik). Die Klärung der Aussageformen ist nur eine Bedingung für die Theorie des formal gültigen Schließens. Und die Logik des Begriffs schließlich ist, wenn die Begriffe von der Sprache her als unselbständige Satzteile angesehen werden, überhaupt keine eigene Disziplin, sondern gehört unmittelbar in die Lehre von den Aussageformen. Dieser letzte Punkt ist freilich nicht mehr selbstverständlich, sondern hängt an der sprachlichen statt psychologischen Auffassung.

An dieser Stelle ist noch eine weitere Differenzierung erforderlich. Geht man von dem modernen Logik-Begriff als einer Logik des Schließens aus, ist zu unterscheiden zwischen *der Logik* als der systematischen Erforschung aller formal gültigen Schlüsse und der *Philosophie der Logik* als der Analyse der in der Logik relevanten Grundbegriffe. Für die Logik selbst ist die Klärung der Formen des Aussagesatzes nur ein rasch zu erledigendes Präliminarium, für die Philosophie der Logik ist sie hingegen zentral. Unsere Propädeutik wird im wesentlichen im Rahmen dieser »Logik des Urteils« bleiben.

Wie steht es nun mit der »Methodenlehre«, die die *Logik von Port-Royal* erstmalig noch zusätzlich zur Logik rechnete? Diese Konzeption geht zurück auf Descartes' *Discours de la Méthode*; in ihm handelt es sich um »la méthode pour bien conduire sa raison et chercher la vérité dans les sciences«, also um »die Methode, seine Vernunft gut zu leiten und die Wahrheit in den Wissenschaften zu suchen«. (Das »und« ist nicht additiv, sondern explikativ.) Den Begriff »seine Vernunft gut zu leiten« haben die Autoren der *Logik von Port-Royal* von Descartes geradezu für ihre Definition der Logik übernommen (s. S. 9). Im Zuge der im 17. Jahrhundert sich entwickelnden empirischen Wissenschaften wurde verlangt, anstelle der angeblich sterilen scholastischen Logik, die ja (das liegt im Wesen des logischen Schließens) nur aus schon Gewußtem die Konsequenzen zieht, Methoden der Wahrheitsfindung (*chercher la vérité*) zu entwickeln. Hier lag aber ein Mißverständnis vor. Man muß nämlich unterscheiden zwischen der *ars inveniendi* und der *ars demonstrandi*, der *Wahrheitsfindung* und der *Wahrheitsbegründung*. Es ist richtig, daß die Logik (im Sinn des Schlußfolgerns) zur Wahrheitsfindung nicht viel beiträgt, aber das beanspruchte sie auch nie. Es erscheint nicht sinnvoll, die vagen Anleitungen zur Wahrheitsfindung und die exakten Regeln der Wahrheitsbegründung in Konkurrenz zueinander zu stellen. Aber, so könnte man fragen, warum soll man nicht, wie die *Logik von Port-Royal*, Regeln der Wahrheitsfindung als Anhang in die Logik zusätzlich aufnehmen? Man kann das tun und das Wort »Logik« entsprechend weit definieren. »Logik« in diesem Sinn würde dann eher dem entsprechen, was man heute Wissenschaftstheorie nennt. Dem entsprechen auch bestimmte heute geläufige Redewendungen, wenn man z. B. von »der Logik der Sozialwissenschaften« spricht. Um die enge Auffassung von »Logik« von solchen weiteren Auffassungen von »Logik« abzuheben, ist auch die Rede von *formaler Logik* (die es erst seit Kant gibt) aufgekommen. Im Sinn der traditionellen (und auch der modernen) Logik ist alle Logik formal.

Noch eine letzte Differenzierung ist jetzt erforderlich. Die Logik qua Methodenlehre wurde eben der Wahrheitsfindung zugeordnet, die Logik im engeren Sinn der Wahrheitsbegründung. Aber nicht alle Wahrheitsbegründung vollzieht sich in der Form formaler Schlüsse. Man kann folgende Unterscheidungen machen: jede Begründung der Wahrheit einer Aussage erfolgt entweder direkt (in der Wahrnehmung) oder indirekt (durch andere Aussagen). Die indirekte Begründung hat immer die Form: »Weil (oder: wenn) das und das und das, daher (oder: dann) dies.« Aber nicht jede Folgerung ist formal gültig (wir sehen erneut, wie wichtig es sein wird, den Begriff des Formalen und der formalen Gültigkeit zu klären). Man unterscheidet daher von dem formal gültigen (dem deduktiven) Schließen das sogenannte induktive. Unter induktivem Schließen versteht man traditionellerweise (so schon Aristoteles, *Topik* 105a 13) das Schließen vom Einzelnen aufs Allgemeine. Man ist gegebenenfalls berechtigt, von »Dies ist F und es ist G« und »Jenes ist F und es ist G« usw. auf »Alle F sind G« zu schließen. Ein solcher Schluß ist offenkundig nicht formal gültig, und das Problem der Induktion ist, unter welchen Umständen ein solcher Schluß gleichwohl berechtigt ist.

Also: auch wenn man die Logik auf das Schließen und die Regeln der Wahrheitsbegründung einschränkt, wäre sie umfassender, als sie nach der üblichen modernen Auffassung verstanden wird. Das erklärt, warum manche Autoren zur Logik auch eine induktive Logik zählen. Der klassische Text für diese Auffassung ist Mills *A System of Logic* (1843). Hier besonders ist es keine Sachfrage, sondern eine bloße Definitionsfrage, ob man Logik in dem engeren oder weiteren Sinn verstehen will.

Da unsere Propädeutik sich ganz auf die Problematik der logischen Form konzentrieren wird, werden wir es allemal mit diesen zuletzt genannten weiteren Bedeutungen von Logik nicht zu tun haben. Hingegen entspricht es der modernen Auffassung von Logik eher, eine Erweiterung in eine andere Richtung ins Auge zu fassen: die Orientierung am Aussagesatz statt am Urteil erlaubt die Frage, ob es nicht analoge »Herleitungen« von Befehlen aus Befehlen und von Wünschen aus Wünschen gibt wie von Aussagen aus Aussagen.[9]

Anmerkungen

1 Zur Geschichte der Logik vgl. Kneale, *The Development of Logic*.
2 Arnauld/Nicole, *La logique ou l'art de penser*, dt.: Arnauld, *Die Logik oder die Kunst des Denkens*.
3 In dem Werk von Kneale ist ihr nur ein Kapitel gewidmet, der ersten Periode vier, der dritten Periode sieben.
4 Vgl. Kant, *Kritik der reinen Vernunft* [im folgenden zit. als: *Kr.d.r.V.*], B VIII. – Wie demgegenüber ein moderner Logiker die Lage einschätzt, dazu vgl. den ersten Satz in Quines *Grundzüge der Logik*: »Logik ist ein altes Gebiet, und seit 1879 ist es zu einem großen geworden.«
5 Kant, *Logik*, S. 13.
6 Ebd., S. 16.
7 »Logic is concerned with the principles of valid inference«; so Kneale, *The Development of Logic*, S. 1.
8 Kant, *Logik*, S. 114.
9 Vgl. dazu Rescher, *The Logic of Commands*; Kenny, »Practical Inference«; Hare, *Practical Inferences*, Kap. 4.

2 Satz, Aussagesatz, Aussage, Urteil

In Kap. 1 wurde darauf hingewiesen, daß es ontologische, psychologische und sprachliche Auffassungen der Logik gibt. Diese Verschiedenheit in der Auffassung zeigt sich besonders bei der Frage, wie der Grundbegriff der ›Logik des Urteils‹ zu verstehen ist: *Urteil* ist ein primär psychologischer Begriff. Der entsprechende sprachliche Begriff ist der des *Aussagesatzes*. Für den entsprechenden ontologischen Begriff sind verschiedene Ausdrücke verwendet worden: Frege sprach von *Gedanken*, Husserl und der frühe Wittgenstein von *Sachverhalten*, in der englischen Philosophie ist der Ausdruck *Proposition* geläufig. Manchmal wird auch das Wort »Aussage« (im Englischen *statement*) so verwendet, daß damit das gemeint ist, wofür der Aussagesatz steht. Man muß dann also scharf unterscheiden zwischen *Aussage* und *Aussagesatz*. Das Wort »Urteil« wird zweideutig verwendet; einen primär psychologischen Sinn hat es nur, wenn es für das *Urteilen* (einen psychischen Akt) steht; vielfach wird es aber auch im Sinn *des Geurteilten* verstanden (so z. B. in Pfänders *Logik*), und in diesem Fall entspricht es in etwa der Proposition.
Sowohl die psychologische wie die ontologische Auffassung kann in einer extremen und in einer gemäßigten Form auftreten. In der *gemäßigten* Form wird, was ein Urteil oder ein Gedanke (Sachverhalt, Proposition, Aussage) ist, explizit oder implizit im Rekurs auf die entsprechenden Sätze erklärt. Demgegenüber kann man von einer *extremen* psychologischen und ontolo-

gischen Auffassung sprechen, wenn die These vertreten wird, daß man das, was ein Urteil bzw. ein Sachverhalt sei, erklären könne, ohne auf Sprachliches zu rekurrieren. Auf der anderen Seite könnte man als *extreme sprachliche* Auffassung diejenige bezeichnen, die überhaupt nur von Aussagesätzen zu sprechen bereit ist und die Existenz von Propositionen geradezu leugnet.[1]

Vertreter der extremen ontologischen Auffassung waren Husserl und der frühe Wittgenstein. So gibt Wittgenstein (*Tractatus* 2.01) folgende Erklärung von »Sachverhalt«: »Der Sachverhalt ist eine Verbindung von Gegenständen (Sachen, Dingen).«

Die extreme psychologische Auffassung war die im 18. Jahrhundert übliche; so vertritt sie z. B. auch Kant. Er erklärt in der *Logik*, § 17: »Ein Urteil ist die Vorstellung der Einheit des Bewußtseins verschiedener Vorstellungen« (S. 101). Vgl. auch die weiteren Ausführungen in der *Kritik der reinen Vernunft* [im folgenden zit. als: *Kr.d.r.V.*], A 68 / B 93. Wie in Kants Zeit Urteile im allgemeinen verstanden wurden, kann man aus *Kr.d.r.V.*, B 140 f., entnehmen, wo Kant sagt: »Ich habe mich niemals durch die Erklärung, welche die Logiker von einem Urteile überhaupt geben, befriedigen können: es ist, wie sie sagen, die Vorstellung eines Verhältnisses zwischen zwei Begriffen.«

Alle diese Erklärungen, sowohl die ontologischen wie die psychologischen, sind im Grunde unverständlich, wenn wir nicht schon wissen, daß es sich um das handeln soll, was in einem Aussagesatz zum Ausdruck kommt. Psychologische Theorien greifen daher häufig ganz naiv, aber nicht explizit, auf Sprachliches zurück.

So z. B. die *Logik von Port-Royal* (T. 2, Kap. 3, Anfang):

> »Nachdem wir die Dinge durch unsere Ideen uns vorgestellt haben [davon hatte die Logik der Begriffe gehandelt], vergleichen wir diese Ideen miteinander, und da wir finden, daß die einen untereinander zusammenstimmen und die anderen nicht, verbinden oder trennen wir sie, was Bejahen oder Verneinen und allgemeiner Urteilen heißt. – Dieses Urteil heißt auch Aussagesatz, und es ist leicht einzusehen, daß er zwei Teile haben muß: der eine, in bezug auf den bejaht oder verneint wird und den man Subjekt nennt; und der andere, der bejaht oder verneint wird und der Attribut oder Prädikat heißt.«

Im Gegensatz zu diesen späteren Theorien war die Logik des Urteils dort, wo sie zum ersten Mal entwikkelt wurde, in Platons Dialog *Sophistes* und in der an ihn sich anschließenden kleinen Abhandlung des Aristoteles *De Interpretatione*, explizit an der Sprache orientiert. Der *locus classicus* der Bestimmung des Aussagesatzes, auf den die gesamte Tradition bis heute zurückgreift, ist *De Interpretatione*, Kap. 4.
In Kap. 1 heißt es allerdings: »Das Verlautbarte ist Symbol für die Zustände der Seele, und das Geschriebene [Symbol] für das Verlautbarte.« Aristoteles vertritt also eine gemäßigte psychologische Auffassung, und, indem es anschließend heißt, »Das, wovon die Zustände der Seele Bilder sind, sind die Dinge«, verbindet sich diese gemäßigte psychologische mit einer gemäßigten ontologischen Auffassung.
De Interpretatione, Kap. 4, beginnt mit einer Definition von »Satz« (*logos*): »Der Satz ist eine mit Bedeutung verbundene Verlautbarung, deren Teile eine eigenstän-

dige Bedeutung haben.« Diese Erklärung muß aus dem Kontext der beiden vorhergehenden Kapitel verstanden werden. Dort wurden »Name« und »Zeitwort« definiert. »Ein Name ist eine konventionell mit Bedeutung verbundene Verlautbarung ohne Zeitbezug, von der kein Teil eine eigenständige Bedeutung hat.« – »Ein Zeitwort ist, was Zeit mitbedeutet, von dem kein Teil für sich etwas bedeutet.« Namen und Zeitwörter sind also für Aristoteles die kleinsten bedeutungstragenden Teile der Sprache.

Der Begriff des »kleinsten bedeutungstragenden Teils« ist wichtig. Er wird auch in der modernen Linguistik so verwendet, wie Aristoteles es tut, nämlich zur Abgrenzung gegen diejenigen Abschnitte einer Lautsequenz, die keine eigene Bedeutung haben. Allerdings ist es merkwürdig, daß Aristoteles als kleinste bedeutungstragende Lautsequenz nur Namen und Zeitwörter anerkennt und nicht alle Wörter. In der modernen Linguistik wird die kleinste bedeutungstragende Sequenz als Morphem bezeichnet. Ein Wort kann mehrere Morpheme enthalten (z. B. enthält das eine Wort »ununterscheidbar« die vier bedeutungstragenden Elemente »un«, »unter«, »scheid«, »bar«). Die Auffassung des Aristoteles erklärt sich z. T. daraus, daß er sich an die Ausführungen in Platons *Sophistes* anschließt, wo sich Platon damit begnügt, die Struktur eines »kleinsten Satzes« zu analysieren, und dabei auf solche Sätze stößt wie »Theätet sitzt«, die aus einem Namen und einem Zeitwort zusammengesetzt sind. Dieser Ansatz hatte aber bei Aristoteles zur Folge, daß er überhaupt nur prädikative Sätze berücksichtigt hat, eine für die nachfolgende Geschichte der Logik und Philosophie folgenschwere Einschränkung.

Diese Einschränkung ist zwar in der eben angeführten Definition von »Satz« noch nicht explizit. Diese Definition ist aber offenkundig aus einem anderen Grund unbefriedigend. Sie läuft praktisch darauf hinaus, nur eine (und jede) mehr als ein Wort enthaltende Lautsequenz als Satz zu bezeichnen. Aber gibt es nicht auch Ein-Wort-Sätze? Außerdem möchte man sagen, daß ein Satz eine eigentümliche Abgeschlossenheit hat (»und deswegen auch« ist nicht ein Satz). Und die Frage stellt sich also: Worin besteht diese Abgeschlossenheit? Kann man sie nur grammatisch, oder kann man sie auch semantisch (mit Bezug auf die Bedeutung des Ausdrucks) definieren? Wir greifen hier vor, da wir den Unterschied zwischen grammatischer und semantischer Form erst in Kap. 6 erklären werden.

Eine grammatische Definition findet sich z. B. bei Lyons, *Einführung in die theoretische Linguistik* 5.2.1. Ein Satz ist danach eine Lautsequenz, die insofern abgeschlossen ist, als sie für sich auftreten kann bzw. als sie in keine Distributionsklasse gehört (für den Begriff der Distributionsklasse vgl. Kap. 6.3).

Nun haben wir aber wohl eine intuitive Vorstellung, daß diejenigen Lautsequenzen, die wir Sätze nennen, sich auch hinsichtlich ihres Sinnes, also semantisch, von den Wörtern (bzw. Morphemen) unterscheiden. Läßt sich die eigentümliche Abgeschlossenheit eines Satzes auch semantisch bestimmen? Eine solche semantische Unterscheidung zwischen Sätzen und Wörtern findet sich bereits an der Stelle in Platons *Sophistes*, von der Aristoteles in *De Interpretatione* ausgegangen war (262c/d):

FREMDER: Wenn jemand sagt »Der Mensch lernt«, so nennst du das wohl den kürzesten und einfachsten Satz [*logos*]?
THEÄTET: Das tue ich.
FREMDER: Denn hierdurch tut er schon etwas kund über Seiendes oder Werdendes oder Gewordenes oder Künftiges; er benennt nicht nur etwas, sondern bringt etwas zustande, indem er die Namen mit Zeitwörtern verknüpft. Darum können wir auch sagen, daß er etwas sagt [*legein*] und nicht nur nennt, und wir haben ja auch dieser Verknüpfung den Namen »Satz« [*logos*] gegeben.
THEÄTET: Richtig.

Die These ist also: Mit einem Namen wird etwas nur benannt (verallgemeinernd können wir sagen: ein Wort – oder Morphem – hat zwar eine Bedeutung – oder: Sinn), aber erst mit einem Satz wird etwas *kundgetan*. (Dieser Terminus wird in *De Interpretatione* auch von Aristoteles verwendet [17a 16], aber nicht bei der Definition des Satzes.) Dem entspricht eine verbreitete moderne Auffassung, derzufolge Sätze die kleinsten Verständigungseinheiten sind: Ein Wort hat einen Sinn, wir können es verstehen, aber nur mit einem Satz kann man etwas *zu verstehen geben* oder, wie Platon sagt, etwas *sagen*. Wenn jemand nur sagt »Peter –«, dann können wir darauf nicht antworten; wir können nur sagen: »Na und? Was ist denn mit Peter?« Man drückt das auch manchmal so aus: Mit einem Wort hat man noch nicht eine Sprechhandlung vollzogen; erst ein Satz ist ein »Zug im Sprachspiel«.[2]
Platon stellt die Sache freilich so dar, als könne eine Lautsequenz diese Funktion, etwas zu verstehen zu

geben, nur erfüllen, weil sie aus den Bestandteilen Name und Zeitwort besteht. Man kann aber von dieser Einschränkung absehen. Die Definition des Satzes durch die semantische Funktion, die er erfüllt (etwas zu verstehen zu geben), erlaubt es auch, von Ein-Wort-Sätzen zu sprechen; z. B. »Feuer!« – das ist nicht nur ein Wort, das eine Bedeutung hat, sondern es kann so verwendet werden, daß mit ihm etwas zu verstehen gegeben wird. Das Wort fungiert dann als Satz. Vgl. auch z. B. »es regnet« (im Griechischen oder Spanischen verwendet man hier nur ein Wort: *hyei, llueve*). Sind aber diese Bestimmungen »Kundtun«, »Zuverstehengeben« genügend klar, um als Kriterien zu fungieren, ob man eine Äußerung als Satz ansehen kann? Das läßt sich bezweifeln. Man wünscht sich ein einfacheres Erkennungskriterium.

Gehen wir erst noch einmal zu Aristoteles zurück! Nachdem er in *De Interpretatione*, Kap. 4, seine Definition von »Satz« gegeben hat, macht er eine Unterscheidung verschiedener Satzarten: »Jeder Satz hat einen Sinn [*semantikós*] [. . .], aber nicht jeder zeigt etwas auf [*apophantikós*], sondern nur derjenige, der wahr oder falsch sein kann. Das kann aber nicht jeder, so ist eine Bitte zwar ein Satz, aber nicht wahr oder falsch.« Diese Unterscheidung ist klassisch geworden und findet sich auch bei heutigen Logikern: es gibt eine Art Sätze – Aristoteles nennt sie apophantische Sätze, im Deutschen kann man sie als Aussagesätze oder assertorische Sätze bezeichnen –, deren Funktion des Kundtuns speziell in einem Aufzeigen (man könnte erläutern: im Sagen, daß etwas der Fall ist) besteht, und für diese Sätze gibt es das Kriterium, daß man bei ihnen immer sinnvoll fragen kann, ob sie wahr oder falsch sind. Durch dieses Kriterium werden also Aussagesätze von Wunschsätzen, Imperativen und Fragesätzen unterschieden.

Man kann das Gesagte auch noch so ergänzen: wer einen Aussagesatz verwendet, indem er z. B. sagt »Theätet sitzt«, erhebt immer einen Wahrheitsanspruch, und deswegen können seine Gesprächspartner fragen, ob dieser Wahrheitsanspruch berechtigt ist oder nicht, und d. h. ob, was er sagt, wahr oder falsch ist. Auf die sich hier sofort nahelegende Frage: Was heißt das denn, »wahr« und »falsch«?, geht Aristoteles hier nicht ein; die Klärung dieser Frage scheint für das, worum es hier geht, nicht unmittelbar erforderlich, und so schieben auch wir die Frage auf später auf (Kap. 13).

Wir haben jetzt nicht nur, wie bei den Sätzen überhaupt, eine vage semantische Erklärung, sondern ein semantisches Kriterium, mit Hilfe dessen sich entscheiden läßt, ob eine Lautsequenz in die Kategorie des Aussagesatzes gehört oder nicht. Wir können jetzt auch die intuitive Vorstellung von der semantischen Abgeschlossenheit eines Satzes deutlicher fassen. Haben wir einen Text, der aus mehreren Aussagesätzen besteht, so erhebt jeder dieser Sätze einen Wahrheitsanspruch, jeder ist entweder wahr oder falsch, während wir vom ganzen Text sagen können: er ist teilweise falsch, weil einige der in ihm enthaltenen Sätze falsch sind. Das jetzige Kriterium erlaubt uns insbesondere auch die wichtige Unterscheidung zwischen solchen Teilen eines Satzes, die wir ihrerseits als *Teilsätze* bezeichnen können, und anderen Satzteilen, die nicht selbst den Charakter eines Satzes haben. Zum Beispiel: Der Ausdruck

»Es regnet oder es schneit« ist *ein* Satz, der aber aus zwei Teilsätzen besteht, und zwar bezeichnen wir die Teile »es regnet« und »es schneit« als Teilsätze, weil es bei ihnen ihrerseits sinnvoll ist, zu fragen, ob sie wahr oder falsch sind; gleichwohl fungieren diese Ausdrücke hier nicht als selbständige Sätze, sondern nur als Teilsätze, weil derjenige, der den ganzen Satz verwendet, nicht bezüglich dieser Teilsätze, sondern nur bezüglich des ganzen Satzes einen Wahrheitsanspruch erhebt. Das erlaubt es nun auch, die Aussagesätze als die kleinsten Einheiten der apophantischen Rede nach oben hin klar abzugrenzen. Eine Rede (bzw. ein Text) besteht aus so vielen Aussagesätzen, wie sie Einheiten mit selbständigen Wahrheitsansprüchen enthält.[3]

Für Aristoteles haben sich diese Fragen nicht gestellt, weil er sich mit dem Problem komplexer Sätze überhaupt noch nicht konfrontierte. In *De Interpretatione*, Kap. 5, erklärt er, jeder einfache *logos apophantikós* sei entweder bejahend oder verneinend (17a 7), und das heiße: Entweder wird etwas (ein Prädikat) etwas (dem Subjekt) zugesprochen oder abgesprochen (17a 21); jeder andere Logos sei eins durch Aneinanderreihung (9,16). – Man kann diesen Text nur verstehen, wenn man berücksichtigt, daß *logos* eigentlich so viel wie »Rede« heißt. Die Auffassung des Aristoteles läßt sich dann so wiedergeben: jede apophantische Rede ist entweder ein Satz (was Aristoteles als »einfache apophantische Rede« bezeichnet), und dieser ist prädikativ, oder eine Aneinanderreihung von Sätzen. Das heißt also: es werden überhaupt nur prädikative Sätze ins Auge gefaßt, und insbesondere wird das Problem komplexer Sätze (und ihrer Teilsätze) nicht gesehen.

Wir haben oben unterschieden zwischen extremer und gemäßigter ontologischer bzw. psychologischer Auffassung. Für eine explizite gemäßigte ontologische bzw. psychologische Auffassung ist es charakteristisch, daß sie bei der Erklärung von Proposition, Urteil usw. von dem Begriff des Aussagesatzes, wie wir ihn jetzt im Anschluß an Aristoteles gewonnen haben, ausgeht.
Ein gutes Beispiel für dieses Vorgehen bietet Frege. Er definiert den Gedanken als den Sinn eines Aussagesatzes. »Und wenn wir einen Satz wahr nennen, meinen wir eigentlich seinen Sinn« (»Der Gedanke«, S. 33). Dieser Schritt vom Aussagesatz zur *Aussage* bzw. dem *Gedanken* (oder der Proposition) erscheint notwendig, weil wir, wenn wir das, was jemand gesagt hat, als wahr oder falsch bezeichnen, nicht den Wortlaut meinen, den er verwendet hat; vielmehr beurteilen wir damit alle Aussagesätze als wahr, die denselben Sinn haben, in welcher Sprache auch immer sie formuliert sein mögen. So daß man dann also geradezu sagen kann: Es ist dieser Sinn, was wahr oder falsch ist. Allerdings umfaßt, was Frege den Sinn nennt, nicht die gesamte Bedeutung des Aussagesatzes, sondern nur seinen »Inhalt«. Wie das gemeint ist, zeigt der folgende Text aus seinem Aufsatz »Der Gedanke« (S. 34 f.):

> »Um das, was ich Gedanken nennen will, schärfer herauszuarbeiten, unterscheide ich Arten von Sätzen. Einem Befehlssatze wird man einen Sinn nicht absprechen wollen; aber dieser Sinn ist nicht derart, daß Wahrheit bei ihm in Frage kommen könnte. Darum werde ich den Sinn eines Befehlssatzes nicht Gedanken nennen. Ebenso sind Wunsch- und Bittsätze auszuschließen. In Betracht kommen können Sätze, in denen wir etwas mitteilen oder behaupten.

Aber Ausrufe, in denen man seinen Gefühlen Luft macht, Stöhnen, Seufzen, Lachen rechne ich nicht dazu, es sei denn, daß sie durch besondere Verabredung dazu bestimmt sind, etwas mitzuteilen. Wie ist es aber bei den Fragesätzen? In einer Wortfrage sprechen wir einen unvollständigen Satz aus, der erst durch die Ergänzung, zu der wir auffordern, einen wahren Sinn erhalten soll. Die Wortfragen bleiben hier demnach außer Betracht. Anders ist es bei den Satzfragen. Wir erwarten ›ja‹ zu hören oder ›nein‹. Die Antwort ›ja‹ besagt dasselbe wie ein Behauptungssatz; denn durch sie wird der Gedanke als wahr hingestellt, der im Fragesatz schon vollständig enthalten ist. So kann man zu jedem Behauptungssatz eine Satzfrage bilden. Ein Ausruf ist deshalb nicht als Mitteilung anzusehen, weil keine entsprechende Satzfrage gebildet werden kann. Fragesatz und Behauptungssatz enthalten denselben Gedanken; aber der Behauptungssatz enthält noch etwas mehr, nämlich eben die Behauptung. Auch der Fragesatz enthält etwas mehr, nämlich eine Aufforderung. In einem Behauptungssatz ist also zweierlei zu unterscheiden: der Inhalt, den er mit der entsprechenden Satzfrage gemein hat, und die Behauptung. Jener ist der Gedanke oder enthält wenigstens den Gedanken. Es ist also möglich, einen Gedanken auszudrücken, ohne ihn als wahr hinzustellen. In einem Behauptungssatze ist beides so verbunden, daß man die Zerlegbarkeit leicht übersieht. Wir unterscheiden demnach

1. das Fassen des Gedankens – das Denken,
2. die Anerkennung der Wahrheit eines Gedankens – das Urteilen,
3. die Kundgebung dieses Urteils – das Behaupten.«

Frege drückt sich etwas ungenau aus, wenn er so spricht, als ob der Inhalt (der Sinn, der Gedanke) und die Behauptung zwei Bestandteile des Aussagesatzes seien; gemeint ist natürlich, daß es sich um zwei

Momente dessen handelt, was man die Bedeutung des Aussagesatzes nennen würde.[4] Auf dieses merkwürdige Phänomen der Behauptung, das im Aussprechen eines Aussagesatzes enthalten ist, werden wir später eingehen (Kap. 12). Wir weisen jetzt nur noch darauf hin, daß aus dem Ende des angeführten Zitats deutlich wird, wie Frege auf dem Umweg über die gemäßigte ontologische Auffassung auch die gemäßigte psychologische Auffassung zu ihrem Recht kommen läßt, indem er auf diesem Weg auch den Begriff des *Urteils* im Sinn des Urteilens zu erklären versucht.

Von neueren Autoren[5] ist darauf hingewiesen worden, daß es nicht ausreicht, mit Frege zu sagen: alle Aussagesätze, die denselben Sinn (Inhalt) haben, stehen für eine Aussage. Denn wenn verschiedene Leute sagen »Ich bin 180 cm groß«, haben die Sätze, die sie verwenden, denselben Sinn. Sie machen jedoch verschiedene Aussagen: die Frage, ob das, was der eine mit dem Satz sagt, wahr ist, ist nicht identisch mit der Frage, ob das, was der andere mit demselben Satz sagt, wahr ist. Dieses Problem konnte Frege nur dadurch vermeiden, daß er von solchen Sätzen, die sogenannte deiktische Ausdrücke (wie »ich«, »dies«, »heute«) enthalten und deren Wahrheit daher nicht nur von ihrer Bedeutung, sondern auch von der Situation, in der sie geäußert werden, abhängt, absah. Bei diesen situationsbezogenen Sätzen muß man sagen: Der Gedanke ist eine Funktion von zwei Faktoren, des Sinns des Satzes und der Situation, in der er verwendet wird. Nicht nur drücken zwei solche Sätze mit demselben Sinn, wenn sie in verschiedenen Situationen bzw. von verschiedenen Sprechern verwendet werden, verschiedene Gedanken aus; auch zwei Sätze mit verschiedenem Sinn können, je nach dem, wann, wo oder von wem sie ausgesprochen werden, ein und denselben Gedanken ausdrücken, etwa wenn ich sage »Ich friere« und mein Gesprächspartner mit Bezug auf mich sagt »Du frierst«. Beide Äußerungen haben denselben Wahrheitswert (unter dem Wahrheitswert einer Aussage oder eines Aussagesatzes versteht man seit Frege ihre Eigenschaft, wahr oder falsch zu sein).[6]

Anmerkungen

1 Für diese Auffassung vgl. Mates, *Elementare Logik*, S. 23–26.

2 Dummett, *Frege. Philosophy of Language*, S. 3, 364 f.

3 Das Wort »selbständig« ist in diesem Zusammenhang mißverständlich und muß sehr vorsichtig verwendet werden. Man muß sich immer fragen, worauf es sich bezieht. So sind auch schon Wörter selbständige Bedeutungseinheiten, aber nicht selbständige Verständigungseinheiten. Ein Aussagesatz wiederum, der in einem Text vorkommt, kann in manchen Hinsichten vom Textkontext abhängen, also insofern nicht selbständig sein. Er hat aber einen eigenständigen Wahrheitsanspruch. Auch das scheint in manchen Fällen nicht zu stimmen, z. B. wenn ein Satz mit »also« beginnt und aus vorhergehenden Sätzen etwas folgert. Hier stoßen wir offenbar an die Grenze der Möglichkeit einer semantischen Definition des Satzes, und man könnte der Schwierigkeit dadurch ausweichen, daß man erklärt, der grammatische Satz »Also . . .« ist, semantisch gesehen, nur ein Teilsatz.

4 Wir müssen das so vorsichtig formulieren, weil Frege merkwürdigerweise für diese gegenüber dem Sinn umfassendere Bedeutung des Satzes keinen Terminus hat und weil er

selbst das Wort »Bedeutung« anders verwendet (vgl. Kap. 10).

5 Vgl. z. B. Strawson, *Introduction to Logical Theory*, Kap. 1, § 4.

6 Zur weiteren Diskussion dieser Problematik vgl. Strawson, »On Referring« (bes. Abschn. II); Cartwright, »Propositions«, § 10; Tugendhat, *Vorlesungen zur Einführung in die sprachanalytische Philosophie*, S. 282 f.; Lemmon, »Sentences, Statements, and Propositions«.

Literaturhinweise

Frege, »Der Gedanke«.
Quine, *Word and Object*, Kap. 6.
Cartwright, »Propositions«.
Lemmon, »Sentences, Statements, and Propositions«.
Patzig, »Satz und Tatsache«.
Dummett, *Frege. Philosophy of Language*, Kap. 11.

3 Logische Implikation und logische Wahrheit; Analytizität und Apriorität

In Kap. 1 haben wir gesehen, daß Logik im engen Sinn dieses Wortes die Lehre vom gültigen formalen Schließen ist. Das führt uns zu der Frage, was denn unter logischem Schließen überhaupt zu verstehen ist. Die Rede vom Schließen steht in engem Zusammenhang mit der Rede von einer logischen Folgerung. Wir sagen z. B.: Aus den Aussagen »Alle Menschen sind sterblich« und »Sokrates ist ein Mensch« läßt sich die Aussage »Sokrates ist sterblich« *logisch folgern*; oder auch: sie *folgt* (logisch) aus ihnen; oder eben: aus den beiden ersten Aussagen kann man auf die dritte *schließen*; dieser Schluß sei gültig. Was ist damit gemeint?

In Kap. 1 haben wir eine Erklärung Kants zitiert, wonach das Schließen in der »Herleitung« eines Urteils aus anderen besteht. Diese Formulierung legt das Mißverständnis nahe, als handle es sich um einen Prozeß, in dem die Conclusio aus den Prämissen irgendwie hervorgehe. Die psychologische Auffassung des Logischen konnte eine solche Vorstellung nahelegen. Diese dynamische Auffassung ist jedoch unhaltbar.

Schon Aristoteles hat demgegenüber eine im Kern richtige Erklärung gegeben: daß ein Schluß besteht, heiße, daß sich, wenn die Prämissen gesetzt werden, der Schlußsatz mit Notwendigkeit ergibt (*Analytica Priora*, A 1, 24b 19). Das Wort »ergibt« scheint zwar ebenfalls eine dynamische Konnotation zu enthalten, entscheidend ist jedoch die Rede von einer »Notwendigkeit«.

Von möglichen Mißverständnissen ganz frei ist erst die

in der modernen Logik übliche Erklärung der Folgerungsbeziehung mittels des Begriffs der (logischen) Implikation. Dieser wird so erklärt: daß die Conclusio von den Prämissen (logisch) impliziert ist, heißt, daß es unmöglich ist, daß die Prämissen wahr sind und die Conclusio falsch ist. Also z. B.: *Wenn* es wahr ist, daß alle Menschen sterblich sind, und *wenn* es wahr ist, daß Sokrates ein Mensch ist, dann ist es unmöglich, daß es nicht wahr ist, daß Sokrates sterblich ist (oder, vereinfacht formuliert: dann ist es notwendig wahr, daß Sokrates sterblich ist). Die Implikation bzw. Folgerung steht also nicht für irgendein dynamisches Hervorgehen der Conclusio aus den Prämissen, sondern für eine statische Relation, und zwar handelt es sich um eine Relation zwischen den Wahrheitswerten der Aussagen: daß die Conclusio notwendigerweise wahr ist, wenn die Prämissen wahr sind. Daß ein Schluß gültig ist (daß die Conclusio von den Prämissen impliziert ist), sagt nichts darüber aus, *ob* die Prämissen und die Conclusio wahr sind (es mag falsch sein, daß Sokrates ein Mensch ist, oder es könnte falsch sein, daß alle Menschen sterblich sind); was behauptet wird, ist nur, daß, *wenn* die Prämissen wahr sind, die Conclusio notwendigerweise auch wahr ist (d. h. nicht falsch sein ›kann‹: sie ›muß‹ dann wahr sein). Diese Wenn-Relation zwischen den Wahrheitswerten der Aussagen zeigt, daß wir das Implikationsverhältnis auch so zum Ausdruck bringen können, daß wir die Aussagen zu *einer* komplexen Aussage verbinden und von dieser sagen, sie sei notwendig wahr. Zum Beispiel: »Wenn A und B, dann notwendigerweise C«, was dasselbe besagt wie »Es ist notwendig wahr: wenn A und B, dann C« (oder eben: »Es ist unmöglich:

A und B und nicht C«). Darin liegt: Der Begriff der Implikation läßt sich auf den der notwendigen Wahrheit reduzieren.

Man wird nun fragen, wie wir denn jeweils wissen können, daß dann, wenn das eine wahr ist, auch das andere wahr sein muß bzw. daß die ganze komplexe Aussage (»Wenn ..., dann ---«) wahr sein muß. Aber vor dieser Frage, wie man das *wissen* kann, stellt sich die Vorfrage, was denn mit notwendiger Wahrheit *gemeint* ist: Was ist gemeint mit dieser Rede von Notwendigkeit bzw. Unmöglichkeit, von »muß« und »kann nicht«?

Wir können auf diese Begriffe hier nur vorläufig eingehen und werden in Kap. 14 auf sie zurückkommen. Hier geht es nur darum, den besonderen Sinn dieser Wörter herauszustellen, den sie im jetzigen Kontext haben. Wenn wir z. B. sagen: »Wenn du den Stein losläßt, muß er fallen«, hat das Wort »muß« offensichtlich einen anderen Sinn als den, den es beim logischen Schließen hat. Daß der Stein fallen muß, verweist auf ein Naturgesetz. Es wäre denkbar, daß er nicht fällt. Im logischen Kontext hingegen hat das »muß« offenbar einen stärkeren Sinn. Hier meinen wir, daß es undenkbar ist, daß – wie auch immer die Welt konstituiert ist – der entsprechende Satz nicht wahr ist.

Was ist damit gemeint? Manche Autoren begnügen sich damit, hier einfach von logischer Notwendigkeit zu sprechen und sie der physikalischen gegenüberzustellen.[1] Aber diese Auskunft ist schon deswegen unbefriedigend, weil wir doch gerade erst wissen wollen, worauf sich die Notwendigkeit der logischen Zusammenhänge gründet. Außerdem sind die Sätze, die wir als logisch wahr bezeichnen, in demselben Sinn notwendig wahr, in dem, wie wir noch sehen werden, auch noch eine andere Klasse von Sätzen notwendig wahr ist. Der für das Verständnis dieser Notwendigkeit entscheidende Begriff ist der der analytischen Wahrheit, und mit ihm hängt eng zusammen der Begriff einer Erkenntnis a priori. Der Begriff der analytischen Wahrheit verweist, wie wir gleich sehen werden, seinerseits auf den Satz des Widerspruchs, aber er geht in diesem nicht auf. Man kann jedoch die Notwendigkeit, die bei logischen Sätzen bzw. bei Implikationen vorliegt, geradezu auch so zum Ausdruck bringen, daß man sagt: daß eine solche Aussage notwendig wahr ist, heißt, daß man sich widerspricht, wenn man sie leugnet. Wir werden auf den Satz des Widerspruchs erst in Kap. 4 genauer eingehen. Jetzt sollen uns die Begriffe »analytisch« und »a priori« beschäftigen. Die klassischen Texte für diese Begriffe finden sich bei Leibniz und Kant. Der Grundbegriff von Leibniz ist der der »Vernunftwahrheit«, und dieser enthält sowohl die Idee der Analytizität wie die des Apriori. Demgegenüber hielt Kant es für erforderlich, die beiden letzteren Begriffe zu unterscheiden. Sehen wir uns die Texte an!

Leibniz schreibt in der *Monadologie:*

> »Es gibt ferner zwei Arten von Wahrheiten: Vernunftwahrheiten [*vérités de raisonnement*] und Tatsachenwahrheiten [*vérités de fait*]. Die Vernunftwahrheiten sind notwendig und ihr Gegenteil ist unmöglich; die Tatsachenwahrheiten sind zufällig [*contingentes*] und ihr Gegenteil ist möglich. Ist eine Wahrheit notwendig, so kann man ihren Grund durch Analyse finden, indem man sie in einfachere Ideen und Wahrheiten auflöst, bis man zu den ursprünglichen kommt« (§ 33).

»Man gelangt hierbei zuletzt [. . .] zu ursprünglichen Prinzipien [. . .], das sind die identischen Aussagen, deren Gegenteil einen ausdrücklichen Widerspruch enthält« (§ 35).

Kant beginnt seine *Kr.d.r.V.* mit der Unterscheidung zwischen Erkenntnissen a priori und a posteriori:

Die Erfahrung »sagt uns zwar, was da sei, aber nicht, daß es notwendigerweise so und nicht anders sein müsse. [. . .] Solche allgemeine Erkenntnisse nun, die zugleich den Charakter der innern Notwendigkeit haben, müssen von der Erfahrung unabhängig [. . .] sein; man nennt sie daher Erkenntnisse a priori« (A 1 f.) »und unterscheidet sie von den empirischen, die ihre Quellen a posteriori, nämlich in der Erfahrung haben« (B 2).

Es ist bemerkenswert, daß Kant bei der Erläuterung des Begriffs der apriorischen Erkenntnis als Kriterium auf den schon von Leibniz für die »Vernunftwahrheiten« genannten Begriff der Notwendigkeit rekurriert. Gleichwohl handelt es sich nicht um denselben Begriff. Die Begriffe des Apriori und des Empirischen sind erkenntnistheoretische Begriffe; sie betreffen die Art und Weise, wie wir zu einer Erkenntnis gelangen: entweder durch Erfahrung oder unabhängig von Erfahrung.

Die Unterscheidung zwischen analytischen und synthetischen Urteilen wird von Kant ebenfalls in der Einleitung der *Kr.d.r.V.* erläutert:

»In allen Urteilen, worin das Verhältnis eines Subjekts zum Prädikat gedacht wird, [. . .] ist dieses Verhältnis auf zweierlei Art möglich. Entweder das Prädikat B gehört zum Subjekt A als etwas, was in diesem Begriffe A (versteckterweise) enthalten ist; oder B liegt ganz außer dem Begriff A, ob es zwar mit demselben in Verknüpfung steht. Im ersten Fall

> nenne ich das Urteil analytisch, im andern synthetisch. Analytische Urteile (die bejahende[n]) sind also diejenigen, in welchen die Verknüpfung des Prädikats mit dem Subjekt durch Identität, diejenige[n] aber, in denen diese Verknüpfung ohne Identität gedacht wird, sollen synthetische Urteile heißen. [. . .] Z. B. wenn ich sage: alle Körper sind ausgedehnt, so ist dies ein analytisch[es] Urteil. [. . .] Dagegen wenn ich sage: alle Körper sind schwer, so ist das Prädikat etwas ganz anderes als das, was ich in dem bloßen Begriff eines Körpers überhaupt denke. Die Hinzufügung eines solchen Prädikats gibt also ein synthetisch[es] Urteil« (A 6 f.).

Auch in der Erläuterung, die Kant hier von einem analytischen Urteil gibt, nimmt er offensichtlich Bestimmungen auf, die in Leibniz' Erläuterung der Vernunftwahrheiten enthalten sind: Die Erklärung, bei einem analytischen Urteil sei der Prädikatbegriff im Subjektbegriff enthalten, entspricht der Erklärung von Leibniz (§ 33), bei einer Vernunftwahrheit könne man »durch Analyse« »ihren Grund auffinden«: Leibniz meint damit genau das, was Kant erläutert, daß nämlich die Wahrheit eines solchen Urteils sich durch Analyse des Subjektbegriffs ergibt. Man erkennt dann, daß der Subjektbegriff den Prädikatbegriff bereits »versteckterweise« enthält, also z. B. der des Körpers den der Ausgedehntheit, oder, um ein unproblematischeres Beispiel zu nehmen: Das Urteil »Alle Junggesellen sind unverheiratet« ist analytisch, weil mit »Junggesellen« nichts anderes gemeint ist als »unverheiratete Männer«; wir können daher diesen durch »Analyse« gewonnenen Ausdruck für »Junggesellen« einsetzen und gewinnen so die Aussage »Alle unverheirateten Männer sind unverheiratet«; es ist eine solche Aussage, die Leibniz in § 35 als »identische Aussage« bezeichnet, »deren Gegenteil einen ausdrücklichen Widerspruch enthält«. Auch diesen Begriff der Identität hat Kant in seiner Erläuterung aufgenommen.

Wenn nun sowohl Kants Erklärung der apriorischen Erkenntnis wie seine Erklärung der analytischen Urteile Bestimmungen aus Leibnizens Erklärung der Vernunftwahrheiten aufnimmt, liegt es scheinbar nahe, alle drei Begriffspaare gleichzusetzen und zu sagen: die notwendigen oder Vernunftwahrheiten sind analytisch und sind als solche a priori erkennbar. Genau das war in der Tat Leibniz' Meinung. Kant aber möchte einen Unterschied machen, ja er baute seine ganze Philosophie auf die Idee auf, daß es auch andere Erkenntnisse a priori gibt als die analytischen.

Seine diesbezüglichen Ausführungen finden sich in der *Kr.d.r.V.*, A 8 f. Nach der einen Seite teilt er die Auffassung von Leibniz: Daß alle analytischen Urteile notwendig sind, und d. h. a priori erkennbar, sei klar. Aber die Umkehrung gesteht er nicht zu. Man müsse es doch wenigstens offen lassen, daß es Sätze gibt, deren Wahrheit nicht auf Erfahrung beruht und die gleichwohl nicht analytisch sind. Als Beispiel nennt Kant »den Satz: Alles, was geschieht, hat eine Ursache« (A 9). Dieses Beispiel ist für Kant kein beliebiges. Den genannten Satz als notwendigen zu erweisen war das Hauptanliegen der *Kr.d.r.V.* Hume hatte gezeigt, daß dieser Satz nicht analytisch wahr ist, und daraus die Konsequenz gezogen, daß er überhaupt nicht notwendig gilt. Kant war von Humes Nachweis, daß dieser Satz nicht analytisch ist, überzeugt, die von Hume gezogene Konsequenz erschien ihm jedoch absurd. Daß es Veränderun-

gen geben könne, die keine Ursachen haben, erschien ihm undenkbar und der genannte Satz also notwendig. Dann blieb aber nur übrig, die Begriffe der Notwendigkeit und der Analytizität zu trennen und d. h. die Möglichkeit von Urteilen ins Auge zu fassen, die a priori und doch synthetisch sind. Kant gesteht also Leibniz zu: 1. alle empirischen Urteile sind synthetisch (und d. h. einfach: nicht-analytisch), 2. alle analytischen Urteile sind a priori. Aber gibt es nicht eine 3. Klasse, synthetische Urteile a priori?
Um diese Frage, ob alle apriorischen Urteile analytisch sind, besser zu verstehen, müssen wir versuchen, den Begriff des Analytischen angemessener zu fassen, als er bei Kant (und Leibniz) verstanden wird. Außer der oben angeführten Erläuterung, wonach analytische Urteile solche sind, bei denen der Prädikatbegriff im Subjektbegriff enthalten ist, findet sich bei Kant auch eine andere:

> »[. . .] wenn das Urteil analytisch ist, es mag nun verneinend oder bejahend sein, so muß dessen Wahrheit jederzeit nach dem Satze des Widerspruchs hinreichend können erkannt werden« (A 151).

Diese zweite Erklärung und die erste schließen sich nicht gegenseitig aus, ja aus den Erläuterungen S. 36 f. ergibt sich, daß sie sich gegenseitig ergänzen, und so war es auch von Kant gemeint. Dieselbe Auffassung findet sich bei Leibniz (vgl. § 35). Es stellt sich nun aber die Frage, ob es nicht auch andere Aussagen gibt, deren Gegenteil einen Widerspruch impliziert und bei denen dies gleichwohl nicht auf dem Verhältnis des Prädikatbegriffs und des Subjektbegriffs beruht. Ein Beispiel wäre die Aussage »Caesar starb im Jahre 44 v. Chr. oder Caesar starb nicht im Jahre 44 v. Chr.« oder unser anfangs genanntes Beispiel »Wenn alle Menschen sterblich sind und alle Griechen Menschen, so sind alle Griechen sterblich«. Worauf beruht die Wahrheit solcher Aussagen? Auch bei ihnen impliziert ihre Negation einen Widerspruch. Zum Beispiel: Die Negation der zweiten Aussage lautet: »Es ist nicht der Fall, daß, wenn alle Menschen sterblich sind und alle Griechen Menschen sind, alle Griechen sterblich sind« – anders formuliert: »Wenn alle Menschen sterblich sind und alle Griechen Menschen sind, sind einige Griechen nicht sterblich«. Dieser Satz enthält aber einen Widerspruch. Denn, wenn einige Griechen (gemäß dem letzten Teilsatz) nicht sterblich sind und alle Griechen Menschen sind, dann sind einige Menschen nicht sterblich und doch (aufgrund des ersten Teilsatzes) sterblich. Und doch ergibt sich der Widerspruch in diesem Fall nicht aus den Begriffsverhältnissen (diese können wir ja beliebig variieren, ohne daß sich an der notwendigen Wahrheit der ganzen Aussage etwas ändert), sondern offenbar aus der Form dieser Aussage, und d. h. aus der Bedeutung der in diesem Satz vorkommenden Formwörter »alle«, »wenn – so« und »und«. Entsprechend beruht die Wahrheit des ersten Satzes offenbar nur auf der Bedeutung der beiden Wörter »oder« und »nicht«.

Wir sind schon in Kap. 2 auf den merkwürdigen Tatbestand gestoßen, daß Aristoteles nur prädikative Sätze berücksichtigt hat. Diese Einschränkung ist schon in der stoischen Logik überwunden worden, sie ist aber gleichwohl weitgehend maßgebend geblieben. Daß

Kant den Begriff eines analytischen Urteils lediglich mit Bezug auf mögliche Verhältnisse zwischen Prädikat- und Subjektbegriff erläutert, gründet in dieser Einschränkung. Dann ist aber die Unterscheidung zwischen analytischen und synthetischen Urteilen, so wie er sie formuliert hat, nicht umfassend genug. Denn gewiß ist der Satz »Caesar starb im Jahre 44 v. Chr. oder Caesar starb nicht im Jahre 44 v. Chr.« kein synthetischer Satz. Dann müssen wir aber einen Begriff des Analytischen ins Auge fassen, der allgemeiner ist als derjenige von Kant. Dabei können wir uns an die zweite Erklärung halten, die Kant gibt:

> Analytisch wahr ist eine Aussage, wenn ihre Negation einen Widerspruch impliziert.

Diese Definition erscheint angemessen, aber indem sie das Wort »impliziert« verwendet, ist sie nicht genügend explizit. Daß ein Widerspruch impliziert ist, heißt, daß, wenn bestimmte Umformungen vorgenommen werden, sich ein expliziter Widerspruch ergibt. Aber wodurch ist geregelt, welche Umformungen dabei zulässig sind? In dem besonderen Fall, an den Kant sich gehalten hat, zeigte sich: Wir können den Subjektausdruck durch einen anderen ersetzen, durch den er definiert ist oder, wie wir auch sagen können: durch einen anderen, der dieselbe Bedeutung hat. Das läßt sich nun verallgemeinern: Zulässig sind solche Umformungen, bei denen die Bedeutung dieselbe bleibt. So ergäbe sich folgende Erklärung: Analytisch wahr sind alle Sätze, bei deren Negation sich, sofern man sie so umformt, daß ihre Bedeutung nicht verändert wird, ein Widerspruch ergibt. Und daraus ergibt sich folgende Definition:

> Analytisch wahr (oder falsch) ist ein Satz, dessen Wahrheit (bzw. Falschheit) in seiner Bedeutung gründet.

Diese Erklärung, die die heute übliche ist,[2] erlaubt es erst zu verstehen, warum es wesentlich zum Begriff des Aussagesatzes gehört, daß es die zwei Möglichkeiten von analytischen und synthetischen Aussagen gibt. Aussagesätze, so hatten wir in Kap. 2 gesehen, sind Sätze, die wahr oder falsch sein können; wer einen solchen Satz verwendet, erhebt einen Wahrheitsanspruch, und d. h., er sagt: So, wie ich es sage, verhält *es* sich. Was heißt »es«? Man könnte etwas vage sagen: Gemeint ist die Welt. Ein Aussagesatz ist mit seinem Wahrheitsanspruch wesentlich auf die Welt bezogen. Mit »der Welt« ist dabei ungefähr das gemeint, was Kant mit »der Erfahrung« meint und Leibniz mit den Tatsachen, wenn er von »Tatsachenwahrheiten« spricht. Je nachdem, ob die Welt sich wirklich so verhält, ist der Satz wahr oder falsch. Wie kommt es, daß ein Aussagesatz sich in dieser Weise auf die Welt beziehen kann? Darauf antwortet Wittgenstein: Ein »Satz zeigt, wie es sich verhält, wenn er wahr ist« (*Tractatus* 4.022). »Einen Satz verstehen« – und d. h.: seine Bedeutung verstehen – »heißt, wissen, was der Fall ist, *wenn* er wahr ist« (4.024). Darin liegt: Wenn wir einen Satz verstehen, verstehen wir eine *Möglichkeit*, wie es sein könnte (»Im Satz wird gleichsam eine Sachlage probeweise zusammengestellt«; 4.031), und wir verstehen zugleich, daß der, der den Satz verwendet, behauptet, daß es sich *wirklich* so verhält. Nur weil die Bedeutung des Satzes darin besteht, daß er von zwei sich ausschließenden Möglichkeiten eine herausgreift, ist er informativ, sagt er etwas über die Welt aus.

Wenn das in ungefährer Andeutung das Verhältnis zwischen einem Aussagesatz, seiner Bedeutung und der Welt ist, dann läßt sich zugleich verstehen, daß es einen Grenzfall von Aussagesätzen geben muß, bei denen schon durch ihre Bedeutung vorentschieden ist, daß sie nur wahr (oder nur falsch) sein können. Weil nämlich die Aussagesätze strukturiert sind, gibt es den Grenzfall, daß die Teilausdrücke sich so zusammensetzen, daß es zu einer bloßen Repetition kommt, z. B. explizit in der Aussage »Ein Mann ist ein Mann«, implizit in der Aussage »Ein Junggeselle ist ein Mann«. Die Bedeutungen der Teilausdrücke, die in normaler Kombination eine *Möglichkeit* von Wahrheit darstellen, können sich in besonderen Kombinationen explizit oder implizit wiederholen oder annullieren.[3]

Im ersteren Fall ist dann die Aussage notwendig wahr, im zweiten notwendig falsch (unmöglich wahr). Die notwendige Wahrheit ist also nicht so sehr eine Auszeichnung als eine Defizienz: eine analytische Aussage ist implizit eine »Tautologie«; sie sagt zweimal dasselbe (»wenn p, dann p«), und d. h., sie sagt in gewisser Weise nichts, d. h. nichts über die Welt. Sie ist in gewisser Weise uninformativ (»in gewisser Weise«, weil sie immer noch für denjenigen informativ sein kann, der den Zusammenhang der Bedeutungen der in ihr vorkommenden Ausdrücke nicht durchschaut).

Es sei noch darauf hingewiesen, daß die jetzt gegebene Erklärung für »analytisch« eine primäre Orientierung an der Sprache impliziert. Denn es sind natürlich die Sätze (und nicht die Urteile), bei denen man von einer Bedeutung sprechen kann.

Kehren wir jetzt zur Frage zurück, was es heißen kann,

daß es Aussagen gibt, die notwendig wahr und doch nicht analytisch sind (also Kants These von synthetischen Urteilen a priori). Daß sie nicht analytisch sind, das hat jetzt den genaueren Sinn, daß sich ihre Wahrheit nicht aus ihrer Bedeutung ergibt. Was kann dann noch mit »notwendig wahr« gemeint sein? Bei den analytischen Aussagen können wir sagen: Daß sie notwendig wahr sind, liegt in ihnen selbst, es gründet in ihrer Bedeutung. Wenn es nun auch Aussagen geben soll, die nicht falsch sein können, obwohl ihre Bedeutung das offen läßt, und diese Notwendigkeit gleichwohl nicht in dem Sinn einer bloß physikalischen (also empirischen) Notwendigkeit, sondern a priori gemeint ist, dann kann dieses Nichtkönnen nur besagen: *Wir* können uns nicht *denken*, daß es sich anders verhalten könnte. Die Notwendigkeit läßt sich jetzt also nur noch subjektiv verstehen. Man muß dann sagen: Wir Menschen können uns nicht denken, daß – z. B. – etwas geschehen kann, was keine Ursache hat. Diese subjektive Wendung der Rede vom Apriori ist bei Kant offenkundig. Man könnte vielleicht fragen: Ist nicht auch das analytische Apriori subjektiv, sofern es auf unser Verstehen verweist? Gewiß ist es nicht sinnvoll, von Sätzen zu sprechen unabhängig von Wesen, die sie verstehen. Es ist daher auch kontingent und insofern »subjektiv«, ob wir bestimmte Ausdrücke in der und der Weise verstehen. Ein triviales Beispiel: eine Sprache ist denkbar, die kein Wort für »Junggeselle« hat und in der es nicht einmal ein Wort für »verheiratet« gibt, weil es die Institution der Ehe nicht gibt. Aber: *Wenn* man Wörter in bestimmter Weise verwendet, dann hängt es nicht mehr von uns und unserer Vorstellungsfähigkeit ab, welche Aussagen aufgrund ihrer Bedeutung notwendig oder unmöglich wahr sind.

Wir können hier die Frage nach dem synthetischen Apriori offen lassen. Von fast allen neueren Philosophen wird dieser Begriff verworfen.[4] Das hat zur Folge, daß heute normalerweise das Apriorische bzw. Notwendige doch wieder mit dem Analytischen gleichgesetzt wird, wie schon von Leibniz, nur eben jetzt auf der Basis des umfassenderen Begriffs vom Analytischen.

Wir merken jetzt noch an, daß in der analytischen Philosophie die Zusammenhänge, wie sie hier dargestellt wurden, in zwei Richtungen problematisiert worden sind.

Erstens hat Quine in dem Aufsatz »Two Dogmas of Empiricism« (1951) die Unterscheidung zwischen empirischen und analytischen Sätzen in Frage gestellt. Die wichtigste Replik auf Quine ist diejenige von Strawson und Grice in dem Artikel »In Defense of a Dogma«. Putnam hat in seinem Aufsatz »The Analytic and the Synthetic« eine sich an Quine anlehnende, aber weniger extreme Auffassung entwickelt.

Auf der anderen Seite ist neuerdings die enge Zusammenstellung der Begriffe »a priori« und »notwendig« von Kripke in Frage gestellt worden.[5] Darauf wird in Kap. 11 und 14 zurückzukommen sein.

Jetzt können wir zur Frage nach dem Sinn der logischen Wahrheit bzw. der logischen Notwendigkeit zurückkommen. Nicht alle analytisch wahren Sätze sind nämlich logisch wahr. Wir müssen unterscheiden zwischen denjenigen Sätzen, die analytisch wahr (oder falsch) sind aufgrund der Bedeutung von inhaltlichen Wörtern (wie z. B. »Junggeselle« und »verheiratet«), und solchen Sätzen, die analytisch wahr (oder falsch) sind aufgrund ihrer logischen Form, und d. h. aufgrund der Bedeutung von Formwörtern (wie »alle«, »und«, »nicht«). Der Satz »Wenn Peter ein Junggeselle ist, ist er unverheiratet« ist inhaltlich- bzw. material-analytisch, während der Satz »Wenn alle Menschen sterblich sind und alle Griechen Menschen sind, sind alle Griechen sterblich« formal-analytisch ist. Die formale Analytizität dieses Satzes zeigt sich daran, daß seine Wahrheit eine bloße Folge der Gültigkeit eines entsprechenden formalen Satzschemas ist. In diesem Fall hat das Satzschema die Form »Wenn alle G H sind und alle F G sind, sind alle F H«. Den Abstraktionsprozeß, in dem ein solches Schema aus einem Satz gewonnen wird, kann man als Formalisierung bezeichnen. »F«, »G« und »H« sind künstliche Symbole, die den Sinn haben, einen beliebigen inhaltlichen Ausdruck eines bestimmten Typus zu vertreten; man bezeichnet sie deswegen als Variable. Die Logik beschäftigt sich natürlich nicht mit solchen einzelnen Beispielsätzen wie dem über die Griechen und Menschen, sondern ihre Aufgabe ist es zu erforschen, welche Satzschemata[6] logisch gültig sind. Dieser Begriff der Gültigkeit wird so definiert: ein Schema ist gültig genau dann, wenn jeder Satz dieser Form (und d. h. jeder Satz, in dem die Variablen des Schemas durch inhaltliche Ausdrücke des entsprechenden Typus ersetzt werden) analytisch wahr ist. Der Satz über die Griechen und Menschen ist logisch wahr, weil er eine Einsetzungsinstanz eines entsprechenden gültigen Schemas ist. Hingegen ist der Satz »Wenn Peter ein Junggeselle ist, ist er unverheiratet« zwar analytisch, aber nicht logisch wahr, weil das entsprechende Schema

»Wenn a ein F ist, ist a G« nicht gültig ist; es ist deswegen nicht gültig, weil die Wahrheit eines Satzes dieser Form davon abhängt, was man für »a«, »F« und »G« einsetzt.
Die Orientierung an Satzschemata und die Verwendung von Symbolen als Variable für inhaltliche Ausdrücke gehört konstitutiv zur Logik und ist schon bei Aristoteles vorhanden. Allerdings hat Aristoteles nur Variable für einen bestimmten Typus von Ausdrücken verwendet, nämlich für sogenannte generelle Termini (vgl. Kap. 8) wie »sterblich«, »Grieche« usw. Entsprechend war er an einer einzigen Art von Formalisierung orientiert. Wir können jedoch einen Satz auf mehrfache Weise formalisieren, je nachdem, welche inhaltlichen Ausdrücke wir durch Variable ersetzen. Nehmen wir z. B. den Satz »Europa ist ein Kontinent oder Europa ist nicht ein Kontinent«, so können wir den Satz erstens so formalisieren, daß wir sowohl die Eigennamen als auch die generellen Termini durch Variable ersetzen. Wir gewinnen dann das Schema »a ist F oder a ist nicht F«. Wir können aber auch einen Schritt weiter gehen und die ganzen Teilsätze als variabel setzen und die innere Struktur der Teilsätze unberücksichtigt lassen. Das Schema, das wir dann bei diesem Satz gewinnen, ist »p oder nicht-p«. Es ist heute üblich, die kleinen Buchstaben »p«, »q«, »r« als Satzvariable zu verwenden, die kleinen Buchstaben »a«, »b« usw. als Variable für singuläre Termini (Individuenvariable) und die großen Buchstaben »F«, »G«, »H« als Variable für generelle Termini. Das ist natürlich nur eine Konvention; wesentlich ist jedoch, daß im Schema auf die eine oder andere Weise erkennbar wird, für welchen

Typ eines inhaltlichen Ausdrucks eine Variable steht. Wichtig ist auch die Möglichkeit, von der wir im eben angeführten Schema Gebrauch gemacht haben, daß ein und dieselbe Variable (hier »p«) mehrere Male verwendet wird. Einsetzungsinstanzen eines solchen Schemas sind nur Sätze, die überall, wo ein und dieselbe Variable steht, ein und denselben inhaltlichen Ausdruck aufweisen. In diesem Fall hängt die Gültigkeit des Schemas und damit die logische Wahrheit des Aussagesatzes von diesem Umstand ab.

Natürlich können wir auch den Satz über die Griechen und Menschen so formalisieren, daß wir die Teilsätze im ganzen durch Variable ersetzen und ihre innere Struktur übergehen. Wir gewinnen dann folgendes Schema »Wenn p und q, so r«. Aber dieses Schema ist natürlich nicht gültig. Das zeigt: Die logische Wahrheit des Satzes über die Griechen und Menschen gründet in derjenigen Struktur, die sich ergibt, wenn wir die generellen Termini durch Variable ersetzen (sie ist eine sogenannte prädikatenlogische oder klassenlogische Wahrheit), während die logische Wahrheit des Satzes über Europa in derjenigen Struktur gründet, die sich ergibt, wenn wir die Teilsätze durch Variable ersetzen (sie ist eine aussagenlogische Wahrheit). Fast alle Sätze lassen sich auf mehrfache Weise formalisieren. Es gibt also nicht *die* Formalisierung eines Satzes. Für den Begriff der logischen Wahrheit ergibt sich: Ein Satz ist logisch wahr, wenn es *ein* gültiges Schema gibt, in das er sich formalisieren läßt.

Wir wissen freilich immer noch nicht, wie man die Gültigkeit eines Satzschemas *erkennt*. Das gehört in die eigentliche Logik, die in dieser Propädeutik nicht mehr unser Thema ist. Nur für den einfachsten Teil der Logik, die Aussagenlogik, wird sich in Kap. 7 eine Antwort ergeben.

Die Unterscheidung zwischen inhaltlichen Wörtern und Wörtern der logischen Form haben wir bisher als intuitiv verständlich unterstellt, aber nicht erklärt. Wenn man nun, wie wir jetzt gesehen haben, einen Satz auf mehrfache Weise formalisieren kann, stellt sich die Frage, ob es für diese Unterscheidung überhaupt ein klares Kriterium gibt. Auf diese Frage ist bisher keine befriedigende Antwort gefunden worden. Es ist nicht klar, ob es eine eindeutige Grenze gibt, wie weit sich Sätze logisch formalisieren lassen.[7] Die Unterscheidung zwischen material-analytischen und formal-analytischen (logischen) Wahrheiten ist also nicht scharf zu ziehen. Den Begriff der logischen Form werden wir allerdings in Kap. 6 ein Stück weit klären können durch die Unterscheidung der semantischen Form eines Satzes von seiner grammatischen Form.

Anmerkungen

1 Vgl. z. B. Mates, *Elementare Logik*, Kap. 1, § 4.

2 Vgl. z. B. Quinton, »The A Priori and the Analytic«, S. 108 f.

3 Damit können wir die These von Leibniz und Kant, daß alle analytischen Sätze implizit Identitätssätze sind, in allgemeinerer Weise aufnehmen. Für den Zusammenhang dieser Bestimmung mit der obigen Erklärung von »analytisch« vgl. Quinton, S. 113 f.

4 Eine Ausnahme: Kamlah/Lorenzen, *Logische Propädeutik*, Kap. 6, §§ 4–5.

5 Vgl. Kripke, *Name und Notwendigkeit*, S. 44–49.
6 Hier wie häufig schwankt die Terminologie. Das Wort »Schema« verwendet z. B. Quine in *Grundzüge der Logik*, § 5. Mates spricht statt dessen von einer »Matrix«; *Elementare Logik*, Kap. 1, § 5.
7 Vgl. Strawson, *Introduction to Logical Theory*, Kap. 2, §§ 9–15.

Literaturhinweise

Zu »a priori« und »analytisch«:

Quine, »Two Dogmas of Empiricism«.
Grice/Strawson, »In Defense of a Dogma«.
Putnam, »The Analytic and the Synthetic«.
Quinton, »The A Priori and the Analytic«.

Zur logischen Implikation:

Tarski, »On the Concept of Logical Consequence«.
Strawson, *Introduction to Logical Theory*, Kap. 1, §§ 13–14; Kap. 2, §§ 9–15.
Mates, *Elementary Logic*, Kap. 1, § 5.
Patzig, »Schluß«.

4 Der Satz vom Widerspruch

Was man den »Satz vom Widerspruch« nennt, ist der Satz, daß es unmöglich ist, daß eine Aussage, die sich widerspricht, wahr ist. Genaugenommen müßte man also vom Satz vom ausgeschlossenen Widerspruch reden. In Kap. 3 haben wir gesehen, daß eine Aussage notwendig (analytisch) wahr ist, wenn sie wahr ist aufgrund der bloßen Bedeutung der in ihr verwendeten Ausdrücke, und das hieß: die Negation einer solchen Aussage impliziert – aufgrund der bloßen Bedeutung der in ihr verwendeten Ausdrücke – einen Widerspruch. Die notwendige Wahrheit einer Aussage gründet also auf der notwendigen Falschheit eines explizit widersprüchlichen Satzes; d. h. sie gründet auf der notwendigen Wahrheit des Satzes vom (ausgeschlossenen) Widerspruch. Damit aber stellt sich die Frage, was der Satz vom Widerspruch selbst genau besagt und worin die Notwendigkeit dieses Satzes ihrerseits gründet.
Oder ist es vielleicht gar nicht sinnvoll, nach dem Grund eines solchen irgendwie letzten Satzes zu fragen? Muß der Rückgang im Begründen nicht irgendwo ein Ende finden? Nun wäre es gewiß unsinnig, die notwendige Wahrheit dieses Satzes durch irgendeinen anderen Satz begründen zu wollen; es wäre schon deswegen unsinnig, weil sich dann bei diesem Satz die Frage nach der Begründung von neuem stellen würde. Das zeigt aber nur, daß wir die Antwort auf unsere Frage jedenfalls nicht in dieser Richtung suchen dürfen; hingegen zeigt es nicht, daß die Frage als solche nicht sinnvoll ist. Die Frage kann nicht sein, worauf (auf welchem anderen

Satz) die Notwendigkeit des Satzes vom Widerspruch gründet, sondern wir können nur fragen, worin die Notwendigkeit gründet, worin sie besteht.

Wollte man statt dessen diese Frage überhaupt abweisen, so hieße das, daß man den Satz vom Widerspruch auf den Status einer bloßen Voraussetzung, einer blinden Annahme reduziert. Diese Auffassung, wonach das Anerkennen des Satzes vom Widerspruch einfach ein dezisionistischer Akt, eine rationalistische Vorentscheidung darstellt, wird häufig vertreten. Es wäre dann ebensogut möglich, sich gegen diesen Satz zu ›entscheiden‹, sei es, daß man einen ›Irrationalismus‹ vertritt, sei es, daß man einen angeblich höheren ›dialektischen‹ Rationalismus vertritt, der die Bejahung der Möglichkeit und Wirklichkeit des Widerspruchs einschließen soll. Hier soll nicht bestritten werden, daß es vielleicht möglich ist, sich gegen den Satz vom Widerspruch zu ›entscheiden‹. Wichtig ist nur, daß man sich darüber Rechenschaft gibt, was eine solche Entscheidung impliziert, und das tut man eben dadurch, daß man klärt, was mit diesem Satz gemeint ist und worin seine Notwendigkeit besteht.

Das ist selten geschehen. Bei Logikern wird der Satz meist einfach vorausgesetzt, und auch unter Philosophen haben sich nur wenige mit dieser Frage beschäftigt. Die wichtigste und in ihrem Grundgedanken bis heute nicht überholte Erörterung des Satzes vom Widerspruch findet sich in der *Metaphysik* des Aristoteles. Die wohl aufschlußreichste zeitgenössische Erörterung ist in Strawsons *Introduction to Logical Theory* enthalten.

Was ist mit »Widerspruch« gemeint? Jemand widerspricht sich, wenn er sagt, daß etwas der Fall ist, und gleichzeitig behauptet, daß es nicht der Fall ist. Verstehen wir »p« als eine Variable für einen beliebigen Aussagesatz, so hat also jeder Widerspruch die Form folgender zusammengesetzter Aussage: »p und nicht-p«. Es mag nicht immer klar sein, ob ein bestimmter Satz, in dem ein Negationszeichen vorkommt, die Negation von »p« ist. Einer solchen Schwierigkeit werden wir in Kap. 5 begegnen. Wir brauchen also ein klares Kriterium, durch das wir einen vorgegebenen Satz als die Negation eines anderen Satzes erkennen können. Hier hilft der Zusammenhang zwischen Negation und Falschheit weiter. Wenn wir einen Satz (bzw. die mit ihm gemachte Aussage) negieren, behaupten wir, daß er (bzw. die mit ihm gemachte Aussage) falsch ist. Ein Satz »q« ist also die Negation eines Satzes »p« (und steht somit für »nicht-p«), wenn er genau dann wahr ist, wenn »p« falsch ist. Man nennt denjenigen Satz, der genau dann wahr ist, wenn »p« falsch ist, auch das kontradiktorische Gegenteil zu »p«. Das erlaubt uns zugleich eine andere Formulierung des Satzes vom Widerspruch, die mit der vorigen äquivalent ist: Zwei einander kontradiktorisch entgegengesetzte Aussagen können nicht zugleich wahr sein.

Beide Formulierungen finden sich auch schon bei Aristoteles (*Metaphysik* 1006a 1; 1011b 13 f.). Sie gelten ganz allgemein für alle Aussagen, gleichgültig, welche Struktur sie haben. Aristoteles führt allerdings seine Erörterung des Satzes vom Widerspruch am speziellen Fall der prädikativen Aussagen durch. Das hat zum einen seinen Grund darin, daß Aristoteles, wie wir schon gesehen haben, überhaupt nur prädikative Aussagen berücksichtigt. Zweitens ist diese Einschränkung in diesem Fall aber auch sachlich berechtigt und gefordert, weil, wie wir später noch sehen werden (13.4), die Wahrheit und Falschheit aller anderen Satzformen auf diese Satzform zurückweist und man daher das Problem hier, gewissermaßen an der Basis, erörtern muß.

Wenden wir die allgemeine Formulierung auf den speziellen Fall der prädikativen Sätze an, so ergibt sich: »Es ist notwendig falsch, daß a F ist und a nicht F ist«. Aber wir haben schon in Zusammenhang mit dem »nicht« gesehen, daß es problematisch ist, den Satz vom Widerspruch an einer bestimmten verbalen Formulierung festzumachen. Die klassische Formulierung, die Aristoteles dem Satz vom Widerspruch gibt, lautet: »Daß ein und dasselbe [Prädikat] ein und demselben [Subjekt] nach derselben Hinsicht gleichzeitig zukommt und nicht zukommt, ist unmöglich« (1005b 19 f.). Diese Formulierung unterscheidet sich von der eben gegebenen formalen durch die Hinzufügungen »nach derselben Hinsicht« und »gleichzeitig«; ja Aristoteles ergänzt die eben zitierte Formulierung noch durch die Bemerkung: »und dazu mögen noch die anderen näheren Bestimmungen hinzugefügt sein gegenüber den logischen Einwürfen«.

Weshalb sind diese Zusätze erforderlich? Es ist einer der naheliegendsten Einwände gegen den Satz vom Widerspruch, daß man sagt: es ist durchaus möglich, daß ein und dasselbe Prädikat einer Sache zukommt und nicht zukommt; zweifellos kann es der Sache zu einem Zeitpunkt zukommen und zu einem anderen Zeitpunkt nicht zukommen. So schreibt auch Hegel in seiner *Logik*: »die äußerliche sinnliche Bewegung« ist »das unmittelbare Dasein« des Widerspruchs.[1] Deswegen fügt Aristoteles also eigens das Wort »gleichzeitig« hinzu. Aber die Zeit ist in Wirklichkeit nur eine Hinsicht unter vielen anderen, nach der ein Prädikat einem Gegenstand sowohl zukommen wie nicht zukommen kann. Genauso, wie es sich nicht widerspricht, wenn ein Prädikat einem Gegenstand zu verschiedenen Zeiten zukommt und nicht zukommt, widerspricht es sich nicht, wenn ein Prädikat einem Gegenstand an verschiedenen Stellen zukommt und nicht zukommt. Auf die Frage »Ist diese Tulpe rot?« kann man gegebenenfalls wahrheitsgemäß nur mit »Ja und nein« antworten, wenn sie zwar rot ist, aber einen weißen Fleck hat. Diese Notwendigkeit der Präzisierung einer prädikativen Aussage kann sich aber auch nach anderen Hinsichten ergeben. Auch wenn die Tulpe überall dieselbe Farbe hat, kann man unter Umständen auf die Frage, ob sie rot ist, wahrheitsgemäß nur mit »Ja und nein« (»sie ist rot, und doch auch nicht rot«) antworten, wenn nämlich z. B. das Prädikat »rot« zu grob ist, um die bestimmte Farbnuance zwischen Rot und Violett zu treffen, die diese Tulpe hat. Aristoteles hätte also auf den Zusatz »gleichzeitig« verzichten können, weil er in dem zweiten Zusatz »nach derselben Hinsicht« mit enthalten ist. Dieser zweite Zusatz ist jedoch unentbehrlich, weil wir nicht vorweg wissen können, wie viele verschiedene Hinsichten herausgestellt werden können, die immer wieder ein »Ja und nein« erforderlich machen.[2] Dieser Zusatz enthält also eine offene Anweisung auf gegebenenfalls notwendige Präzisierungen. Angesichts dieser Sachlage kann man freilich den Eindruck gewinnen, daß derjenige, der den Satz vom Widerspruch aufrechterhalten will, demjenigen, dem es gelingt, immer von neuem scheinbare Widersprüche aufzuzeigen, gewissermaßen hinterherläuft. So könnte es fast willkürlich erscheinen, ob man den Satz vom Widerspruch überhaupt aufrechterhalten will. Um so dringlicher wird die Frage nach seiner Begründung.

Diese Frage behandelt Aristoteles in *Metaphysik* IV,4. Er weist zunächst darauf hin, daß es unmöglich ist, den Satz vom Widerspruch direkt zu beweisen (1006a 5 ff.). Das einzige, was man tun könne, sei, denjenigen zu widerlegen, der den Satz leugnet. Nun ist aber auch ein normaler indirekter Beweis durch Widerlegung des Gegenteils nicht möglich, denn ein solcher Beweis würde voraussetzen, daß man in der Annahme des Gegners einen Widerspruch nachweisen könnte. Das könnte ihn aber in diesem Fall, in dem seine Annahme gerade in der Negation des Satzes vom Widerspruch besteht, nicht treffen. Die Widerlegung muß also einen besonderen Charakter haben.

Das einzige, was der Gegner zugeben soll, ist, daß er spricht, daß er etwas sagt. Und das tue er doch, wenn er den Satz vom Widerspruch leugne. Sage er hingegen nichts, so sei es lächerlich, mit jemandem argumentieren zu sollen, der seinerseits nichts sagt, »denn ein solcher ist insofern nur noch wie eine Pflanze«. Was ist nun darin impliziert, wenn jemand zugibt, daß er etwas sagt? Etwas zu sagen bedeutet: »etwas zu verstehen geben [*semainein*], sowohl sich selbst wie einem anderen« (1006a 21). Etwas zu verstehen zu geben heiße aber, etwas Bestimmtes (*horismenon*) zu verstehen zu geben (1006a 24). Wer nicht eines (etwas Bestimmtes) zu verstehen gebe, gebe nichts zu verstehen (1006b 7).

Wir haben schon in Kap. 1 die Frage aufgeworfen, ob die Notwendigkeit des Satzes vom Widerspruch – und darauf gründend die des Logischen überhaupt – im Wesen des Seins (der Wirklichkeit), des Denkens oder des Sprechens gründe. Auf diese Frage gibt Aristoteles eine eindeutige Antwort: Die Bedingung der Möglichkeit dafür, daß man *spricht* – und das heißt, daß man etwas zu verstehen gibt – ist, daß man etwas Bestimmtes sagt.[3]

Noch ist nicht ganz ersichtlich, wie daraus der Satz vom Widerspruch folgen soll. Das versucht Aristoteles im sich anschließenden Text zu zeigen (1006a 31 ff.): Wir können in einem prädikativen Satz nur etwas Bestimmtes sagen, wenn das Prädikat etwas Bestimmtes bedeutet. Dagegen erheben sich zwei Einwände. Der erste ist, daß Prädikate oft mehrdeutig sind. Dieser Einwand ist, so antwortet Aristoteles, unerheblich, wenn nur die Vielzahl der Bedeutungen eines Wortes ihrerseits eine bestimmte ist (1006a 34 – b 2). Der zweite Einwand lautet, daß doch die Gegenstände, auf die wir Prädikate anwenden, immer eine Vielzahl (und vielleicht eine unbestimmte Vielzahl) von Bestimmungen haben. Hierauf antwortet Aristoteles: »Das [Prädikat] ›Mensch‹ wird nicht nur auf eines angewendet, sondern bezeichnet eines« (1006b 14). Es muß also, modern gesprochen, unterschieden werden zwischen der Bedeutung des Prädikats und dem Gegenstand, auf den es angewendet wird. Während der Gegenstand allerdings in einer unbestimmten Mannigfaltigkeit von Aspekten vorgegeben ist, muß die Bedeutung des Prädikats eine eindeutig bestimmte sein. Aristoteles bringt nun den Gedankengang so zum Abschluß (1006a 28 – 34): Wenn ein Prädikat (z. B. »Mensch«) etwas Bestimmtes bedeutet, dann kann es nicht zugleich sein Gegenteil bedeuten (z. B. »nicht-Mensch«); also ist es unmöglich, daß man, wenn man wahrheitsgemäß von etwas sagen kann, es sei ein Mensch, zugleich auch wahrheitsgemäß von ihm sagen kann, es sei nicht ein Mensch.

So überzeugend der Ansatz der aristotelischen Argumentation ist, so können doch die letzten Schritte nicht befriedigen. Der Stellenwert, den das Wort »nicht« im Zusammenhang mit der Bestimmtheit des Prädikats hat, kommt nicht zu wirklicher Klarheit. Auch bleibt hinsichtlich der Bestimmtheit des Prädikats der weitere Einwand unberücksichtigt, daß viele (oder vielleicht alle) Prädikate vage sind.

Hier können die Überlegungen weiterhelfen, die Strawson zur Erläuterung des Satzes vom Widerspruch anstellt.[4] Während es bei Aristoteles so aussieht, als repräsentiere das Prädikat etwas in sich Geschlossenes, das mit dem Gegenstand irgendwie verbunden wird,[5] versteht Strawson das Prädikat von vornherein in der Funktion, die es mit Bezug auf den Gegenstand in der Rede (in einem Akt der Prädikation) erfüllt:

> »Einer der Hauptzwecke, für den wir Sprache verwenden, ist es, Ereignisse zu berichten und Dinge und Personen zu beschreiben. Solche Berichte und Beschreibungen sind wie Antworten auf Fragen der Form ›Wie war es?‹, ›Wie ist es (er, sie)?‹. Wir beschreiben etwas, wir sagen, wie es beschaffen ist, indem wir Wörter darauf anwenden, die wir auch auf andere Dinge anzuwenden bereit sind. Jedoch nicht auf alle anderen Dinge. Ein Wort, das wir ausnahmslos auf alles

> anzuwenden bereit sind [...], wäre für die Zwecke der Beschreibung nutzlos. Denn wenn wir sagen, wie ein Ding beschaffen ist, dann vergleichen wir es nicht nur mit anderen Dingen, sondern wir unterscheiden es auch von anderen Dingen. (Das sind nicht zwei Tätigkeiten, sondern zwei Aspekte ein und derselben Tätigkeit.)«[6]

Die Wörter, von denen Strawson hier spricht, sind natürlich eben diejenigen, die auch von ihm selbst im weiteren Text als Prädikate bezeichnet werden.[7] Der Sinn der Verwendung eines Prädikats – seine Funktion – ist nach Strawson, daß wir damit einen Gegenstand klassifizieren (vergleichen-und-unterscheiden). Die Kontrastierung des »es ist so« gegen das »es ist nicht so« gehört also von vornherein zum Sinn des Prädikats, das wir gar nicht unabhängig von dem Akt der Prädikation verstehen können, der in der ganzen prädikativen Aussage zum Ausdruck kommt.

Die Verwendung eines Prädikats setzt, so erläutert Strawson im sich anschließenden Text, so etwas wie das Ziehen einer Grenze voraus: indem wir das Prädikat auf einen Gegenstand anwenden, geben wir zu verstehen, daß der Gegenstand sich auf der einen Seite dieser Grenzlinie befindet und nicht auf der anderen. Diese Beschreibung läßt den von Aristoteles hervorgehobenen Zusammenhang zwischen dem Sinn des Redens als Zuverstehengeben und der Bestimmtheit deutlicher erkennen als Aristoteles' eigene Ausführungen: der Grund, warum wir, wenn wir etwas sagen, etwas Bestimmtes sagen, liegt darin, daß eine Prädikation nur dann informativ sein kann (und das heißt eben: etwas zu verstehen geben kann), wenn mit ihr behauptet wird, daß der Gegenstand auf der einen und nicht auf der anderen Seite der durch das Prädikat bezeichneten Grenzlinie liegt. Jetzt läßt sich auch das Ergebnis für den Satz vom Widerspruch schlüssig formulieren: Wenn der Informationswert einer Prädikation darin besteht, daß durch sie ein Gegenstand auf die eine statt auf die andere Seite einer Linie gesetzt wird, folgt unmittelbar, daß, wenn wir den Gegenstand sowohl auf die eine als auch auf die andere Seite der Linie setzen, der Informationswert der Aussage gleich Null ist. Hier läßt sich Aristoteles' Formulierung genau aufnehmen: Wir haben dann strenggenommen nichts zu verstehen gegeben. Wir würden uns so verhalten, wie wenn wir beim Schachspielen einen Zug machen und ihn sofort wieder zurückziehen würden.

Jetzt läßt sich auch ein Mißverständnis beseitigen, das Philosophen, die sich die genaue Struktur der Prädikation nicht klargemacht haben, immer wieder unterlaufen ist. Nach Aristoteles' Darstellung der Sache könnte es nämlich naheliegen zu sagen: »Jedes Prädikat ist also etwas Bestimmtes und als solches von allen anderen Prädikaten Unterschiedenes. Daraus müßte doch aber folgen, daß sich ein Widerspruch bereits ergibt, wenn einem Gegenstand zwei verschiedene Prädikate zukommen, z. B. daß er rot und daß er kantig ist. Denn Kantigsein ist nicht identisch mit Rotsein. Wenn man also von einem Ding sagt, es sei rot und kantig, scheint das darauf hinauszulaufen, daß man sagt, es sei rot und nicht rot.« Und wer eine Neigung zur ›Dialektik‹ hat, wird hinzufügen: »Das zeigt, daß die Wirklichkeit sowie unsere Sprache in sich widersprüchlich sind; der formale Logiker entzieht sich dieser Einsicht nur durch Ad-hoc-Unterscheidungen.«

Strawsons Darstellung zeigt, wo hier der Fehler liegt. Die Bestimmtheit einer Prädikation liegt nicht darin, daß das Prädikat von allen anderen Prädikaten unterschieden ist, sondern darin, daß durch das Prädikat der Gegenstand von anderen unterschieden wird. Wenn jemand sagt »Dies ist nicht rot«, behauptet er nur, daß der Gegenstand auf der anderen Seite der durch das Prädikat gezogenen Linie liegt. Das schließt freilich bestimmte mögliche positive Aussagen nicht aus. Wir können nämlich für die andere Seite der durch ein Prädikat gezogenen Grenze auch ein positives Prädikat verwenden. Statt zu sagen »Es ist nicht krumm«, können wir sagen »Es ist gerade«. Wir können aber auch – und das ist in der Sprache der häufigere Fall – das jenseits der Grenze offengelassene Feld seinerseits durch weitere Grenzziehungen unterteilen, wie wir es z. B. tun, wenn wir den Bereich jenseits der durch »rot« gezogenen Grenze einteilen in Blau, Gelb usw. Die Prädikate »rot«, »blau«, »gelb« usw. liegen auf einer Ebene und schließen sich daher gegenseitig ebenso aus wie »rot« und »nicht rot«. Strawson verwendet in diesem Zusammenhang den Terminus »Inkompatibilitätsbereich« (S. 6). Die Prädikate »rot«, »blau«, »gelb« usw. gehören in ein und denselben Inkompatibilitätsbereich. Ein Inkompatibilitätsbereich ist so definiert: zwei Prädikate »F« und »G« sind miteinander inkompatibel, d. h. gehören zu einem Inkompatibilitätsbereich, wenn die Aussage »a ist G« die Aussage »a ist nicht F« impliziert und die Aussage »a ist F« die Aussage »a ist nicht G«. Da »a ist G« nur ein Fall von »a ist nicht F« ist (wenn »F« und »G« in denselben Inkompatibilitätsbereich gehören), steht »a ist G« ebenso im Widerspruch zu »a ist F« wie zu »a ist nicht G«. Da ein Prädikat wie z. B. »kantig« nicht in einem Inkompatibilitätsbereich mit »rot« liegt (d. h. nicht in ein und demselben Feld von prädikativen Grenzziehungen), kann es natürlich, obwohl es mit »rot« nicht identisch ist, ein und demselben Gegenstand zukommen. Die Vorstellung, es bestünde eine Art von Widersprüchlichkeit darin, daß ein Ding mehrere miteinander nicht identische Eigenschaften hat, beruht also auf einem Mißverständnis des Stellenwertes des Wortes »nicht« bzw. auf einer Konfusion des »ist« im Sinne der Kopula und des »ist« im Sinne der Identität (vgl. dazu Kap. 12).

Mit Hilfe der Erläuterungen Strawsons können wir jetzt auch genauer erklären, in welchem Sinn der Satz vom Widerspruch auch dann gilt, wenn das verwendete Prädikat nicht vollkommen bestimmt ist. Es hat sich gezeigt, daß eine Prädikation wesentlich darin besteht, daß ein Gegenstand auf die eine statt auf die andere Seite einer klassifikatorischen Grenzlinie gesetzt wird. Ein Widerspruch ergibt sich, wenn man den Gegenstand auf die eine und auch auf die andere Seite dieser Grenze setzt. Die Grenze ist aber immer mehr oder weniger unscharf. Es ist dieser Umstand, der in denjenigen Fällen in Schwierigkeiten führt, in denen sich zeigt, daß der Gegenstand sich gerade auf dem unscharfen Streifen zwischen den beiden Feldern befindet. Man kann dann, wie wir schon vorhin gesehen haben, auf die Frage, ob der Gegenstand z. B. rot ist, nur mit »Ja und nein« antworten, und es ist in solchen Situationen legitim, so zu antworten. Es ist legitim unter der Voraussetzung, daß man bereit ist zu präzisieren, inwiefern »ja« und inwiefern »nein«, z. B. weil der Gegenstand nur teilweise rot ist oder weil er auf der Grenze zwischen Rot und Violett liegt o. ä. Nur wer zu keiner derartigen Präzisierung bereit ist, wer sagt »Ich meine nichts dergleichen, sondern ich meine genau das, was ich sage, nämlich daß er rot und nicht rot ist«, widerspricht sich, und d. h., wie wir inzwischen gesehen haben, er sagt nichts, indem er etwas sagt und es sofort wieder zurücknimmt.

Der Satz vom Widerspruch setzt also keineswegs voraus, daß wir vollkommen bestimmte Prädikate haben; er (oder besser gesagt, der Sinn der Prädikation) impliziert jedoch, daß wir in bestimmten Situationen genötigt werden, unsere Prädikate genauer zu bestimmen. Das genauere Bestimmtsein ist also etwas, was nicht von vornherein vorliegt, sondern sich gerade durch den Satz vom Widerspruch progressiv ergibt. Dies ist auch der Grund, weshalb man nicht im voraus alle einschränkenden Hinsichten aufzählen kann, die, wie wir gesehen haben, bei einer formelhaften Formulierung des Satzes vom Widerspruch erforderlich wären. Jetzt wird auch verständlich, warum derjenige, der am Satz vom Widerspruch festhält, in gewisser Weise demjenigen, dem es gelingt, ständig neue scheinbare Widersprüche aufzuweisen, immer hinterherlaufen muß. Die Spannung, die hier besteht, ist eine Spannung zwischen dem Sinn der Prädikation, der eine Bestimmtheit im Sinn eines »Ja oder nein« erfordert, und den tatsächlich zur Verfügung stehenden Prädikaten, die immer nur mehr oder weniger bestimmt sind.

Das führt uns schließlich zu der Frage, ob nicht vielleicht durch die Natur der Wirklichkeit der Möglichkeit zu einer immer weitergehenden Bestimmtheit Grenzen gezogen sein könnten. Das mag in der Tat der Fall sein. Die Unbestimmtheitsrelation in der Physik ist ein Beispiel. Nur muß man sich genau klarmachen, was eine solche Sachlage zur Folge hat. Die Folge ist, daß man in bestimmten Bereichen mit Bezug auf bestimmte Aspekte einer Sache keine Aussage mehr machen kann. Nicht hingegen hat es zur Folge, daß in diesen Bereichen der Satz vom Widerspruch nicht mehr gültig wäre. Der Satz vom Widerspruch setzt immer voraus, daß man etwas Bestimmtes sagen kann, und wenn das nicht möglich ist, können wir auch nichts sagen, dem wir widersprechen könnten.

Der Satz vom Widerspruch ist nicht ein Gesetz über die Realität, sondern die Notwendigkeit, die er zum Ausdruck bringt, gründet in der Bedeutung unserer sprachlichen Ausdrücke, speziell der beiden Ausdrücke »nicht« und »und«, und in der Bedeutung der Form der Prädikation. In dieser Hinsicht ist es mit dem Satz vom Widerspruch genauso bestellt wie mit jedem analytischen Satz. Daß ein analytischer Satz notwendig wahr ist, heißt, daß er von der Realität allemal gilt, aber er gilt von ihr einfach deswegen, weil er eine bloße Folge davon ist, daß bestimmte Wörter in einem bestimmten Bedeutungszusammenhang stehen. Der Satz »Wenn jemand ein Junggeselle ist, ist er ledig« ist notwendig wahr, gleichgültig ob es Junggesellen gibt oder nicht; und der Satz vom Widerspruch ist notwendig wahr, gleichgültig ob man über etwas Aussagen machen kann oder nicht. Nur: *Wenn* ein Wesen in der Realität ein Junggeselle ist, dann kann es nicht nichtledig sein; und *wenn* man über etwas eine Aussage machen kann, dann kann man darüber nicht die entgegengesetzte Aussage machen.

Was heißt aber, so könnte man immer noch fragen, dieses »dann kann man nicht«? Was bedeutet diese Unmöglichkeit? Und was bedeutet es, wenn wir sagen, daß der Satz vom Widerspruch ›gilt‹? Diese Ausdrücke haben alle das Irreführende an sich, daß sie den Eindruck erwecken, als sei in die Realität oder in die Sprache oder in unser Denken irgendein Zwang eingebaut oder als herrsche da ein Gesetz über Himmel und Erde, gegen das man sich nicht versündigen darf. Daß ein analytischer Satz gilt – daß es nicht anders sein kann –, heißt aber lediglich, daß sich sonst ein Widerspruch ergäbe – und weiter gar nichts. Und daß der Satz vom Widerspruch seinerseits gilt, heißt lediglich, daß wir sonst nichts sagen würden, daß sich sonst unser Reden selbst aufheben würde – und weiter gar nichts.

Anmerkungen

1 Hegel, *Wissenschaft der Logik*, T. 2, S. 59.

2 Vgl. die Erörterung des Satzes vom Widerspruch von Nagel in seinem Aufsatz »Logic Without Ontology«.

3 Solche Beweisführungen, die die Notwendigkeit eines Satzes in der Weise begründen, daß gezeigt wird, daß das, was in ihm gesagt wird, die »Bedingung der Möglichkeit« einer Tätigkeit ist, ohne die wir uns selbst nicht denken können, sind in jüngster Zeit im Anschluß an Kant als »transzendentale Argumente« bezeichnet worden. So hat Kant bestimmte Sätze – z. B. das Kausalitätsgesetz – in der Weise zu begründen versucht, daß diese Sätze die Bedingung der Möglichkeit unserer Erfahrung darstellen. In diesem Sinn wäre also die aristotelische Argumentation für den Satz vom Widerspruch ebenfalls ein »transzendentales Argument«, da in ihm gezeigt wird, daß der Satz vom Widerspruch die Bedin-

gung der Möglichkeit für sinnvolles Sprechen ist. Im allgemeinen scheinen jedoch diese sogenannten transzendentalen Argumente formal gesehen einfach Darlegungen von analytischen Zusammenhängen zu sein. Einzig die Begründung des Satzes vom Widerspruch nimmt hier eine ausgezeichnete Stellung ein, weil man sie deswegen nicht als analytisch bezeichnen kann, weil alle analytischen Sätze ihrerseits auf dem Satz vom Widerspruch gründen.

4 Vgl. Strawson, *Introduction to Logical Theory*, Kap. 1.

5 Das hängt mit der Auffassung der Prädikation als einer Synthesis zusammen, vgl. schon Kap. 3 und vor allem die Kritik an dieser Auffassung in Kap. 6.

6 Strawson, *Introduction to Logical Theory*, S. 5.

7 Wir verwenden hier noch das zweideutige Wort »Prädikat«. Die von Strawson gegebene Erklärung entspricht jedoch schon der rein semantischen Erklärung, die wir in Kap. 6 für »generelle Termini« geben werden.

Literaturhinweise

Aristoteles, *Metaphysik* IV, 3–4.
Nagel, »Logic Without Ontology«.
Strawson, *Introduction to Logical Theory*, Kap. 1, §§ 1–8.
Patzig, »Widerspruch«.

5 Grundzüge der traditionellen Logik: Urteilslehre und Syllogistik

Die traditionelle Logik im engeren Sinn der Logik des Schließens bestand in der Syllogistik. Aristoteles definiert einen Schluß (*syllogismos*) als einen Satz, bei dem, wenn man bestimmte Dinge als gegeben annimmt, etwas anderes mit Notwendigkeit folgt (*Analytica Priora* 24b 18 ff.). Jedoch berücksichtigt Aristoteles nur solche Schlüsse, in denen sich ein prädikativer Schlußsatz aus zwei prädikativen Prämissen ergibt, da er sich, wie wir schon in Kap. 2 gesehen haben, auf die prädikative Form von Aussagesätzen beschränkt.
Wir wissen bereits, daß Aristoteles prädikative Sätze so auffaßt, daß sie aus einem Nomen und einem Zeitwort bestehen. Das Nomen gibt uns das Subjekt an, von dem etwas ausgesagt wird, und das Zeitwort das Prädikat, welches vom Subjekt ausgesagt wird. Solche Sätze, in denen etwas von etwas ausgesagt wird, sehen aber nicht alle gleich aus. Betrachten wir die drei Beispiele:

(1) Sokrates geht.
(2) Alle Menschen sind sterblich.
(3) Einige Menschen sind nicht weise.

Zunächst fällt auf, daß nur (1) aus genau zwei Wörtern, einem Nomen und einem Zeitwort, besteht, während das Prädikat in (2) »ist sterblich« lautet, also zusammengesetzt ist aus dem Adjektiv »sterblich« und dem Wort »ist«; das bestimmte Prädikat ist hier in dem Adjektiv gegeben, während das Wort »ist« die Verbindung zwischen dem Subjektbegriff und dem Prädikatbegriff zum Ausdruck bringt, weshalb man es als Kopula (von lat. *copulare* ›verbinden‹) bezeichnet. Man könnte mit Aristoteles sagen, daß diese Form mit »ist« die grundlegende ist; denn die »Verbindung« zwischen Subjektbegriff und Prädikatbegriff muß, wenn sie auch nicht an der Oberfläche sichtbar ist, auch in (1) enthalten sein, hier implizit in dem Zeitwort »geht«. Aristoteles macht das deutlich, indem er sagt, daß man statt »geht« auch »ist gehend« sagen könnte (*Metaphysik* 1017a 28 ff.).

Es sind aber noch weitere Unterschiede zu bemerken. So ist (1) eine Aussage über einen bestimmten einzelnen Gegenstand, während in (2) etwas über die Gesamtheit der Menschen oder, wie man auch sagt, die Klasse der Menschen ausgesagt wird und in (3) etwas über eine Teilklasse dieser Klasse. Entsprechend steht die Kopula hier nicht im Singular, sondern im Plural. Man könnte allerdings statt »Alle Menschen sind sterblich« auch formulieren »Alles Menschliche ist sterblich«. In der traditionellen Logik spielen sogenannte singuläre Aussagen wie (1) eine geringe Rolle. Aristoteles hat sie den Allaussagen wie (2) angeglichen, und in gewisser Weise erscheint das sinnvoll, da man sagen kann, daß in beiden Fällen das Prädikat ohne Ausnahme auf das Subjekt zutrifft (vgl. Kant, *Logik*, § 21, Anm.). Wir werden aber noch sehen, daß diese Angleichung wichtige Unterschiede verdeckt. Dann bleibt also noch der Unterschied zwischen »alle« und »einige« und, was in dieselbe Reihe von Ausdrücken gehört, »kein«. Aussagen, die mit diesen Wörtern beginnen, heißen generelle Aussagen.

Schließlich noch ein dritter Unterschied: (3) enthält das

Wort »nicht«, ist also eine negative Aussage, während (1) und (2) keinen verneinenden Ausdruck enthalten und daher als positive oder affirmative Aussagen bezeichnet werden.
Die Urteile, die Aristoteles berücksichtigt, haben also die Form

$$\underbrace{\text{Alles/Einiges/Kein S}}_{\text{Subjekt}}\text{ ist / ist nicht P.}$$

»S« und »P« sind Stellvertreter (wir haben bereits in Kap. 3 darauf hingewiesen, daß schon Aristoteles selbst solche Buchstabenvariable verwendet), für die bestimmte Begriffswörter oder, wie man auch sagt, Termini eingesetzt werden können. Der Ausdruck »Terminus« stammt von Aristoteles selbst. Er führt ihn in *Analytica Priora* (24b 16 ff.) so ein: »Einen Terminus aber nenne ich dasjenige, in das eine Prämisse analysiert wird, d. h. das, was ausgesagt wird, und das, wovon etwas ausgesagt wird, wobei ›ist‹ oder ›ist nicht‹ hinzugefügt wird.« »Terminus« ist die lateinische Übersetzung des griechischen Worts »horos«, welches Aristoteles verwendet.[1] »S« und »P« stehen also für die *Termini* des Urteils. Daß ein Urteil positiv oder negativ ist, bezeichnet man als seine *Qualität*, den Unterschied zwischen »alle« und »einige« als seine *Quantität* (vgl. für diese Unterscheidungen erstmals Aristoteles, *Analytica Priora* 24a 16). Aussagen über »alle S« oder »kein S« nennt man *universal*, Aussagen über »einige S« *partikulär*. Kombiniert man die Unterscheidungen der Qualität und der Quantität miteinander, so erhält man vier mögliche Formen von generellen Urteilen:

A	Alle S sind P	universal positiv
E	Kein S ist P	universal negativ
I	Einige S sind P	partikulär positiv
O	Einige S sind nicht P	partikulär negativ

Man kann sich nun klarmachen, daß zwischen diesen vier Formen von Urteilen[2] bestimmte Beziehungen bestehen. Wenn wir eine Aussage der Form A verneinen, erhalten wir eine Aussage der Form O. Zum Beispiel: wenn es nicht so ist, daß alle Philosophen langweilig sind, dann heißt das, daß einige Philosophen nicht langweilig sind.[3] Entsprechend erhalten wir, wenn wir eine Aussage der Form E verneinen, eine Aussage der Form I: Wenn es nicht so ist, daß kein Philosoph langweilig ist (d. h. nicht so ist, daß alle Philosophen nicht langweilig sind), dann ist das gleichbedeutend damit, daß einige Philosophen langweilig sind. Wie wir in Kap. 4 gesehen haben, nennt man denjenigen Satz, der genau dann wahr ist, wenn »p« falsch ist, das kontradiktorische Gegenteil zu »p«. Wir können daher sagen, daß A zu O und E zu I in einem kontradiktorischen Verhältnis (Aristoteles nennt es *antiphasis*) steht, daß A und O bzw. E und I sich widersprechen, daß sie nicht beide wahr sein können.
Auch A und E stehen in einem gewissen Gegensatz, jedoch auf schwächere Weise; sie sind *konträre* Urteile (Aristoteles: *enantia*; vgl. *De Interpretatione* 7). Zwar gilt auch für A und E, daß sie sich widersprechen, daß sie nicht zugleich wahr sein können. Aber E ist nicht schlicht die Negation von A, sondern, so könnte man sagen, nur ein Spezialfall der Negation von A: daß nicht alle Philosophen langweilig sind (Negation von A), ist sowohl dann der Fall, wenn ein einziger nicht langweilig

ist, als auch dann, wenn es drei oder hundert oder alle sind. E ist also nur ein möglicher Fall der Negation von A, und »zwischen« A und E gibt es die genannten anderen Fälle. A und E können also zwar nicht zugleich wahr sein, aber sie können beide gleichzeitig falsch und etwas Drittes wahr sein. Das verhält sich anders für A und O, die in einem direkten Negationsverhältnis stehen: Entweder *alle* Philosophen sind langweilig, oder *nicht alle* Philosophen sind langweilig (d. h. einige sind es nicht). A und O können nicht nur nicht zugleich wahr sein, sie können auch nicht zugleich falsch sein; vielmehr muß immer eines von beiden wahr und das andere falsch sein. Daß von zwei kontradiktorischen Aussagen »p« und »nicht-p« immer entweder »p« oder »nicht-p« wahr sein muß, nennt man das Gesetz vom ausgeschlossenen Dritten. Dieses Gesetz gilt also für kontradiktorische, aber nicht für konträre Aussagen.

Daß diese beiden Arten des Gegensatzes, der kontradiktorische und der konträre, möglich sind, ergibt sich hier daraus, daß ein Urteil der Form A auf zwei Weisen verneint werden kann: Es kann erstens die Aussage als ganze verneint werden, also »nicht: Alle S sind P«, was die zu A kontradiktorische Aussage liefert. Zweitens könnte das Negationszeichen innerhalb von A stehen, also »Alle S sind nicht P«, und dies ergibt gerade die Aussage, die nur in einem konträren Gegensatz zu A steht. Daß diese beiden Arten der Negation möglich sind und zu verschiedenen Ergebnissen führen, sollte uns bereits skeptisch machen gegenüber der traditionellen Lehre, die generellen Sätze seien als Sätze mit einer einfachen Subjekt-Prädikat-Struktur aufzufassen; vielmehr läßt diese Tatsache vermuten, daß es sich um

Sätze mit einer komplexeren Struktur handelt (vgl. Kap. 6).

Der Unterschied zwischen kontradiktorischem und konträrem Gegensatz spielt allerdings nicht nur bei den generellen Aussagen eine Rolle, sondern ist auch allgemein von Bedeutung. Erinnern wir uns an Strawsons Begriff der inkompatiblen Prädikate (Kap. 4). Wir hatten gesehen, daß ein Prädikat, z. B. »rot«, jeweils einem bestimmten Inkompatibilitätsbereich zugehört oder, wie man auch sagen könnte, in einen bestimmten Prädikationsspielraum gehört (z. B. »Farbe«) und daß mit dem Zusprechen eines solchen Prädikats alle anderen Prädikate aus demselben Prädikationsspielraum (z. B. »blau«, »grün«, »nicht-rot«) ausgeschlossen werden. Eine ähnliche Vorstellung findet sich schon bei Aristoteles (vgl. *Kategorienschrift*, Kap. 10). Er drückt sich so aus, daß Prädikate wie »rot«, »blau« usw., die Dinge in ein und derselben Hinsicht charakterisieren, zu demselben Genus gehören. Es gibt Genera wie das der Farbe, zu denen eine ganze Reihe von Prädikaten gehören; es gibt aber auch Genera mit nur genau zwei Prädikaten (nicht nur so, daß wir faktisch nur zwei Prädikate haben und neue Unterscheidungen treffen und dafür weitere Prädikate einführen könnten, sondern so, daß es überhaupt nur diese beiden Möglichkeiten geben kann; z. B.: eine Zahl ist entweder gerade oder sie ist ungerade; es gibt keine dritte Möglichkeit). Eine solche Gegenüberstellung zwischen genau zwei Prädikaten können wir aber auch in allen anderen Fällen erreichen, indem wir z. B. alle durch das Prädikat »rot« ausgeschlossenen Farbprädikate durch das Prädikat »nicht-rot« zusammenfassen. Dann gilt für jedes farbige Ding, daß es entweder rot sein muß oder nicht-rot, daß es also keine dritte Möglichkeit gibt. Das heißt, es gilt der Satz vom ausgeschlossenen Dritten, das Verhältnis der Prädikate bzw. der entsprechenden Urteile ist also kontradiktorisch. Zwischen den einzelnen Prädikaten eines Genus mit mehr als zwei Spezies besteht hingegen nur ein konträrer Gegensatz. Es besteht zwar ein Widerspruch zwischen dem Urteil »Das Buch ist rot« und dem Urteil »Das Buch ist blau«, aber der Satz vom ausgeschlossenen Dritten hat hier keine Anwendung; vielmehr können die Urteile beide zugleich falsch sein, z. B. dann, wenn das Buch schwarz ist.

Kehren wir nach dieser Abschweifung, die die allgemeinere Anwendbarkeit der Unterscheidung zwischen konträren und kontradiktorischen Urteilen erläutern sollte, wieder zu den generellen Urteilen der logischen Tradition zurück. Ein ähnliches Verhältnis wie zwischen A und E besteht zwischen I und O, allerdings nicht dasselbe Verhältnis. Die Aussagen »Einige Philosophen sind langweilig« und »Einige Philosophen sind nicht langweilig« widersprechen sich nicht, können also zugleich wahr sein. Was sich aber widerspricht, sind ihre Negationen: »nicht: einige Philosophen sind langweilig« (d. h.: »Kein Philosoph ist langweilig«) und »nicht: einige Philosophen sind nicht langweilig« (d. h.: »Alle Philosophen sind langweilig«) widersprechen sich. Während A und E beide zugleich falsch sein können, können I und O beide zugleich wahr sein. Auch für I und O gilt also der Satz vom ausgeschlossenen Dritten nicht, und ein Widerspruchsverhältnis liegt nur vor für ihre Negationen. Dieses Verhältnis zwischen

I und O hat man in der traditionellen Logik als subkonträr bezeichnet.
Man kann schließlich noch das Verhältnis zwischen A und I bzw. E und O betrachten. Hier gilt offenbar, daß A I logisch impliziert (aus »Alle Katzen sind Tiere« folgt »Einige Katzen sind Tiere«), aber nicht umgekehrt I A impliziert (»Wenn einige Tiere Katzen sind, dann sind alle Tiere Katzen« ist nicht gültig). Analog impliziert E O, aber nicht umgekehrt. Dieses Implikationsverhältnis zwischen A und I und E und O bezeichnete man als Subalternation.
Die angeführten Zusammenhänge lassen sich in dem sogenannten Quadrat der Gegensätze übersichtlich machen:

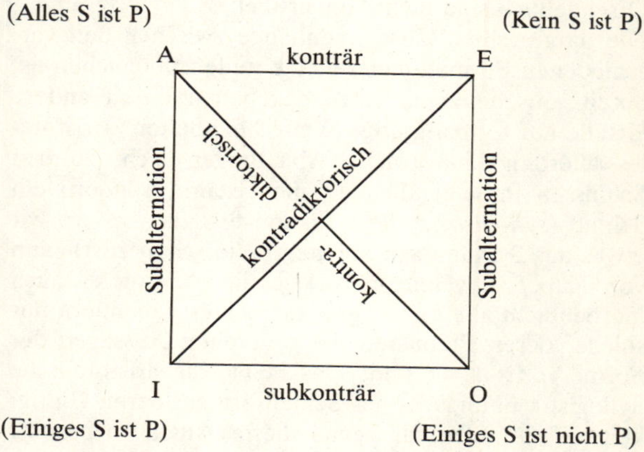

Es gibt noch eine Reihe von anderen Eigenschaften von und Zusammenhängen zwischen A, E, I und O, welche die traditionelle Logik berücksichtigt hat. Nur ein wichtiges Beispiel sei noch genannt, die Regeln der einfachen Konversion und der Konversion *per accidens*. Bei den Formen E und I ist es formal gültig, aus einer Aussage ihre Umkehrung abzuleiten: Aus »Kein S ist P« kann man schließen »Kein P ist S«, aus »Einiges S ist P« »Einiges P ist S«. Diese einfache Konversion funktioniert nicht bei A; z. B. ist der Schluß von »Alle Katzen sind Tiere« auf »Alle Tiere sind Katzen« ungültig; gültig ist hier nur der Schluß auf das schwächere »Einige Tiere sind Katzen«. Diese Konversion, bei der nicht nur die beiden Termini vertauscht werden, sondern auch die Quantität des Urteils verändert wird, nennt man Konversion *per accidens*. Urteile der Form O schließlich sind nicht konvertibel.

Die dargestellten Zusammenhänge zwischen den verschiedenen Formen genereller Urteile ermöglichen es, bereits aus einem einzigen gegebenen Urteil andere Urteile auf formal gültige Weise herzuleiten. Aristoteles allerdings hat solche Ableitungen nicht zu den Schlüssen im eigentlichen Sinn gezählt, sondern ein Schluß (*syllogismos*) liegt für ihn erst da vor, wo wir etwas aus 2 Prämissen ableiten. Wie schon zu Beginn von Kap. 5 erwähnt, berücksichtigt Aristoteles auch hierbei nicht alle formal gültigen Schlüsse, sondern nur solche, deren Prämissen die generellen Aussagen der Form A, E, I, O sind. Das heißt, die aristotelische Syllogistik untersucht nur Schlußformen, deren Gültigkeit auf der Struktur genau dieser Aussagen beruht, und das Charakteristische dieser Aussagen besteht, wie wir gesehen haben, für Aristoteles darin, daß sie Aussagen der »S ist P«-Form sind, Aussagen, die bestimmte

Beziehungen zwischen zwei Termini oder Begriffen enthalten. Ein Beispiel für einen Syllogismus ist:

Alle Menschen (M) sind sterblich (P)
Alle Griechen (S) sind Menschen (M)
―――――――――――――――
Alle Griechen (S) sind sterblich (P)

Jede Prämisse enthält zwei Begriffe, von denen einer, der sogenannte *terminus medius* oder mittlere Terminus (M), beiden Prämissen gemeinsam ist. M steht in einer bestimmten Beziehung zu S und in einer bestimmten Beziehung zu P, und zwar auf eine Weise, die es ermöglicht, auf eine Beziehung zwischen S und P zu schließen, in der der mittlere Terminus nicht mehr vorkommt. Es gibt vier Figuren solcher Syllogismen:

I.	II.	III.	IV.
M P	P M	M P	P M
S M	S M	M S	M S
―――	―――	―――	―――
S P	S P	S P	S P

Innerhalb dieser Figuren gibt es wiederum verschiedene Formen, da die Urteile sich nach Quantität und Qualität unterscheiden können. Zum Beispiel sind die vier gültigen Formen der ersten Figur:[4]

Barbara

Alle M sind P
Alle S sind M
――――――――
Alle S sind P

Darii

Alle M sind P
Einige S sind M
――――――――
Einige S sind P

Ferio

Kein M ist P
Einiges S ist M
――――――――
Einiges S ist nicht P

Celarent

Kein M ist P
Alles S ist M
――――――――
Kein S ist P

Die anderen möglichen Formen der ersten Figur liefern keine gültigen Schlüsse.
Woran liegt es nun aber, daß manche Formen gültige Schlüsse liefern und andere nicht? Aristoteles hat keine systematische Theorie dafür, wie man die gültigen von den ungültigen Formen unterscheiden kann. Er sagt von den gültigen Schlußformen der ersten Figur, daß ihre Gültigkeit unmittelbar evident ist, weshalb er diese Syllogismen als vollkommene bezeichnet. Die anderen heißen unvollkommen, weil ihre Gültigkeit erst durch verschiedene Verfahren aufgezeigt werden muß. Zum Beispiel lassen sich manche Formen durch Verfahren, die auf den erwähnten Eigenschaften der verschiedenen Arten von generellen Sätzen beruhen, z. B. durch Konversion der Termini in den Prämissen, so umformen, daß sie die Gestalt der ersten Figur annehmen, und dann läßt sich ihre Gültigkeit oder Ungültigkeit unmittelbar erkennen. Worin die unmittelbare Evidenz der Schlüsse der ersten Figur gründet, wird von Aristoteles nicht erklärt. In der späteren Tradition hat man gesagt, das Prinzip dieser Evidenz sei das *dictum de omni et nullo*. Dieses Prinzip besagt: was von allem einer Art positiv oder negativ gilt, das gilt auch positiv oder negativ von jedem Bestimmten, das unter diese Art fällt. Allerdings ist auch diese Erklärung im Grunde nicht mehr als eine explizitere Formulierung der gültigen Formen von Syllogismen der ersten Figur.

Anmerkungen

1 Im Deutschen war es bisher üblich, den lateinischen Ausdruck zu verwenden. Das Wort »Term«, das inzwischen häufig anstelle von »Terminus« zu finden ist, ist ein unnötiger Neologismus, in dem einfach die englische Übersetzung von lat. »terminus« übernommen wird (das betrifft nicht bestimmte Verwendungen des Wortes »Term« in der Mathematik und Physik, wo es eigene Bedeutungen hat, und nicht seine klassisch-logische Bedeutung).

2 Die Buchstaben »A«, »E«, »I«, »O« sind einfach Merkhilfen; man denke bei »A« und »I« an »*a*ff*i*rmo« (lat., ›ich bejahe‹), bei denjenigen Schemata, die einen negativen Ausdruck enthalten, an »n*e*g*o*« (lat., ›ich verneine‹).

3 Es genügt sogar schon, daß ein einziger es nicht ist. Der Ausdruck »einige« wird in der Logik gleichbedeutend mit »mindestens einer« verwendet. Das entspricht zwar nicht der umgangssprachlichen Verwendung, wo wir erst dann von »einige« reden würden, wenn es mehr als einer sind. Daß die Logik hier von der Alltagssprache abweicht, hat gute Gründe, weil sich auf diese Weise wichtige Implikationsverhältnisse angeben lassen. Im übrigen braucht man hierin gar kein Problem zu sehen, weil man die Schwierigkeit dadurch beseitigen könnte, daß man das »einige« in der Logik umgangssprachlich einfach immer als »mindestens einer« liest.

4 Auch die Ausdrücke »Barbara«, »Darii« usw. haben Merkfunktion, indem die in den Titeln enthaltenen Vokale immer diejenigen Vokale sind, die die entsprechenden generellen Sätze kennzeichnen. Zum Beispiel: Die Bezeichnung »B*a*rb*a*r*a*« macht deutlich, daß in diesem Syllogismus sowohl beide Prämissen als auch die Conclusio von der Form A (d. h.: »Alle S sind P«) sind. Oder nehmen wir »F*e*r*io*«: dieser Name soll zeigen, daß die erste Prämisse die Form E hat, die zweite die Form I, die Conclusio die Form O.

Literaturhinweise

Strawson, *Introduction to Logical Theory*, Kap. 6, §§ 1–5.
Copi, *Introduction to Logic*, Kap. 5, §§ 1–5.
Mitchell, *An Introduction to Logic*, Kap. 2.
Kneale, *The Development of Logic*, II,5–6.

6 Die moderne Auffassung der Struktur singulärer und genereller Sätze; logisch-semantische und grammatische Form

In Kap. 5 haben wir gesehen, daß die traditionelle Logik folgende Urteilsarten unterscheidet:

(1) singuläre Urteile. Beispiel: »Sokrates ist ein Mensch«;
(2) generelle Urteile
  (a) universale Urteile. Beispiel: »Alle Menschen sind sterblich«;
  (b) partikuläre Urteile. Beispiel: »Einige Menschen sind sterblich«.

Wenn wir uns jetzt der modernen Auffassung zuwenden, werden wir nicht mehr von der Struktur der Urteile, sondern der Sätze sprechen (und dabei immer voraussetzen, daß es sich um Aussagesätze handelt), gemäß der heute üblichen sprachlichen Orientierung im Gegensatz zu der frühneuzeitlichen psychologischen Orientierung (vgl. Kap. 1 und 2). Die neuen Überlegungen der modernen Logik zur Struktur sind jedoch davon unabhängig, ob man meint, es handelt sich um eine Struktur der Sätze oder der Urteile.
Man kann die traditionelle Auffassung aus der sprachlichen Perspektive so zusammenfassen, daß ihr zufolge alle einfachen Aussagesätze prädikativ sind, d. h. sich aus Subjekt und Prädikat zusammensetzen. Wir werden gleich sehen, daß man die Termini »Subjekt« und »Prädikat« auch rein grammatisch verstehen kann. In der Tradition ist aber das grammatische Verständnis dieser Termini immer mit einem semantischen (bedeutungs-

mäßigen) Verständnis verbunden gewesen. Was mit »Prädikat« und »Subjekt« semantisch gemeint war, ist, daß ein prädikativer Satz die Struktur hat, daß etwas (das, wofür das Prädikat steht) von etwas (von dem, wofür der Subjektausdruck steht) ausgesagt (»prädiziert«) wird. Man kann es auch so formulieren: Das Prädikat steht immer für einen Begriff (oder eine Klasse), und mit dem prädikativen Satz wird gesagt, daß etwas (z. B. Sokrates, oder: alle Menschen, oder: einige Menschen) unter diesen Begriff (bzw. in diese Klasse) fällt. Damit hat sich in der gesamten Tradition von Aristoteles bis ins 19. Jahrhundert die Auffassung verbunden, daß jeder prädikative Satz (bzw. jedes Urteil) für eine Zusammensetzung (»Synthesis«) steht: In einem Urteil wird etwas mit etwas (der Prädikatbegriff mit dem Subjektbegriff) verbunden; nur die Art dieser Verbindung ist bei den singulären, universalen und partikulären Urteilen verschieden.

Vorerst sehen wir noch ganz ab von der Möglichkeit komplexer Sätze (dazu vgl. Kap. 7) und halten uns nur an die einfachen (nicht-komplexen) Sätze. Die eben dargestellte traditionelle Auffassung aller einfachen Aussagesätze als prädikativer Sätze hatte zur Folge, daß die traditionelle Logik nur solche Implikationsverhältnisse zwischen einfachen Sätzen erkennen konnte, die in der Syllogistik enthalten sind. Man kann sich nun leicht an Beispielen klarmachen, daß es auch andere logische Implikationen zwischen einfachen Sätzen gibt; das muß uns dann aber zu einer neuen Auffassung der Struktur dieser Sätze führen, da alle logischen Implikationen in der Struktur (Form) der Sätze gründen (vgl. Kap. 3).

6.1 Relationale Aussagen

1. Beispiel.[1] Aus den Prämissen »alle Kreise sind Figuren« und »Peter malt einen Kreis« folgt die Conclusio: »Peter malt eine Figur.« Dieser Schluß ist intuitiv ebenso einfach wie der Modus Barbara, und doch gibt die Syllogistik keine Handhabe, seine Gültigkeit zu erkennen. Woran liegt das? Erinnern wir uns, daß ein Syllogismus immer einen *terminus medius* voraussetzte, der in beiden Prämissen an der Stelle des Prädikats oder des Subjekts enthalten war. Ein solcher *terminus medius* fehlt hier. Zwar kommt das Wort »Kreis« in beiden Prämissen vor, aber es ist in der zweiten Prämisse nicht das Prädikat (dieses ist vielmehr der Ausdruck »malt einen Kreis«), sondern nur ein Teil des Prädikats. Man kann also den logischen Zusammenhang zwischen den beiden Prämissen nur herstellen, wenn man die Struktur des Satzes in der zweiten Prämisse anders versteht. Offenbar muß man das komplexe Prädikat »malt einen Kreis« weiter untergliedern in »malt / einen Kreis«. Der Ausdruck »malt ...« ist ein Relationsausdruck. Andere Relationsausdrücke sind z. B. »ist größer als ...«, »ist der Vater von ...«. Solche Ausdrücke stehen nicht für eine Eigenschaft eines Gegenstandes, sondern für die Relation, in der ein Gegenstand zu einem anderen steht, der dann in dem ergänzenden Ausdruck (z. B. »einen Kreis«) genannt wird.

Das hat man immer schon gesehen (vgl. Aristoteles, *Kategorien*, Kap. 7). Die bloße Untergliederung des Prädikats hilft hier jedoch nicht weiter. Frege hat folgende Lösung gefunden: Wir müssen den Satz so gliedern, daß er in zwei Teile zerfällt, die nun aber nicht mehr Subjekt und Prädikat sind; die zwei Teile sind vielmehr: der Relationsausdruck auf der einen Seite und ein geordnetes Paar von zwei Subjektausdrücken auf der anderen; z. B. der Satz »Rolf ist der Vater von Kurt« besteht aus dem Relationsausdruck »ist der Vater von« und dem geordneten Paar {»Rolf«, »Kurt«}. Das hat jetzt den Sinn: Die Relation des Vaterseins-von besteht zwischen den beiden Gegenständen Rolf und Kurt. (Von einem »geordneten« Paar muß man sprechen, weil z. B. die zwei Aussagen »Rolf ist der Vater von Kurt« und »Kurt ist der Vater von Rolf« verschieden sind. In dem besonderen Fall, wo die Stellung der beiden Relata gleichgültig ist, spricht man von einer reziproken Relation – vgl. z. B. die Relationsausdrücke »ist ein Geschwister von«, »spielt mit«.) Bei unserem Beispiel »Peter malt einen Kreis« besteht die Relation des Malens zwischen Peter und einem Kreis. Und jetzt kann man verstehen, worin die logische Implikation gründet. Man kann das in diesem Fall intuitiv etwa so formulieren: Wenn eine Relation zwischen einem Gegenstand a und einem Gegenstand, der B ist, besteht (2. Prämisse) und alles, was B ist, auch C ist (1. Prämisse), dann besteht die Relation auch zwischen a und einem Gegenstand, der C ist.

Die wichtige neue Erkenntnis von Frege ist, daß in einer Aussage, in der gesagt wird, daß ein Gegenstand a sich in einer Relation R zu einem anderen Gegenstand befindet, die semantisch wichtige Gliederung nicht die zwischen dem Subjekt und dem Prädikat ist, sondern die zwischen dem Relationsausdruck auf der einen Seite und den beiden Gegenstandsbezeichnungen auf der anderen. Manchmal wird diese neue Auffassung auch so dargestellt: in Wirklichkeit sei der Relationsausdruck das Prädikat; wir haben es dann mit einem zweistelligen Prädikat zu tun, das ergänzt werden muß durch nicht nur einen Subjektausdruck, sondern ein geordnetes Paar von Subjektausdrücken. Es ist jedoch weniger irreführend, die Ausdrücke »Prädikat« und »Subjekt« in ihrer grammatischen Bedeutung zu belassen und zwischen der grammatischen Struktur und der logisch-semantischen Struktur zu unterscheiden. Grammatisch ist »Rolf ist der Vater von Kurt« gegliedert in »Rolf« (Subjekt) und »ist der Vater von Kurt« (Prädikat); semantisch ist der Satz gegliedert in »ist der Vater von« und {»Rolf«, »Kurt«}. Wie dieser Unterschied zwischen grammatischer und semantischer Struktur zu verstehen ist, werden wir noch sehen (6.3).

6.2 Die Struktur genereller Sätze

2. *Beispiel.* Betrachten wir folgenden Schluß, der nur eine Prämisse hat: »Es gibt einige Philosophen, denen alle Philosophen widersprechen; also widersprechen einige Philosophen sich selbst«. Ein solcher Schluß paßt überhaupt nicht mehr in das syllogistische Muster. Er enthält einen Relationsausdruck, aber es kommt nun noch etwas weiteres hinzu: die Prämisse ist weder nur universal noch nur partikulär, vielmehr kommen in ihr sowohl das Wort »alle« als auch das Wort »einige« vor. Läßt man erst einmal logische Verhältnisse von Relationsausdrücken zu, ist die jetzige Erweiterung sehr naheliegend. Statt von einem einzelnen zu sagen, daß es

sich in einer Relation R zu einem anderen befindet, können wir von einigen (bzw. allen) F sagen, daß sie sich in dieser Relation zu einigen (bzw. allen) G befinden (z. B. »Alle Menschen sind Nachkommen von einigen Göttern«; von derselben Struktur ist auch der – wahre – Satz »Zu jeder Zahl gibt es eine größere«, der sich offenbar von dem – falschen – Satz unterscheidet »Es gibt eine Zahl, die größer ist als alle Zahlen«). Schon die scholastische Logik hat dieses Problem der sogenannten multiplen Quantifikation gesehen, aber sie konnte es nicht logisch transparent machen, weil sie dem Subjekt-Prädikat-Schema verhaftet blieb. Es gilt als die größte der vielen Leistungen Freges, daß er dieses Problem löste. Er tat es, indem er die Struktur auch schon der einfachen generellen Sätze, in denen nur ein sogenannter Quantor (womit die Wörter »einige« und »alle« gemeint sind) vorkommt, ganz neu analysierte.

Es stellt sich also die Frage: Was meinen wir denn eigentlich, wenn wir so etwas sagen wie »Alle Schwäne sind weiß« oder »Einige Ameisen sind violett«? Diese Frage ist natürlich identisch mit der Frage: Wie sind solche Sätze – wie ist die Bedeutung solcher Sätze – zu verstehen? Diese Frage betrifft die Form solcher Sätze, d. h. wir sehen von den besonderen inhaltlichen Wörtern, die in diesen Beispielen vorkommen (»Schwäne«, »weiß«, »Ameisen«, »violett«), ab. Die Frage ist: Wie sind die Satzformen »Alle ... sind ...« und »Einige ... sind ...« zu verstehen? Die Bedeutung des jeweiligen konkreten Satzes, z. B. »Alle Schwäne sind weiß«, hängt offenbar von der Bedeutung der Satzform »Alle ... sind ...« *und* der Bedeutung der in ihm vorkommenden inhaltlichen Wörter, »Schwan« und »weiß«, ab. Man kann das auch so ausdrücken: Die Bedeutung des konkreten Satzes ist eine *Funktion* der Bedeutung der Satzform *und* der Bedeutung der inhaltlichen Wörter.

Es liegt nahe, daß man die Frage nach der Bedeutung der Form der generellen prädikativen Sätze nicht grundsätzlich neu stellen kann, ohne zugleich die Frage nach der Bedeutung der Form des singulären prädikativen Satzes neu zu stellen. In der Tradition ist diese Frage nie als Problem gesehen worden, weil man ihre Antwort als selbstverständlich empfunden hat, in der S. 80 beschriebenen Weise: Die Bedeutung der singulären prädikativen Satzform ist als Synthesis, Zusammensetzung verstanden worden, und die der generellen prädikativen Satzform ist dann analog ebenfalls als Zusammensetzung verstanden worden.

Diese Auffassung führt bereits beim singulären prädikativen Satz (»Sokrates ist kahl«) in Schwierigkeiten. Natürlich ist das sprachliche Gebilde selbst – der Satz – zusammengesetzt aus den beiden Teilausdrücken, Subjekt und Prädikat. Folgt aber daraus auch, daß wir die Bedeutung des Satzes als zusammengesetzt aus dem ansehen müssen, wofür das Subjekt steht, und dem, wofür das Prädikat steht? Diese traditionelle Auffassung setzt voraus, daß sowohl das Subjekt wie das Prädikat für etwas, für einen Gegenstand (oder, wie man auch sagt, für eine Entität) steht, denn die Rede von einer Zusammensetzung setzt voraus, daß *etwas* mit *etwas* zusammengesetzt wird, ein Gegenstand mit einem anderen Gegenstand. Nun ist offenkundig, daß der Subjektausdruck des singulären prädikativen Satzes für etwas steht. Im obigen Beispiel steht der Subjektausdruck »Sokrates« für Sokrates, eine bestimmte Person.[2] Aber steht auch das Prädikat – in unserem Beispiel der Ausdruck »ist kahl« – für etwas? Offenbar steht es nicht für einen Gegenstand im gewöhnlichen Sinn, es steht nicht für eine Entität, die in Raum und Zeit identifiziert werden könnte. Wenn das Prädikat »ist kahl« überhaupt für etwas steht, so handelt es sich um das Attribut oder die Eigenschaft des Kahlseins. Attribute (oder Begriffe) sind sogenannte abstrakte Gegenstände. Wir werden diese Problematik in Kap. 8 aufgreifen und stellen hier lediglich fest, daß die traditionelle Auffassung der Bedeutung des prädikativen Satzes als einer Synthesis voraussetzt, daß es sich um die Zusammensetzung eines konkreten (raumzeitlichen) Gegenstandes mit einem abstrakten Gegenstand handelt, und das führt in Schwierigkeiten, auf die wir in Kap. 8 eingehen werden.

Gibt es eine Alternative? Es wäre ein erster Schritt, innerhalb der S. 80 dargestellten traditionellen Begrifflichkeit die Rede von einer Synthesis oder Zusammensetzung fallenzulassen und jetzt nur noch zu sagen: Mit dem singulären prädikativen Satz wird gemeint, daß der Gegenstand, für den das Subjekt steht, unter den Begriff fällt, für den das Prädikat steht. Wir reden jetzt also von Begriffen statt von Attributen und vom »Fallen unter einen Begriff« statt von einem »Zusammengesetztsein« mit einem Attribut. Es stellt sich dann aber die Frage, was unter diesem »Fallen unter« zu verstehen ist. Wenn der ganze Satz nicht mehr so zu verstehen ist, daß er für eine zusammengesetzte Gegenständlichkeit steht – bestehend aus der Bedeutung des Subjekts (oder dem Gegenstand, für den dieses steht) und der Bedeutung des Prädikats (oder dem Gegenstand, für den dieses steht) –, wie ist er dann zu verstehen?

Der Grundgedanke der neuen Auffassung ist von Frege selbst noch nicht in aller Schärfe explizit formuliert worden. Er ist in Wittgensteins *Tractatus* enthalten und ganz explizit wohl erst bei Davidson formuliert.[3] Wittgenstein schreibt: »Einen Satz verstehen, heißt, wissen, was der Fall ist, wenn er wahr ist« (*Tractatus* 4.024). Die Bedeutung eines Satzes verstehen, heißt also nach dieser Auffassung: wissen, unter welchen Bedingungen er wahr ist. Diese Auffassung läßt sich nun *an die Stelle* der traditionellen Auffassung von der Bedeutung des Satzes setzen: einen Satz verstehen, heißt *nicht*: verstehen, für welche zusammengesetzte Gegenständlichkeit er steht (was mit was zusammengesetzt ist), *sondern*: verstehen, unter welchen Bedingungen er wahr ist.

Das mag zunächst unverständlich erscheinen, wird aber sofort sinnvoll, wenn wir diese allgemeine Idee auf den besonderen Fall des singulären prädikativen Satzes anwenden. Ein solcher Satz (z. B. »Sokrates ist kahl«) ist nach Frege wahr, wenn der Gegenstand, für den das Subjekt steht (Sokrates), unter den Begriff fällt, für den das Prädikat »ist kahl« steht. Das kann man auch rein sprachlich so wiedergeben: Der Satz ist wahr, wenn das Prädikat auf den Gegenstand zutrifft. (Auf den Unterschied dieser rein sprachlichen Formulierung und der vorigen, die auf den Begriff Bezug nimmt, kommen wir in Kap. 8 zurück.) Und man kann nun sagen: Einen solchen Satz verstehen, heißt verstehen, daß er wahr ist, wenn dieser Gegenstand unter diesen Begriff fällt, bzw. wenn das Prädikat auf ihn zutrifft. Damit ist eine Auffassung von der Bedeutung (dem Verstehen) eines singulären prädikativen Satzes gewonnen, die frei von der traditionellen Vorstellung ist, daß diese Bedeutung etwas ist, in dem etwas mit etwas anderem zusammengesetzt ist.

Mit diesem neuen Verständnis der singulären prädikativen Satzform eröffnet Frege zugleich eine neue Perspektive für das Verständnis der generellen prädikativen Satzform. Die Schwierigkeit der traditionellen Synthesiskonzeption bei den singulären prädikativen Sätzen bestand nur darin, daß es problematisch ist, beim *Prädikat* einen Gegenstand anzunehmen, für das es steht. Problematisch, aber vielleicht doch möglich. Bei den generellen Sätzen kommt nun aber die weitere Schwierigkeit hinzu, daß das *Subjekt* (»alle F«, »einige F«) nicht für einen Gegenstand steht. Während man beim Prädikat noch zur Not von einem Gegenstand sprechen kann, für das es steht (das Attribut), scheint es beim Subjekt der generellen Sätze nicht einmal mehr so eine Notlösung zu geben.

Machen wir den Versuch, ob es sie doch gibt![4] Für welchen Gegenstand steht der Ausdruck »alle Ameisen«? Ist es die Klasse (die Menge) der Ameisen? (Wir werden auf den Begriff der Klasse in Kap. 8 näher eingehen und setzen jetzt einfach ein intuitives Verständnis voraus.) Aber wenn wir sagen »Alle Ameisen sind giftig«, meinen wir nicht, daß die Klasse der Ameisen giftig ist, sondern daß die Ameisen – alle Ameisen – giftig sind. Noch schwieriger wird es bei »einige Ameisen«. Die traditionelle Auffassung war, daß dieser Ausdruck für eine Teilklasse der Klasse der Ameisen steht. Aber ist damit eine bestimmte Teilklasse gemeint?

Wenn wir z. B. sagen »Einige Ameisen sind violett«, so würde das nach dieser traditionellen Auffassung heißen: »Es gibt eine Teilklasse der Ameisen, derart, daß die in ihr enthaltenen Ameisen violett sind«. Hier wiederholt sich erstens der Einwand, der schon bei »alle« erhoben wurde; es sind die Ameisen, die violett sind, nicht die Teilklasse. Zweitens aber wird hier das Prädikat nicht auf eine im voraus ausgegrenzte Teilklasse angewandt, sondern diese Teilklasse grenzt sich erst durch dieses Prädikat aus. Daher kann man nicht sagen (wie man es nach der Synthesis-Theorie müßte), daß das Attribut mit der Teilklasse zusammengesetzt wird. Die Unhaltbarkeit dieser Auffassung wird besonders deutlich, wenn man einen solchen Satz negiert bzw. behauptet, daß er falsch ist. Wenn wir sagen »es ist falsch, daß einige Ameisen violett sind«, meinen wir dann, daß es eine (bestimmte) Teilmenge der Ameisen gibt, die nicht violett sind? Natürlich nicht. Gemeint ist, daß es unter allen beliebigen Teilmengen der Ameisen keine gibt, bei der die in ihr enthaltenen Ameisen violett sind. »Es gibt eine beliebige Teilmenge der Ameisen ...« ist aber nur eine umständliche Formulierung für »Es gibt einige (irgendwelche) Ameisen ...«. Der Ausdruck »eine (unbestimmte) Teilmenge der F« steht nicht für eine (bestimmte) Teilmenge der F und steht also überhaupt nicht für etwas.

Wir sehen uns also gezwungen, die Auffassung zu verwerfen, daß die Ausdrücke »alle F«, »einige F« für etwas – für einen Gegenstand – stehen. Man kann natürlich sagen: sie stehen »irgendwie« für viele Gegenstände. Aber wie ist dann die Aussage im ganzen zu verstehen? Läßt sie sich noch als Zusammensetzung verstehen? Und läßt sie sich überhaupt analog zur singulären prädikativen Aussage verstehen? Bei dieser kamen wir vorhin zu der Auffassung: Eine solche Aussage ist wahr, wenn das Prädikat auf den Gegenstand zutrifft. Aber das läßt sich nicht auf die generellen Aussagen übertragen, da wir hier nicht einen Gegenstand haben.

Freges Lösung besteht darin, daß er die Ausdrücke »einige Ameisen«, »alle Ameisen«, die offenbar eine grammatische Einheit bilden, nicht mehr als eine semantische Einheit versteht, wie das in der Tradition üblich war. Man kann sich diesen neuen Vorschlag anhand von sprachlich äquivalenten Ausdrücken verständlich machen. Der Satz »Einige Ameisen sind violett« ist semantisch offenbar äquivalent dem Satz »Es gibt einige violette Ameisen« (oder auch einfacher »Es gibt violette Ameisen«). In dieser Formulierung steht nicht mehr der Ausdruck »einige Ameisen« als Subjekt, und er bildet überhaupt nicht mehr eine Einheit. Der Satz »Es gibt einige violette Ameisen« legt es nahe, auch den ursprünglichen Satz »Einige Ameisen sind violett« statt in der traditionellen Weise (»Einige Ameisen / sind violett«) vielmehr so zu gliedern: »Einige / / Ameisen / violett«. Entsprechend müßten wir auch den universalen Satz jetzt so gliedern: »Alle / / Ameisen / giftig«. Wir hätten also die Ausdrücke »einige« bzw. »alle« isoliert.

Wir können uns zunächst mit weiteren sprachlichen Äquivalenzen weiterhelfen. Statt »alle« können wir auch sagen »jedes«. Notieren wir »Jede / / Ameise / giftig«, so fällt auf, daß es auch umgangssprachlich

einen grammatisch ähnlich gegliederten Satz gibt: »Jedes, das eine Ameise ist, ist giftig«. Das besagt offenbar so viel wie: »Jedes: wenn es eine Ameise ist, so ist es giftig«.
Anhand dieser Formulierung kann man sich nun Freges neue Auffassung verständlich machen. Zunächst kann man sagen (Frege hat es nicht so gesagt): Das Wort »jedes« in »Jedes: ist es F, so ist es G« (oder »alle«) steht nicht für etwas, sondern es enthält eine Handlungsanweisung: »Man nehme der Reihe nach jedes«, und an diese Handlungsanweisung schließt sich die Behauptung an: »Wenn es F ist, so ist es G«. Das heißt also: Der Satz »Alle F sind G« verweist auf *andere* Sätze, nämlich singuläre Sätze, die sich auf einzelne Gegenstände beziehen, von denen jeweils gesagt wird: Wenn dies F ist, ist es G.
Das eben Gesagte sollte informell zu Freges förmlicher Erklärung hinführen. Diese knüpft insofern an das bei den singulären prädikativen Sätzen Gewonnene an, als auch jetzt vorausgesetzt wird: wir verstehen eine Satzform, wenn wir für Sätze dieser Form verstehen, welches ihre Wahrheitsbedingung ist. Im jetzigen Fall gilt: der Satz »Alle F sind G« (= »Jedes: ist es F, so ist es G«) ist wahr, wenn jeder der Sätze »Wenn dies F ist, ist es G« wahr ist. Was wir also verstehen, wenn wir die Satzform »Alle F sind G« verstehen, ist, daß und wie die Wahrheit der Sätze dieser Form abhängt von der Wahrheit jener anderen Sätze.
Ganz analog bei den partikulären Sätzen. Wer sagt »Einige F sind G«, meint: »(Man nehme der Reihe nach) jedes: (dann wird man feststellen) eines oder

einige von ihnen, die F sind, sind G«. Die Aussage verweist auch hier auf singuläre Aussagen, jetzt aber so, daß die Aussage genau dann wahr ist, wenn nur irgendein singulärer Satz »Dies ist F und es ist G« wahr ist.

6.3 Grammatische und semantische Struktur

Zu Beginn von Kap. 6 haben wir darauf hingewiesen, daß in der Tradition die grammatische und semantische Struktur von Sätzen nicht klar getrennt wurde. Insbesondere die Rede von einer Subjekt-Prädikat-Struktur ist in einer ungeschieden grammatischen und semantischen Weise verstanden worden. Damit hing zusammen, daß weder die Rede von grammatischer Struktur noch die Rede von semantischer Struktur klar war. Die in 6.2 durchgeführten Überlegungen erlauben jetzt einen scharfen Begriff von der semantischen Struktur (oder Form) eines Satzes. Ermöglicht wird das dadurch, daß wir jetzt einen bestimmten Begriff von der Bedeutung eines Satzes gewonnen haben: Wir verstehen die Bedeutung eines Satzes, wenn wir wissen, unter welchen Bedingungen er wahr ist. Nun hatten wir auch gesagt: Die Bedeutung eines Satzes (z. B. »Alle Schwäne sind weiß«) hängt ab von der Bedeutung der Satzform (»alle ... sind ...«) *und* der Bedeutung der inhaltlichen Wörter. Diese zusammen machen die Bedingungen aus, unter denen er wahr ist. Was heißt es nun, die Satzform zu verstehen? Im besonderen Fall eines singulären prädikativen Satzes lautete die Antwort: Er ist wahr, wenn das Prädikat auf den Gegenstand zutrifft, für den der Subjektausdruck steht. Damit ist eine allgemeine Regel genannt, *wie* die Wahrheit des Satzes von der Bedeutung seiner Teilausdrücke abhängt. Auch bei den generellen Sätzen sind wir auf solche Regeln gestoßen, nur daß hier die Wahrheit des Satzes von der Wahrheit anderer Sätze abhängt. Diese Regeln bestimmen also die semantische Struktur eines Satzes. Sie regeln nicht, wie ein Satz aus seinen Gliedern zusammengesetzt ist, sondern wovon bei einem in bestimmter Weise zusammengesetzten Satz seine Bedeutung – und d. h. seine Wahrheit – abhängt.

Diese Erklärung setzt voraus, daß wir uns darüber verständigen können, wie der Satz aus seinen Gliedern zusammengesetzt ist ohne Rücksicht auf seine Bedeutung, und d. h.: wir müssen den Satz erst einmal grammatisch beschreiben können. In der modernen Linguistik[5] wird die grammatische Struktur der Sätze so definiert, daß auf ihre Bedeutung überhaupt nicht Bezug genommen werden muß. Das geschieht, indem die Sätze in der Weise gegliedert werden, daß das jeweilige Glied durch eine sogenannte Distributionsklasse bestimmt ist. Zwei Satzteile gehören in dieselbe Distributionsklasse (haben dieselbe Distribution), wenn sie im selben sprachlichen Kontext vorkommen können, d. h. durch dieselben anderen Ausdrücke so ergänzt werden können, daß das Ganze als Satz akzeptiert wird. Nehmen wir z. B. die beiden Satzteile »Peter« und »jeder Mensch«. In jedem Kontext, in dem der eine Ausdruck vorkommt, kann auch der andere vorkommen. Sie haben also dieselbe Distribution, gehören daher zur selben grammatischen Klasse.

Es ist also völlig korrekt zu sagen, daß Sätze vom Typ »Peter ist sterblich« und vom Typ »Jeder Mensch ist sterblich« grammatisch dieselbe Struktur haben. Wir haben aber in 6.2 gesehen, daß ihre semantische Struktur ganz verschieden ist. Wir müssen also semantische und grammatische Struktur scharf unterscheiden. Wir haben in 6.2 unterstellt, daß z. B. folgende beiden Sätze dieselbe semantische Struktur haben: »Einige Ameisen sind violett« und »Es gibt violette Ameisen«, ebenso wie »Violette Ameisen existieren«. Aber die grammatische Struktur dieser Sätze ist offenkundig verschieden.

Die Ausdrücke »Subjekt« und »Prädikat« werden auch heute noch vielfach zweideutig verwendet, sowohl grammatisch wie semantisch. Autoren, die die Wörter »Prädikat« und »prädikativ« semantisch verwenden, sagen dann z. B.: »Generelle Sätze sind ›eigentlich‹ (und d. h. semantisch) nicht prädikativ«, oder: »Das Wort ›existiert‹ ist ›eigentlich‹ (und d. h. semantisch) kein Prädikat«. Auch in der allgemein üblichen Rede von einem »Prädikatenkalkül« ist »Prädikat« semantisch verstanden. Solche sprachlichen Zweideutigkeiten sind harmlos, wenn man sie durchschaut. Man kann aber auch, statt »Subjekt« und »Prädikat« zweideutig zu verwenden, diese Termini als rein grammatische ansehen und, wie z. B. Quine das tut, die »eigentlichen« Subjektausdrücke als *singuläre Termini* und die »eigentlichen« Prädikate als *generelle Termini* bezeichnen. Diese Begriffe sind jetzt semantisch definiert, ungefähr so: Ein singulärer Terminus ist ein Ausdruck, der die Funktion hat, einen einzelnen Gegenstand zu bezeichnen; ein genereller Terminus ist ein Ausdruck, der die Funktion hat, Gegenstände zu klassifizieren und zu unterscheiden. Beispiele: »dieses Pferd« oder

»Peter« sind singuläre Termini; »etwas« oder »jeder Mensch« sind Subjektausdrücke, aber keine singulären Termini. »Existiert« ist ein Prädikat, aber kein genereller Terminus (wie wir in Kap. 11 sehen werden).

Die künstliche Sprache, die in der modernen Logik verwendet wird, hat nun (mindestens zum Teil) den Sinn, daß eine künstliche und standardisierte Grammatik verwendet wird, derart, daß 1. die grammatische Struktur auf die semantische Struktur hin transparenter ist und daß es 2. eine eindeutige Korrespondenz zwischen semantischer und grammatischer Struktur gibt (es wird ausgeschlossen, daß ein und dieselbe grammatische Struktur einen verschiedenen semantischen Sinn haben kann und umgekehrt). Der Außenstehende könnte leicht denken, daß diese künstliche Sprache sich von unserer wirklichen Sprache entfernt. Aber das gilt eben nur grammatisch. Die semantische Struktur unserer wirklichen Sprache wird in dieser künstlichen Sprache deutlicher, als sie es in der Grammatik unserer wirklichen Sprache ist.

Sehen wir uns diese künstliche Grammatik, soweit sie sich auf die singulären und generellen Sätze erstreckt, an! Zunächst werden Zeichen für die singulären und generellen Termini eingeführt, und zwar normalerweise kleine lateinische Buchstaben »a«, »b«, »c« für singuläre Termini und große lateinische Buchstaben »G«, »F«, »H« für generelle Termini. Relationsausdrücke sind eine Art genereller Termini und werden ebenfalls durch große lateinische Buchstaben symbolisiert.

Es ergeben sich dann als Elementarsätze die Formen »Fa«, »Rab«. Man befolgt also die Konvention, daß der generelle Terminus immer vor den oder die singulären

Termini gestellt wird, und die Reihenfolge der hinter einem Relationsausdruck stehenden singulären Termini soll der Bedingung entsprechen, daß es sich um ein geordnetes Paar handelt (vgl. 6.1). »Peter ist sterblich« wird also symbolisiert durch »Fa«, »Peter schlägt Paul« durch »Rab«.

Vergleichen wir diese Symbolisierung mit derjenigen, die wir schon in Kap. 3 kennengelernt haben! Dort hatte die Symbolisierung den Sinn, anstelle inhaltlicher Ausdrücke *Variable* zu setzen. Jetzt hingegen *übersetzen* wir einen Ausdruck der natürlichen Sprache (z. B. »Peter«) durch einen entsprechenden Ausdruck der logischen Kunstsprache (z. B. »a«). Die Ersetzung von »Peter« durch »a« stellt also noch keine Formalisierung dar; »a« ist nicht eine Individuenvariable, sondern eine sogenannte Individuenkonstante. Der Ausdruck »a« ist lediglich ein Repräsentant des Ausdrucks »Peter«. In der modernen Logik werden, wie wir gleich sehen werden, auch sogenannte Individuenvariable verwendet: »x«, »y«, »z«. Diese Zeichen fungieren jedoch als Pronomina und sind keine Variable im logischen Sinn einer Formalisierung. Wir werden im folgenden sowohl bei den Symbolen für singuläre Termini (»a«, »b«, »c«) wie bei den Symbolen für generelle Termini (»F«, »G«, »R«) eine Zweideutigkeit in Kauf nehmen, indem wir es offenlassen, ob sie jeweils als bloße (immer noch inhaltlich verstandene) Übersetzungen von entsprechenden Ausdrücken der natürlichen Sprache gemeint sind oder als Variable in dem in Kap. 3 definierten Sinn. Dasselbe gilt für die Satzsymbole »p«, »q«, »r« (Kap. 7). Diese Zweideutigkeit erscheint uns harmlos, weil sich jeweils aus dem Kontext ergibt, in welchem Sinn die

Symbole gemeint sind, während die Vermeidung dieser Zweideutigkeit eine Verdopplung der verwendeten Symbole erforderlich gemacht hätte. Wichtig ist in jedem Fall, daß alle jetzt verwendeten symbolischen Ausdrücke, ob sie nun als Variable fungieren oder nicht, einen klar definierten semantischen Sinn haben; dadurch eben ist die Grammatik der logischen Kunstsprache definiert.

Um nun die Symbolisierung der generellen Sätze zu verstehen, gehen wir von derjenigen Formulierung der natürlichen Sprache aus, an der wir schon oben die semantische Struktur am leichtesten erkennen konnten: »Jedes, das F ist, ist G«. Wir haben schon gesehen, daß das so zu verstehen ist: »Jedes: wenn es F ist, ist es G«. Und bei den partikulären Sätzen können wir uns orientieren an der umgangssprachlichen Form »Es gibt etwas, das F und G ist«. Die Quantoren (»jedes«, »einige«) werden also vorgezogen. Nun ist zu beachten, daß auch schon in dieser umgangssprachlichen Version des partikulären Satzes hinter dem Quantor ein Pronomen steht (»etwas«), das dann im Nebensatz durch ein Relativpronomen (»das«) aufgenommen wird. Ebenso haben wir beim universalen Satz das Pronomen »jedes«, das durch das Relativpronomen »das« aufgenommen wird. Wir brauchen also auch in der Symbolisierung ein entsprechendes Verweisungszeichen. Man kann die obige umgangssprachliche Formulierung für den Universalsatz offenbar so umformulieren: »Jedes x: wenn x F ist, ist x G«. Entsprechend kann man den partikulären Satz so formulieren: »Einige x: x ist F und x ist G«. Die Quantoren selbst werden so geschrieben: »(x)« für »alle x« (»Allquantor«), »(∃x)« für »einige x« (»Existenz-

quantor«) bei den meisten angelsächsischen Autoren, »∧x« und »∨x« bei den meisten deutschen Autoren. (Frege selbst verwendete einen anderen Symbolismus.) So ergibt sich also für »Einige Ameisen sind violett« die Struktur »(∃x) (Fx und Gx)«, für »Alle Ameisen sind giftig« die Struktur »(x) (wenn Fx, so Gx)«.[6]
Dieser Symbolismus soll den Zusammenhang der generellen Sätze und derjenigen singulären Sätze, von denen ihre Wahrheit abhängt, sichtbar machen. Nehmen wir den Satz »Peter ist sterblich«, im Symbolismus »Fa«. Nun können wir uns diesen Satz ohne den singulären Terminus denken; wir haben dann einen sogenannten *offenen Satz* »( ) ist sterblich« bzw. »Fx« (das »x« in diesem Ausdruck ist nur eine Leerstelle). Wir können nun diesen offenen Satz wieder zu einem vollen Satz rekonstruieren, indem wir entweder in die Leerstelle einen beliebigen singulären Terminus einsetzen (z. B. »Franz ist sterblich«, »Fb«) oder aber einen Quantor voranstellen. Im Symbolismus nimmt diese letztere Möglichkeit die Form »(x)Fx« an bzw. »(∃x)Fx«; jetzt ist das »x« nicht mehr nur eine Leerstelle, sondern fungiert als Pronomen. Der semantische Zusammenhang zwischen »(x)Fx« und »(∃x)Fx« einerseits und »Fa«, »Fb«, »Fc« usw. andererseits ist, wie wir gesehen haben, der, daß »(x)Fx« wahr ist, wenn alle diese singulären Sätze wahr sind, und »(∃x)Fx« wahr ist, wenn mindestens einer dieser Sätze wahr ist.
Und nun können wir auch verstehen, wie Frege das Ausgangsproblem der multiplen Quantifikation lösen konnte (vgl. S. 83 f.).[7] Wir gehen jetzt aus von einem Satz mit einem Relationsausdruck, z. B. »Peter beneidet Simon«. Wir können nun dieselbe Operation, die wir

eben *einmal* durchgeführt haben, hintereinander *zweimal* durchführen. Zuerst bilden wir den offenen Satz »Peter beneidet ( )« bzw. »Rax« und ergänzen ihn wieder mittels eines Quantors zu einem ganzen Satz: »Peter beneidet jemanden« bzw. »(∃x)Rax«. Nun wenden wir diese Operation noch einmal auf den eben entstandenen Satz an. (Da »x« bereits durch seine pronominale Beziehung zu dem Existenzquantor festgelegt ist, müssen wir jetzt eine andere sogenannte Individuenvariable »y« verwenden.) Es ergibt sich jetzt der offene Satz »( ) beneidet jemanden« bzw. »(∃x)Ryx«, und nun können wir auch diesen offenen Satz mittels eines Quantors, z. B. des Allquantors, schließen: »Jeder beneidet jemanden« bzw. »(y) (∃x)Ryx«. Der Sinn des sich aus dieser doppelten Operation ergebenden Satzes hängt an der Reihenfolge, in der wir die beiden Operationen durchführen. Wären wir andersherum vorgegangen, hätten wir den Satz »Es gibt jemanden, den alle beneiden« bzw. »(∃y)(x)Rxy« gewonnen. Dieser schrittweisen Konstruktion einer Aussage mit mehreren Quantoren entspricht nun auch eine schrittweise Abhängigkeit der Wahrheit einer solchen Aussage von der Wahrheit anderer Aussagen: »(y)(∃x)Ryx« ist wahr, wenn »(∃x)Rax«, »(∃x)Rbx« usw. alle wahr sind, und das erste Glied dieser Reihe – »(∃x)Rax« – ist wahr, wenn eines von »Rab«, »Rac« usw. wahr ist. Die schrittweise Konstruktion wird durch die Reihenfolge angezeigt, in der die Quantoren vorne aufgeführt werden, und dadurch lassen sich die Mehrdeutigkeiten vermeiden, die in der Umgangssprache nur durch Ad-hoc-Regelungen ausgeschlossen werden können (schon »Jeder beneidet jemanden« ist nicht eindeutig; ist gemeint, daß, wie oben vorausgesetzt wurde, es für jeden gilt, daß er jemanden beneidet, oder daß alle einen beneiden?).

6.4 Die semantische Form ist die logische Form

In 6.3 haben wir die grammatische Form von der semantischen Form unterschieden. Wie verhält sich nun die semantische Form zur logischen Form? Um diese Frage zu beantworten, brauchen wir natürlich einen einigermaßen klaren Begriff von »logischer Form«. Am Anfang von 6.3 haben wir einen einigermaßen klaren Begriff von »semantischer Form« gewonnen: die Regel der semantischen Form eines Aussagesatzes gibt an, in welcher Weise die Wahrheit des Satzes von der Bedeutung seiner Teilausdrücke abhängt. Man kann das auch so formulieren: die semantische Form betrifft die Art und Weise, wie der Satz in »wahrheitsrelevanter« Weise zusammengesetzt ist.[8]

Was ist nun die logische Form? Wir haben in Kap. 3 die Unterscheidung zwischen »formal-analytisch« und »material-analytisch« erläutert. Worin gründet nun die formale Analytizität? Bisher sagten wir nur: in der Bedeutung der Formwörter (»alle«, »und« usw.); aber was heißt das?

Das in 6.2 über die Bedeutung der generellen Sätze Gesagte kann diese Frage noch nicht allgemein beantworten, aber enthält doch einen Hinweis. Wir haben gesehen, daß es zur Bedeutung der Form eines generellen Satzes gehört, daß seine Wahrheit in bestimmter Weise von der Wahrheit singulärer Sätze abhängt. Das heißt nun aber nichts anderes, als daß es zwischen generellen Sätzen und singulären Sätzen Implikationsverhältnisse gibt. Aus der semantischen Regel für die Bedeutung des universalen Satzes folgt unmittelbar, daß folgende Implikation gilt: »(x)Fx, also Fa« (wenn alles »F« ist, ist auch ein beliebiges Bestimmtes »F«). Ebenso folgt aus der semantischen Regel für die Bedeutung des partikulären Satzes, daß folgende Implikation gilt: »Fa, also (∃x)Fx« (wenn irgendein bestimmtes »F« ist, dann gibt es etwas, das »F« ist). Wir werden in Kap. 7 sehen, daß auch bei komplexen Sätzen die jeweilige Bedeutung bestimmter komplexer Satzformen durch ihre Wahrheitsbedingungen unmittelbar bestimmte Implikationen nach sich zieht. Es sollte nun plausibel sein (ohne daß wir es im jetzigen Rahmen beweisen können), daß alle logischen Implikationen überhaupt lediglich Folgen dieses Umstandes sind, daß die Bedeutung der jeweiligen Satzformen in der Weise auf andere Satzformen verweist, daß die Wahrheit des einen Satzes von der Wahrheit anderer Sätze abhängt. Das heißt dann zugleich: Der Grund für logische Implikationen liegt in der semantischen Form; diese ist daher identisch mit der logischen Form.

Anmerkungen

1 Dieses und das folgende Beispiel sind entnommen aus Quine, *Grundzüge der Logik*, § 22.

2 Es ist sehr wichtig, immer deutlich zu unterscheiden, ob man einen Ausdruck (wie »Sokrates«) *verwendet*, um von einem Gegenstand zu sprechen, oder ob man von dem Ausdruck (dem Zeichen) selbst spricht. Im letzteren Fall ist das Zei-

chen selbst der Gegenstand, von dem geredet wird, und man muß einen zweiten Ausdruck verwenden, um *diesen* Gegenstand (das Zeichen) zu bezeichnen. Die einfachste Möglichkeit einer solchen Bezeichnung des Zeichens ist, daß wir den Ausdruck »der Ausdruck ›Sokrates‹« verwenden bzw. abgekürzt einfach den Ausdruck »Sokrates« verwenden. Die Verwendung eines Ausdrucks mit Anführungsstrichen ist also eine (freilich nur in der schriftlichen Sprache mögliche) einfache Konvention für die Bezeichnung eines Ausdrucks. Alle semantisch bewußten modernen Autoren halten sich an diese Konvention. Der Leser sollte sich also daran gewöhnen, genau darauf zu achten, ob von (z. B.) Sokrates oder »Sokrates« die Rede ist, und sich diese Konvention auch selbst zu eigen machen, um so die Gefahr der Verwechslung von Zeichen und Bezeichnetem zu vermeiden.

3 Vgl. Davidson, »Truth and Meaning«.

4 Die folgenden Absätze bis zum Ende von 6.2 entsprechen zum Teil wörtlich den Ausführungen in Tugendhat, *Vorlesungen zur Einführung in die sprachanalytische Philosophie*, S. 311–313. Zur Kritik an der traditionellen Auffassung vgl. auch Geach, *Reference and Generality*, Kap. 1.

5 Vgl. z. B. Lyons, *Einführung in die theoretische Linguistik* 4.2.

6 Zu beachten ist, daß durch das zum Quantor vorgezogene »x« die Bedeutung dieser Sätze so verstanden wird, daß ein Bezug auf einen vorausgesetzten Gegenstandsbereich impliziert ist; dasselbe war schon in den umgangssprachlichen Wendungen »Jedes: ...« und »Es gibt etwas ...« impliziert. »Es gibt etwas, das ...« heißt: »Unter allen Gegenständen gibt es einen oder einige, die ...«. Natürlich legt das die weitere Frage nahe: Wie weit ist dieser vorausgesetzte Gegenstandsbereich zu verstehen? Wenn wir z. B. sagen »Es gibt Nashörner mit zwei Hörnern«, ist wohl gemeint: »unter allen realen raumzeitlichen Wesen ...« (diese würden also

den Gegenstandsbereich bilden); ausgeschlossen wären Phantasiewelten.

7 Vgl. Dummett, *Frege*, Kap. 2.

8 Das ist eine Formulierung von Davidson.

Literaturhinweise

Frege, »Funktion und Begriff«.

Quine, *Methods of Logic*, §§ 16 und 22.

Geach, *Reference and Generality*.

Kamlah/Lorenzen, *Logische Propädeutik*, Kap. 1, § 4; Kap. 5, § 3.

Dummett, *Frege. Philosophy of Language*, Kap. 2.

Tugendhat, *Vorlesungen zur Einführung in die sprachanalytische Philosophie*, Vorl. 18.

7 Komplexe Sätze

Ein komplexer Satz ist ein Satz, der einen oder mehrere Teilausdrücke enthält, die ihrerseits Sätze sind, d. h. selbst schon wahr oder falsch sein können. So sind z. B. die Sätze »Es ist nicht der Fall, daß es regnet« oder »Peter glaubt, daß es regnet« komplexe Sätze, die einen Teilsatz enthalten, und die Sätze »Es regnet und es ist kalt« oder »Weil das Eis leichter ist als Wasser, schwimmt es auf dem Wasser« sind komplexe Sätze, die zwei Teilsätze enthalten.

Wie ist nun die semantische Form der verschiedenen Arten von komplexen Sätzen zu verstehen? Gemäß der traditionellen Auffassung ist auch ein komplexer Satz als Synthesis zu verstehen. Diese Auffassung stößt jedoch auf unüberwindliche Schwierigkeiten, sowohl was den Status der Bestandteile dieser Synthesis betrifft als auch was die verschiedenen Arten von Synthesis angeht, die nach dieser Auffassung zu unterscheiden wären.[1] Folgen wir hingegen der Auffassung, die sich in Kap. 6 ergeben hat, daß wir einen Satz dann verstehen, wenn wir seine Wahrheitsbedingungen kennen, dann liegt es nahe, die Frage nach der semantischen Form eines komplexen Satzes so zu stellen: In welcher Weise hängt der Wahrheitswert des ganzen Satzes einer solchen Satzform von den Teilsätzen und anderen Teilausdrücken ab, aus denen er sich zusammensetzt? Der einfachste Fall wäre der, daß der Wahrheitswert des ganzen Satzes in eindeutiger Weise vom Wahrheitswert der Teilsätze abhängt. In diesem Fall ist der Wahrheitswert des ganzen Satzes eine Funktion der Wahrheitswerte der Teilsätze, und man spricht daher von Wahrheitsfunktionen.

7.1 Wahrheitsfunktional sind alle zusammengesetzten Sätze, die mit den Wörtern »nicht«, »und«, »oder« gebildet sind. In der Logik werden außerdem Sätze als Wahrheitsfunktionen aufgefaßt, die mit den Wörtern »wenn – so« verknüpft sind. Und schließlich sind wahrheitsfunktional auch Sätze mit dem verbindenden Ausdruck »dann und nur dann, wenn«.
Machen wir uns das Spezifische eines wahrheitsfunktionalen zusammengesetzten Satzes anhand eines »oder«-Satzes klar. Einen Satz wie »Es regnet oder es schneit«, der die Form »p oder q« hat, bezeichnet man als Disjunktion. Es sollen hier nicht die beiden Sätze »p« und »q« als einzelne behauptet werden, sondern es wird die Wahrheit des einen zusammengesetzten Satzes »p oder q« behauptet (d. h. der Wahrheitsanspruch, der erhoben wird, betrifft die Wahrheit der Zusammensetzung). Und die Frage, die wir uns stellen müssen, ist nun, wie die Wahrheit des komplexen Satzes »p oder q« von seinen Teilsätzen »p« und »q« abhängt. Dabei muß man zwei Bedeutungen von »oder« unterscheiden, das ausschließende und das nicht-ausschließende »oder«. Die Bedeutung von »oder«, die in der modernen Logik zugrunde gelegt wird und auch umgangssprachlich die häufigere ist, ist die nicht-ausschließende. Wenn z. B. in einer Buchhandlung zu lesen ist »Kunden, die Lehrer sind oder auf Hochschulen studieren, bekommen einen Rabatt«, dann gilt das erstens, wenn jemand Lehrer ist, zweitens, wenn jemand studiert, aber drittens natürlich

auch, wenn jemand Lehrer ist und nebenbei auch noch studiert.[2] Das ausschließende »oder« würde z. B. vorliegen, wenn ein Kind am gleichen Tag nachmittags einen Ausflug machen und abends ins Theater gehen möchte und die Eltern, denen beides zusammen zu viel ist, sagen: »Wir machen heute einen Ausflug oder wir gehen ins Theater.« Bei dieser ausschließenden Verwendung von »oder« kann man immer hinzufügen »aber nicht beides«. Wir können also sagen: Sätze der Form »p oder q« mit dem nicht-ausschließenden »oder« sind wahr, wenn »p« wahr ist oder wenn »q« wahr ist oder wenn »p« und »q« beide wahr sind, und sie sind falsch nur, wenn »p« und »q« beide falsch sind. Und Sätze mit dem ausschließenden »oder« sind wahr, wenn »p« wahr und »q« falsch ist sowie wenn »q« wahr und »p« falsch ist, und falsch, wenn »p« und »q« beide wahr oder beide falsch sind. Wir können jetzt also angeben, worin die Wahrheitsbedingungen eines Satzes der Form »p oder q« bestehen bzw. wie sie von den Teilsätzen abhängen: Der Wahrheitswert des komplexen Satzes ist abhängig allein vom Wahrheitswert der Teilsätze und unabhängig von allen anderen Eigenschaften dieser Teilsätze.

Komplexe Sätze der Form »p und q«, z. B. »Es regnet, und es ist windig«, bezeichnet man als Konjunktionen. Bei der Konjunktion ist besonders leicht zu sehen, worin ihre Wahrheitsbedingungen bestehen. Ein komplexer Satz »p und q« ist offenbar dann wahr, wenn beide Teilsätze wahr sind, und er ist falsch, wenn einer der beiden Teilsätze falsch ist, und natürlich auch falsch, wenn beide Teilsätze falsch sind. Das heißt, wir können sagen: Ein zusammengesetzter Satz der Form

»p und q« ist genau dann wahr, wenn »p« wahr ist und »q« wahr ist. Es fällt auf, daß in dieser Erklärung der Bedeutung der Satzform »p und q« das Wort »und« wieder vorkommt. Das heißt jedoch nicht, daß die Erklärung wertlos wäre. Denn sie zeigt, wie die Wahrheit des komplexen Satzes von der Wahrheit der Teilsätze abhängt. Allerdings kann man fragen, ob diese Bedeutungserklärung durch Angabe der Wahrheitsbedingungen wirklich eine vollständige Erklärung ist. Diese Frage müssen wir hier offenlassen.

Wahrheitsfunktionen sind auch Sätze, die mit dem Wort »nicht« gebildet sind. Wie wir schon gesehen haben, dient das Wort »nicht« dazu, die Negation einer Aussage zu bilden, ihr zu widersprechen. Als die Negation einer Aussage bezeichnen wir gerade das, was wahr ist, wenn die Aussage falsch ist. Und darin liegt, daß »Es ist nicht der Fall, daß p« eine Wahrheitsfunktion von »p« ist, also in seinem Wahrheitswert ausschließlich vom Wahrheitswert von »p« abhängt: ist »p« falsch, so ist seine Negation wahr, ist »p« wahr, so ist »nicht-p« falsch.

In der Logik werden auch Sätze der Form »Wenn p, so q« als rein wahrheitsfunktionale Verknüpfungen aufgefaßt. Die logische Definition dieser Sätze kann man sich verständlich machen, wenn man an eine grundlegende Eigenschaft auch der umgangssprachlichen »wenn – so«-Sätze denkt. Wenn wir einen solchen Satz verwenden, implizieren wir, daß der ganze Satz »Wenn p, so q« nur dann wahr ist, wenn, sofern »p« wahr ist, auch »q« wahr ist. Wir schließen also aus, daß »p« wahr ist und »q« falsch ist. Wie wir nachher sehen werden, impliziert die umgangssprachliche Verwendung eines »wenn – so«-

Satzes nicht *nur* dieses Ausschließen einer bestimmten Kombination der Wahrheitswerte von »p« und »q«. Aus Gründen, die wir ebenfalls noch kennenlernen werden, erscheint es jedoch sinnvoll, sich in der Logik auf diese wahrheitsfunktionale Minimalbedingung zu beschränken und das »wenn – so« so zu definieren, daß ein Satz der Form »Wenn p, so q« nur besagt, daß, vorausgesetzt daß »p« wahr ist, »q« nicht falsch ist, und d. h.: ein Satz dieser Form ist falsch nur dann, wenn »p« wahr ist und »q« falsch ist; er ist wahr, wenn »p« wahr ist und »q« wahr ist; und er soll auch wahr sein, wenn »p« falsch ist, gleichgültig ob »q« wahr oder falsch ist.

Die auf diese Weise wahrheitsfunktional definierte Form »Wenn p, so q« bezeichnet man als *materiale Implikation*. Dieser Begriff ist scharf zu unterscheiden von dem in Kap. 3 eingeführten Begriff der *analytischen bzw. logischen Implikation*. Der letztere Begriff war so zu verstehen: Wenn »q« von »p« logisch impliziert ist, bedeutet dies, daß es unmöglich ist, daß, wenn »p« wahr ist, »q« falsch ist, und daß wir deswegen berechtigt sind, von »p« auf »q« zu schließen. Demgegenüber besagt die materiale Implikation »Wenn p, so q« nur, daß dieser Satz dann falsch ist, wenn »p« wahr ist und »q« falsch ist. So ist z. B. der Satz »Wenn London in England liegt, ist das Meer salzig« eine wahre materiale Implikation, denn »p« ist wahr und »q« ist nicht falsch. Hier besteht keine Notwendigkeit und weder ein inhaltlicher noch ein formaler Zusammenhang zwischen den beiden Teilsätzen, und daher besteht auch keine Möglichkeit, von der Wahrheit des einen auf die Wahrheit des anderen zu schließen. Gleichwohl kann man aber die logische Implikation gerade mit Hilfe der materialen

Implikation definieren. Denn wir haben ja gesehen, daß »q« von »p« dann logisch impliziert ist, wenn es unmöglich ist, daß, wenn »p« wahr ist, »q« falsch ist. Das heißt aber, daß diese logische Implikation genau dann besteht, wenn gilt: »›Wenn p, so q‹ ist analytisch wahr«, und dabei hat das »Wenn p, so q« den Sinn der materialen Implikation. Sobald eine materiale Implikation als nicht nur faktisch wahr, sondern als analytisch notwendig behauptet wird, entfällt die Beziehungslosigkeit, die sonst zwischen den Wahrheitswerten der Teilsätze einer materialen Implikation besteht, weil ja jetzt eben durch die Behauptung der Analytizität eine innere Beziehung der Bedeutungen der Sätze hergestellt wird.

Ähnlich wie bei der Implikation verhält es sich bei der sogenannten Äquivalenz. Man spricht von logischer bzw., allgemeiner, von analytischer Äquivalenz, wenn zwei Aussagen bedeutungsgleich sind, und d. h. wenn man a priori sagen kann, daß, wenn die eine Aussage wahr ist, auch die andere wahr ist, und umgekehrt. Logische Äquivalenz besteht also in wechselseitiger logischer Implikation. Das heißt dann aber: »p« und »q« sind logisch äquivalent genau dann, wenn gilt: »›Wenn p, so q, und wenn q, so p‹ ist logisch wahr«. Wie sich die logische Implikation mit Hilfe der materialen Implikation definieren läßt, baut sich also die logische Äquivalenz ganz analog auf eine materiale Äquivalenz auf. Zwei Aussagen »p« und »q« sind material äquivalent, wenn sowohl »Wenn p, so q« als auch »Wenn q, so p« gilt, und d. h. wenn sie denselben Wahrheitswert haben. In einem Satz ausgedrückt können wir das auch so formulieren: »p dann und nur dann, wenn q«.

Die Abhängigkeit des Wahrheitswertes der wahrheitsfunktionalen komplexen Sätze vom Wahrheitswert ihrer Teilsätze läßt sich übersichtlich darstellen durch das Verfahren der Wahrheitstafeln, das Wittgenstein im *Tractatus* eingeführt hat. Wir verwenden »p«, »q«, »r« usw. als Variable für Sätze und führen ebenfalls Zeichen für die Ausdrücke »und«, »oder« usw., die man als logische Junktoren bezeichnet, ein:

nicht-p	p und q	p oder q	wenn p, so q	p dann und nur dann, wenn q
$\neg p$ ($\bar{p}$, $\sim p$)	$p \wedge q$ ($p \cdot q$, pq)	$p \vee q$	$p \supset q$ ($p \rightarrow q$)	$p \equiv q$ ($p \leftrightarrow q$)

Da die Verwendung logischer Zeichen nicht einheitlich ist, sondern verschiedene Logiker verschiedene Zeichensysteme benutzen, sind in Klammer jeweils noch einige Zeichen angegeben, die man häufig in Logikbüchern findet. Verwenden wir außerdem die Abkürzung »W« für »wahr« und »F« für »falsch«. Wir können nun einfach eine Liste aller möglichen Kombinationen der Wahrheitswerte für die Teilsätze »p« und »q« und daneben das Ergebnis für den Wahrheitswert des zusammengesetzten Satzes hinschreiben.

Für »¬p« gibt es nur zwei Möglichkeiten, nämlich die, daß »p« wahr, oder die, daß »p« falsch ist:

p	¬p
W	F
F	W

Für die übrigen Wahrheitsfunktionen gibt es, solange wir uns auf Zusammensetzungen aus zwei Teilsätzen beschränken, vier mögliche Kombinationen der Wahrheitswerte der Teilsätze:

p	q	$p \wedge q$	$p \vee q$	$p \supset q$	$p \equiv q$
W	W	W	W	W	W
W	F	F	W	F	F
F	W	F	W	W	F
F	F	F	F	W	W

Anhand der Wahrheitstafeln läßt sich nun leicht ablesen, welche Implikationsverhältnisse zwischen einem komplexen wahrheitsfunktionalen Satz und seinen Teilsätzen bzw. zwischen komplexen Sätzen mit verschiedenen logischen Junktoren bestehen. Wir hatten am Ende von Kap. 6 für die generellen Sätze gesehen, daß die logische Form dieser Sätze bestimmte Implikationen nach sich zieht. Die logische Form der jetzt behandelten Sätze ist bestimmt durch das Vorkommen von Formwörtern wie »und«, »oder« usw., deren Bedeutung darin besteht, festzulegen, wie die Wahrheit des ganzen Satzes von den Wahrheitswerten seiner Teilsätze abhängt. Das aber heißt, daß es zwischen wahrheitsfunktionalen komplexen Sätzen und ihren Teilsätzen logische Implikationsverhältnisse gibt. Aufgrund der Bedeutungsregel für »p und q« z. B. gilt unmittelbar die Implikation: »p und q« impliziert logisch »p«, da der Fall ausgeschlossen ist, daß, wenn »p und q« wahr ist, »p« falsch ist.

Ebenso lassen sich mittels der Wahrheitstafeln logische Implikationen und logische Äquivalenzen zwischen komplexen Sätzen mit verschiedenen logischen Junktoren aufzeigen; z. B. kann man zeigen, daß aus »$p \wedge q$« »$p \vee q$« logisch folgt; denn wie die Tabelle zeigt, ist »$p \wedge q$« wahr nur in dem einen Fall, in dem »p« und »q« beide wahr sind, und in diesem Fall ist »$p \vee q$« ebenfalls wahr. Wieder also ist der Fall ausgeschlossen (unmöglich wahr), daß das erste wahr und das zweite falsch ist. Allerdings ist »$p \vee q$« noch in zwei weiteren Fällen wahr, und daher wird es von »$p \wedge q$« zwar logisch impliziert, ist aber nicht mit ihm logisch äquivalent. Logische Äquivalenzen lassen sich ebenfalls bereits zwischen den einfachen Satzschemata mit nur zwei Satzvariablen aufstellen, auf die wir uns bisher beschränkt haben. Durch solche Äquivalenzen lassen sich die verschiedenen logischen Junktoren wechselseitig durch einander definieren. Es genügt, zwei dieser Junktoren zu verwenden, z. B. »und« und »nicht«, da sich die anderen durch sie definieren lassen und daher entbehrlich sind. So läßt sich »$p \vee q$« ersetzen durch »$\neg (\neg p \wedge \neg q)$« und »$p \supset q$« läßt sich ersetzen durch »$\neg (p \wedge \neg q)$«. Machen wir uns das an dem letzteren Fall etwas genauer klar.

Wir könnten uns zunächst einfach darauf stützen, daß die Wahrheitsbedingung der materialen Implikation eben gerade so definiert ist, daß sie nur in dem Fall falsch ist, in dem der Vordersatz »p« wahr und der Nachsatz »q« falsch, also »$\neg q$« zutreffend ist; d. h. nicht auftreten darf die Möglichkeit »$p \wedge \neg q$«, anders gesagt, es muß gelten: »$\neg (p \wedge \neg q)$«. Wir können jetzt aber auch so vorgehen, daß wir von den beiden Schemata »$p \supset q$« und »$\neg (p \wedge \neg q)$« ausgehen und mit Hilfe der Wahrheitstafeln zeigen, daß sie logisch äquivalent sind, d. h. dieselben Wahrheitsbedingungen haben. Die

Wahrheitsbedingungen für »$p \supset q$« stehen bereits in unserer Tabelle, diejenigen für das zweite Schema erhalten wir, wenn wir die Regeln für das Negations- und Konjunktionszeichen anwenden. Dabei rechnen wir zuerst den Ausdruck in der Klammer aus und wenden dann auf das Ergebnis das Negationszeichen an.

p	q	$p \supset q$	p	$\neg q$	$p \wedge \neg q$	$p \wedge \neg q$	$\neg (p \wedge \neg q)$
W	W	W	W	F	F	F	W
W	F	F	W	W	W	W	F
F	W	W	F	F	F	F	W
F	F	W	F	W	F	F	W

Es läßt sich also ablesen, daß die beiden Schemata tatsächlich dieselben Wahrheitsbedingungen haben, für genau dieselben Einsetzungen von Wahrheitswerten für »p« und »q« wahr sind, und ebenso für dieselben Einsetzungen falsch sind. Und somit haben wir nachgewiesen, daß die beiden Schemata logisch äquivalent sind, daß also gilt: »Es ist logisch notwendig: $p \supset q \equiv \neg (p \wedge \neg q)$«.

Nach demselben Verfahren mittels der Wahrheitstafeln läßt sich nun für jedes aussagenlogische Schema prüfen, ob es gültig ist. Als aussagenlogisches Schema bezeichnet man jede Formalisierung eines Satzes, bei der nur die Teilsätze durch Variable ersetzt werden und bei der die Negation und die genannten Junktoren als Konstanten vorkommen; hingegen bezeichnet man ein Schema, in dem auch die generellen Termini des Satzes durch Variable ersetzt werden, als prädikatenlogisches Schema. Ein aussagenlogisches Schema ist z. B. das

Schema »$(p \wedge q) \vee (p \wedge \neg r) \vee (\neg p \wedge r) \vee (\neg p \wedge s) \vee (\neg q \wedge r) \vee (\neg r \wedge \neg s)$«. Dieses Schema enthält vier Satzvariable, »p«, »q«, »r« und »s«. Während wir bei zwei Variablen nur vier Fälle berücksichtigen mußten, ergeben sich bei drei Variablen acht und bei vier Variablen sechzehn verschiedene Kombinationsmöglichkeiten ihrer Wahrheitswerte. Die Wahrheitstafel für das angeführte Schema hätte also sechzehn Zeilen. Wer sich die Mühe machen will, kann ausrechnen, daß die schrittweise Anwendung der für »¬«, »∧« und »∨« geltenden Wahrheitsbedingungen zu dem Ergebnis führt, daß dieses Schema tatsächlich gültig ist, und d. h. daß jeder komplexe Satz dieser Form, in dem wir die Variablen durch entsprechende Teilsätze ersetzen, logisch wahr ist. Die Wahrheitstafeln ermöglichen also für denjenigen Teil der logisch wahren Sätze, die logisch wahr aufgrund ihrer aussagenlogischen Struktur sind, ein Entscheidungsverfahren, d. h. ein Verfahren, mit dem sich erkennen läßt, daß sie logisch wahr sind, also wahr sind unabhängig von ihrem Inhalt. Der Grund dafür, daß wir das in diesem Fall so einfach erkennen können, liegt darin, daß die Wahrheit des ganzen Satzes hier nur von den möglichen Kombinationen der Wahrheitswerte der Teilsätze abhängt und diese Kombinationen sich vollständig durch die Wahrheitstafeln darstellen lassen.

Wir sind jetzt auch in der Lage, besser zu verstehen, daß die von der Umgangssprache her eher merkwürdig anmutende Definition der materialen Implikation in der Logik einen guten Sinn hat. Denn das »wenn – so« der materialen Implikation eignet sich genau als Interpretation der Satzverknüpfung in zwei für die Logik wichtigen Kontexten. Erstens, wie wir schon gesehen haben, für die Verknüpfung von Sätzen, die innerhalb einer logischen Implikation »Es ist logisch notwendig: ›Wenn p, so q‹« vorkommt.

Der zweite Kontext, in dem die materiale Implikation als Interpretation naheliegt, sind die singulären Sätze, die von generellen Sätzen logisch impliziert werden. Ein genereller Satz »(x)(wenn Fx, so Gx)« impliziert logisch »Wenn Fa, so Ga«, »wenn Fb, so Gb« usw. (vgl. Kap. 6, S. 91). Es liegt nahe, das »wenn – so« in diesen singulären Sätzen als das Zeichen der materialen Implikation aufzufassen, wie man sich leicht an Beispielen klarmachen kann. Nehmen wir den Allsatz »(x)(wenn x eine Katze ist, so ist x ein Tier)«; das impliziert logisch: »Wenn a eine Katze ist, so ist a ein Tier«. Nehmen wir an, daß der Wenn-Satz wahr ist, dann ist der Nachsatz wahr. Nehmen wir an, daß der Wenn-Satz falsch ist, dann kann der Nachsatz offenkundig entweder wahr sein (wenn a zwar keine Katze, aber ein Tier einer anderen Spezies ist) oder er kann falsch sein (wenn a überhaupt nicht ein Tier ist). Das aber entspricht wiederum genau den Wahrheitsbedingungen der materialen Implikation.

7.2 Andererseits wurde S. 107f. darauf hingewiesen, daß sich gerade das logische Zeichen der materialen Implikation in seiner Bedeutung relativ stark von dem verwandten umgangssprachlichen Ausdruck »wenn – so« unterscheidet, und wir wollen daher kurz auf das Verhältnis der logischen Junktoren zu den ihnen entsprechenden umgangssprachlichen Ausdrücken eingehen. Bei dem Wort »nicht« entspricht die logische Festlegung seiner Bedeutung ziemlich genau der Bedeutung dieses Wortes in der Alltagssprache, und daher kann man in diesem Fall sagen, daß die Festlegung seiner Bedeutung in der Logik auch zu einem klaren Verständnis seiner umgangssprachlichen Verwendung beiträgt. Bei den anderen logischen Konstanten ist die Verwandtschaft zu entsprechenden umgangssprachlichen Ausdrücken teils relativ eng, teils aber auch schwächer.

Eine relativ enge Verwandtschaft besteht zwischen der logischen Konstanten »$\wedge$« und dem umgangssprachlichen »und«, welches ganze Sätze miteinander verbindet.[3] Die Grundbedeutung auch einer alltäglichen Aussage der Form »p und q« ist es, daß sie genau dann wahr ist, wenn die beiden Teilsätze wahr sind. Allerdings spielen in der alltäglichen Rede vielleicht noch zusätzliche Bedingungen eine Rolle. Wir würden uns wundern über die Behauptung »Berlin ist eine große Stadt, und $3 + 4 = 7$«, d. h. wir verlangen wohl zusätzlich zur Wahrheit der Teilsätze einen gewissen inhaltlichen Zusammenhang zwischen ihnen. Außerdem bringt das umgangssprachliche »und« oft ein zeitliches Nacheinander zum Ausdruck. Für eine Konjunktion »$p \wedge q$«, die genau dann wahr ist, wenn »p« und »q« beide wahr sind, ist die Reihenfolge von »p« und »q« gleichgültig. Wenn hingegen zum Beispiel[4] der Satz »sie heirateten und bekamen ein Kind« wahr ist, ist damit nicht auch der Satz wahr, in dem die beiden Teilsätze vertauscht sind.

Besonders problematisch ist die Gleichsetzung der wahrheitsfunktionalen Form »$p \supset q$« mit den umgangssprachlichen Sätzen der Form »wenn p, so q«, die man als Bedingungssätze oder Konditionalsätze bezeichnen kann. Die Bedeutung der materialen Implikation »$p \supset q$« war so zu verstehen, daß eine solche Implikation falsch ist, wenn p wahr und q falsch ist, und daß sie für die drei anderen möglichen Kombinationen von Wahrheitswerten der Teilsätze wahr ist. Demnach wäre (1) »Wenn Paris in Frankreich liegt, dann ist Gras grün« eine wahre materiale Implikation, und dasselbe gilt für (2) »Wenn Paris in England liegt, dann ist Gras grün« und für (3) »Wenn Paris in England liegt, dann ist Gras blau«. Trotzdem würde man diese drei Konditionalsätze in der alltäglichen Rede nicht verwenden, und es erscheint fraglich, ob wir sie, wenn jemand sie verwenden sollte, als wahr oder überhaupt als sinnvoll bezeichnen würden. Daß wir solche Sätze normalerweise nicht verwenden, hat zwei Gründe:

Erstens gebrauchen wir »wenn – so«-Sätze in der natürlichen Sprache so, daß sie nicht rein wahrheitsfunktionale Zusammensetzungen sind, sondern zusätzlich zum Ausdruck bringen, daß zwischen den beiden Teilaussagen irgendeine Art von Begründungszusammenhang besteht. So würden wir z. B. umgangssprachlich folgende Konditionalsätze als sinnvoll akzeptieren: (a) »Wenn du das Wasser vor 10 Minuten aufgesetzt hast, dann kocht es jetzt«; (b) »Wenn heute Freitag ist, ist morgen Samstag«; (c) »Wenn Maria nicht kommt, dann ist sie krank«. Wir halten solche Konditionalsätze für akzeptabel, weil wir den Übergang von der hypothetischen Annahme im Vordersatz zu dem im Nachsatz Gesagten hier rechtfertigen können, indem wir uns auf bestimmte allgemeine Gesetzmäßigkeiten berufen; z. B. in (a) auf das Kausalgesetz, daß Wasser kocht, wenn man es eine bestimmte Zeit erhitzt, in (b) auf den analytischen Satz, daß der Tag nach dem Freitag als Samstag bezeichnet wird, in (c) vielleicht auf eine allgemeine Kenntnis des Charakters von Maria, die so zuverlässig ist, daß sie nur dann nicht kommt, wenn sie wirklich krank ist. Wir berufen uns also zur Begründung singulärer Konditionalsätze wie (a) – (c) auf bestimmte allgemeine Konditionalsätze, die Gesetzmäßigkeiten ausdrücken, d. h. auf Sätze, die die Form haben »›Wenn p, so q‹ ist logisch notwendig« (formale Implikation) oder »›Wenn p, so q‹ ist physikalisch notwendig« oder »›Wenn p, so q‹ ist sicher« o. ä. Fragen wir nach den Wahrheitsbedingungen dieser Aussagen, so ist jedenfalls offensichtlich, daß sie sich nicht durch Wahrheitstafeln angeben lassen, sondern auf andere Weise erklärt werden müßten (für die Bedeutung solcher Aussagen über Gesetzmäßigkeiten vgl. Kap. 14). Und daran liegt es, daß sich umgangssprachliche Konditionalsätze, die ein Begründungsverhältnis zwischen Vordersatz und Nachsatz unterstellen, nicht auf die rein wahrheitsfunktional definierte materiale Implikation reduzieren lassen.[5]

Zweitens verwendet man einen Konditionalsatz »wenn p, so q« gewöhnlich nur dann, wenn man die Wahrheitswerte von »p« und »q« nicht kennt oder offenlassen will. *Wenn* man wie in (1) und (2) die Wahrheit von »q« kennt, dann wird man normalerweise »q« direkt behaupten und nicht die unnötig schwache hypothetische oder bedingte Behauptung »wenn p, so q« machen. Und *wenn* der Wahrheitswert von »p« bekannt ist, verwendet man umgangssprachlich nicht »wenn – so«-Sätze, die nahelegen würden, daß wir uns über den

Wahrheitswert von »p« unsicher sind, sondern komplexe Sätze mit anderen satzverknüpfenden Ausdrükken.[6] Zum Beispiel würden wir, da wir die Wahrheit der beiden Teilsätze kennen, nicht sagen »Wenn Eisen ein Metall ist, ist es geschmeidig«, sondern würden vielmehr die Formulierung verwenden »Weil Eisen ein Metall ist, ist es geschmeidig«. Diese Formulierung bedeutet, daß sowohl »p« als auch »q« wahr ist und daß ein Begründungszusammenhang zwischen »p« und »q« besteht. Statt die wahre materiale Implikation »Wenn Lehm ein Metall ist, ist er geschmeidig« mit falschem Vordersatz und wahrem Nachsatz zu gebrauchen, würden wir umgangssprachlich eher ein konzessives Satzgefüge verwenden, etwa: »Obwohl Lehm kein Metall ist, ist er geschmeidig«. Und anstelle einer wahren materialen Implikation mit falschem Vordersatz und falschem Nachsatz, z. B. »Wenn Holz ein Metall ist, ist es geschmeidig«, könnten wir in der alltäglichen Rede einen sogenannten irrealen oder kontrafaktischen Konditionalsatz wie »Wenn Holz ein Metall wäre, wäre es geschmeidig« benutzen.

7.3 Wir sehen also, daß einiges dagegen spricht, die Verwendung der umgangssprachlichen Konditionalsätze mit der der materialen Implikation, wie sie die Logik definiert, gleichzusetzen.[7] Dann wären die umgangssprachlichen Konditionalsätze ein Beispiel für Sätze, die zwar komplex sind, aber nicht (oder nicht nur) vom Wahrheitswert ihrer Teilsätze abhängen. Wir kommen damit zu der Frage nach der semantischen Form derjenigen komplexen Sätze, die sich nicht wahrheitsfunktional verstehen lassen, bei denen also der

Wahrheitswert des ganzen Satzes nicht oder nicht ausschließlich vom Wahrheitswert des Teilsatzes bzw. der Teilsätze abhängt. Solche komplexen Sätze hat ausführlich Frege im zweiten Teil seines Aufsatzes »Über Sinn und Bedeutung« erörtert.
Eine Art von nicht (nur) wahrheitsfunktionalen zusammengesetzten Sätzen haben wir schon nebenher mitbehandelt: z. B. wurden schon die Kausalsätze erwähnt, d. h. Sätze der Form »p, daher q« oder, was ungefähr dasselbe bedeutet, »weil p, q«. Frege erläutert die Bedeutung von Sätzen dieser Form anhand des Beispielsatzes »Weil das Eis spezifisch leichter als Wasser ist, schwimmt es auf dem Wasser«. Er sagt, wir hätten in diesem Satz nicht nur zwei, sondern eigentlich drei Bestandteile:

(1) Das Eis ist spezifisch leichter als Wasser;
(2) Wenn etwas spezifisch leichter als Wasser ist, so schwimmt es auf dem Wasser;
(3) Das Eis schwimmt auf dem Wasser.

»Der dritte Gedanke brauchte allenfalls nicht ausdrücklich aufgeführt zu werden als in den ersten beiden enthalten. Dagegen würden weder der erste und dritte, noch der zweite und dritte zusammen den Sinn unseres Satzes ausmachen. Man sieht nun, daß in unserem Nebensatze

›weil das Eis spezifisch leichter als Wasser ist‹

sowohl unser erster Gedanke als auch ein Teil unseres zweiten ausgedrückt ist. Daher kommt es, daß wir unseren Nebensatz nicht einfach durch einen anderen desselben Wahrheitswertes ersetzen können; denn dadurch würde auch unser zweiter Gedanke geändert, und davon könnte leicht auch dessen Wahrheitswert berührt werden.« (»Über Sinn und Bedeutung«, S. 63.)

Wir können also sagen: Ein solcher Kausalsatz ist auf der einen Seite wahrheitsfunktional, indem er vom Wahrheitswert der beiden Teilsätze abhängt, die bei dieser Satzform beide wahr sein müssen (Freges 1. und 3. Satz); er hat aber auf der anderen Seite noch eine weitere Wahrheitsbedingung, die in Freges 2. Satz angegeben ist: es genügt nicht, daß »p« und »q« beide wahr sind, sondern »q« muß gerade deswegen wahr sein, weil »p« wahr ist, und nicht aus einem anderen Grund. Das mit »p« Gesagte muß also der Grund oder die Ursache für das in »q« Gesagte sein. Ein weiteres Beispiel für diese Art von komplexen Sätzen wäre diejenige umgangssprachliche Verwendung der Form »p und q«, die ein zeitliches Nacheinander impliziert, oder, um Satzformen zu verwenden, bei denen das explizit ist, komplexe Sätze wie »p, danach q« oder »nachdem p, q«. Damit ein solcher komplexer Satz wahr ist, müssen ebenfalls drei Bedingungen erfüllt sein: (1) »p« ist wahr; (2) »q« ist wahr; (3) das in »p« Gesagte ist zeitlich früher als das in »q« Gesagte. Die erste und zweite Bedingung sind wahrheitsfunktionale Bedingungen, aber aufgrund der dritten Bedingung geht die Bedeutung solcher Sätze über das bloß Wahrheitsfunktionale hinaus.

Wir haben jetzt zwei Arten von zusammengesetzten Sätzen kennengelernt. Erstens solche komplexen Sätze, deren Wahrheitswert ausschließlich vom Wahrheitswert ihrer Teilsätze abhängt, die Wahrheitsfunktionen. Zweitens solche, deren Wahrheitswert zwar auch vom Wahrheitswert der Teilsätze abhängt, aber zusätzlich noch von etwas anderem. Es gibt jedoch auch komplexe Sätze, bei denen der Wahrheitswert der Teilsätze überhaupt keine Rolle für die Wahrheit des gesamten Satzes spielt. Betrachten wir z. B. einen Satz wie »Peter glaubt, daß Melbourne in Afrika liegt« oder »Maria hofft, daß sie die Prüfung bestehen wird«. Hier kann es sich schon deswegen nicht um Zusammensetzungen der bisherigen Art handeln, weil man gar nicht für beide Teilsätze getrennt nach ihrem Wahrheitswert fragen kann; der erste Bestandteil »Peter glaubt« enthält nicht einen vollständigen Satz, nach dessen Wahrheitswert man fragen könnte, oder wie Frege es formuliert, er drückt keinen vollständigen Gedanken aus. Aus dem zweiten Bestandteil ließe sich zwar ein ganzer Hauptsatz bilden, der einen vollständigen Gedanken ausdrückt und somit einen Wahrheitswert hat; aber auf den Wahrheitswert des »daß«-Satzes kommt es in diesen Zusammensetzungen nicht an. Der erste Beispielsatz etwa ist genau dann wahr, wenn es tatsächlich so ist, daß Peter das glaubt, ganz unabhängig davon, ob das, was er glaubt, wahr oder wie in diesem Fall falsch ist. Wovon der Wahrheitswert des komplexen Satzes abhängt, ist hier nicht der Wahrheitswert des »daß«-Satzes, sondern sein Sinn (Frege sagt: sein Gedanke); das zeigt sich daran, daß der ganze Satz wahr bleibt, wenn wir den »daß«-Satz durch andere Sätze ersetzen, die denselben Gedanken ausdrücken, aber nicht immer wahr bleibt, wenn wir andere »daß«-Sätze mit demselben Wahrheitswert einsetzen. Diese komplexen Sätze sind also nicht zusammengesetzt in der bisherigen Weise, bei der die Teilsätze immer vollständig in dem Sinne waren, daß sie einen Wahrheitswert tragen konnten, sondern der »daß«-Satz steht für einen Satzteil, das grammatische Objekt. Semantisch betrachtet handelt es sich um Relationsaussagen mit einem zweistelligen Prädikat wie ». . . glaubt - - -« und einem geordneten Paar von zwei Subjektausdrücken, allerdings mit der Besonderheit, daß nur der eine Subjektausdruck für einen konkreten Gegenstand steht, der andere aber für einen abstrakten Gegenstand, einen Gedanken.[8]

Es gibt schließlich komplexe Sätze, die grammatisch dieselbe Form haben wie »Peter glaubt, daß p«, deren semantische Form jedoch komplizierter ist. Betrachten wir einen Satz wie »Peter weiß, daß Melbourne in Australien liegt«, dann ist hier, wie Frege es ausdrückt, der »daß«-Satz doppelt zu nehmen, nämlich einmal so, daß sein Wahrheitswert zum Wahrheitswert des ganzen Satzes beiträgt, und einmal so, daß sein Sinn oder Gedanke dazu beiträgt. Der ganze Satz ist dann wahr, wenn erstens »Peter glaubt, daß Melbourne in Australien liegt« wahr ist und zweitens »Melbourne liegt in Australien« wahr ist; denn mit »er weiß« implizieren wir anders als mit »er glaubt«, daß das, was er glaubt, tatsächlich wahr ist, und daher ist es ein Teil der Wahrheitsbedingungen des ganzen Satzes, daß die Aussage des »daß«-Satzes wahr ist. Aber es gehört außerdem zu den Wahrheitsbedingungen des ganzen Satzes, daß eine bestimmte Relation zwischen Peter und dem in dem »daß«-Satz enthaltenen Gedanken besteht, und insofern ist es der Sinn des Nebensatzes, auf den es für die Wahrheit des ganzen Satzes ankommt.

Anmerkungen

1 Vgl. hierzu Tugendhat, *Vorlesungen zur Einführung in die sprachanalytische Philosophie*, Vorl. 17.

2 Dieses und das folgende Beispiel sind entnommen aus Tarski, *Einführung in die mathematische Logik*, S. 34.

3 Auch viele Sätze, in denen das Wort »und« zwischen Satzteilen steht, sind ihrer semantischen Form nach komplexe Sätze der Form »p und q«, z. B. »Maria und Peter sind blond« hat die Form »Maria ist blond, und Peter ist blond«. Das Wort »und« hat aber noch eine zweite Bedeutung, z. B. wenn es in einer Aussage wie »Maria und Peter unterhalten sich« vorkommt, die sich nicht auflösen läßt in »Maria unterhält sich, und Peter unterhält sich«, sondern eine Relationsaussage mit einem zweistelligen generellen Terminus und einem Paar von zwei singulären Termini ist.

4 Das Beispiel gibt Strawson, *Introduction to Logical Theory*, S. 80.

5 Es sei darauf hingewiesen, daß es andere Arten umgangssprachlicher Konditionalsätze gibt, die nicht nur zusätzliche, sondern andere Wahrheitsbedingungen haben als die materiale Implikation und die auch nicht ein Begründungsverhältnis behaupten; z. B. ist der Satz »Wenn er verlegen war, so hat er es nicht gezeigt« einfach dann wahr, wenn der Nachsatz wahr ist, und d. h., er ist anders als die materiale Implikation falsch, wenn der Vordersatz und der Nachsatz beide falsch sind. Vgl. Strawson, *Introduction to Logical Theory*, S. 89.

6 Zum Folgenden vgl. Tarski, *Einführung in die mathematische Logik*, S. 38.

7 Man kann hieraus zwei Konsequenzen ziehen. Man kann entweder sagen, daß die Bedeutung auch der betreffenden umgangssprachlichen komplexen Sätze rein wahrheitsfunktional zu verstehen ist, während die darüber hinausgehenden Aspekte ihrer Verwendung nicht zur Semantik der

Sätze gehören, sondern Bedingungen dafür sind, daß die Äußerung solcher Sätze in konkreten Gesprächssituationen relevant oder passend ist. Oder man kann sagen, daß die wahrheitsfunktionale Erklärung zwar einen wichtigen Kern der Bedeutung auch der genannten umgangssprachlichen Sätze angibt, daß aber auch die behandelten zusätzlichen Aspekte ein Bestandteil der Semantik der Sätze sind. Welche dieser beiden Konsequenzen die angemessenere ist, ist strittig. Die erstere Auffassung vertreten z. B. Frege, »Über Sinn und Bedeutung«, S. 60, und Quine, *Grundzüge der Logik*, § 3, die zweite z. B. Strawson, *Introduction to Logical Theory*, S. 83. Es ist auch nicht gesagt, daß die Antwort einheitlich ausfallen muß. Zum Beispiel liegt mit Bezug auf umgangssprachliche Sätze der Form »p und q« die erstere Auffassung nahe (jedenfalls dann, wenn das »und« nicht auch ein zeitliches Nacheinander ausdrückt), d. h. man könnte hier ohne weiteres sagen, daß die Forderung, daß die beiden Teilsätze inhaltlich zusammenhängen sollten, nicht in der Bedeutung dieser Satzform gründet, sondern sich erst dann ergibt, wenn man fragt, welche Äußerungen in der Kommunikation passend sind. Und man könnte andererseits sagen, daß für umgangssprachliche Sätze der Form »Wenn p, so q« die zweite Auffassung naheliegt, weil es mit zu den Wahrheitsbedingungen dieser Sätze gehört, daß im Vordersatz irgendeine Art von Grund oder Ursache für das im Nachsatz Gesagte angegeben wird.

8 Um der Vollständigkeit willen sei darauf hingewiesen, daß es noch eine wichtige zweite Art von komplexen Sätzen gibt, bei der der Nebensatz nur für einen Satzteil steht. Nehmen wir wieder ein Beispiel, das Frege anführt, nämlich den Satz »Der die elliptische Gestalt der Planetenbahnen entdeckte, starb im Elend«. Hier gilt nicht nur für einen, sondern für beide Bestandteile, daß sie keine vollständigen Gedanken ausdrücken, daß sie keinen Wahrheitswert tragen können. Vielmehr handelt es sich bei dem Satz als ganzem um einen

singulären prädikativen Satz: der Nebensatz »Der . . .« gibt das Subjekt an, und »starb im Elend« ist das Prädikat. D. h. der ganze Satz hat dieselbe semantische Form wie »Kepler starb im Elend« und weist nur die grammatische Besonderheit auf, daß das Subjekt nicht durch ein einziges Wort, sondern durch einen Nebensatz angegeben wird.

Literaturhinweise

Frege, »Über Sinn und Bedeutung«, S. 50 ff.
Quine, *Methods of Logic*, § 3.
Strawson, *Introduction to Logical Theory*, Kap. 3.
Waismann, *Logik, Sprache, Philosophie*, Kap. 18.

8 Generelle Termini, Begriffe, Klassen

In Kap. 6 und 7 haben wir gesehen, daß die Bedeutung komplizierter Sätze in jeweils verschiedener Weise zurückverweist auf die Bedeutung einfacherer Sätze. Nach heutiger Auffassung ist dieser Rückverweis so zu verstehen: Es wird vorausgesetzt, daß einen Aussagesatz verstehen heißt: wissen, wovon seine Wahrheit abhängt. Der Rückverweis besteht dann darin, daß der Wahrheitswert des komplizierteren (sei es generellen, sei es komplexen) Satzes abhängt von ---. Die einfachste Form solcher Abhängigkeit ist, daß der Wahrheitswert eines komplexen Satzes in bestimmter Weise abhängt von den Wahrheitswerten seiner Teilsätze; und der Wahrheitswert genereller Sätze hängt in bestimmter Weise ab vom Wahrheitswert singulärer prädikativer Sätze. Diese heutige Auffassung unterscheidet sich von der traditionellen Auffassung, derzufolge die generellen Sätze auch im semantischen Sinn eine Art prädikativer Sätze waren und die Bedeutung der komplexen Sätze sich irgendwie aus der Bedeutung ihrer Teilsätze zusammensetzte. Dieser Rückverweis der Bedeutung aller anderen Sätze auf die singulären prädikativen Aussagesätze erweist diese als die elementaren Aussagesätze; bzw. er erweist die singulären prädikativen Aussagen als die elementaren Einheiten der assertorischen Rede. Wir haben bereits in Kap. 6 gesehen, daß es auch bei diesen elementaren Aussagesätzen sinnvoll ist zu sagen: Die Bedeutung des Satzes verstehen wir, wenn wir seine Wahrheitsbedingung verstehen; und in diesem Fall hieß das: Ein Satz, der die semantische Struktur »Fa« (und entsprechendes gilt für »Rab«) hat, ist wahr, wenn

(1) der generelle Terminus »F« auf den Gegenstand a zutrifft bzw.
(2) der Gegenstand a unter den Begriff fällt, für den »F« steht, bzw.
(3) der Gegenstand a ein Element der Klasse ist, die durch »F« bestimmt ist.

Diese drei Formulierungen sind äquivalent; sie unterscheiden sich nur dadurch, daß in (1) lediglich von dem sprachlichen Ausdruck (dem generellen Terminus) die Rede ist, während in (2) und (3) in jeweils verschiedener Weise das bezeichnet wird, wofür dieser Ausdruck steht. Wir müssen uns also über den Zusammenhang dieser drei Begriffe – genereller Terminus, Begriff, Klasse – verständigen. Der singuläre prädikative Satz besteht aus zwei Gliedern, einem singulären Terminus (oder mehreren, bei Relationsaussagen) und einem generellen Terminus, und während es beim singulären Terminus klar ist, wofür er steht, nämlich für einen (normalerweise) konkreten Gegenstand, ist das beim generellen Terminus nicht so klar. Man unterscheidet konkrete und abstrakte Gegenstände. Gegenstand ist alles, was etwas ist (man spricht auch von »Entitäten«). Konkrete Gegenstände sind solche, die sich in Raum und Zeit identifizieren lassen, wie materielle Gegenstände oder Ereignisse. Abstrakte (oder auch ›ideale‹) Gegenstände sind diejenigen, die sich nicht so identifizieren lassen. Beispiele sind: Zahlen, Propositionen (Aussagen, Gedanken in Freges Sinn), und eben auch Klassen. Begriffe sind gewiß keine konkreten Gegenstände; entweder sie sind also auch abstrakte Gegenstände, oder sie sind überhaupt keine Entitäten, überhaupt nicht etwas (aber wie kann es etwas geben, das nicht etwas ist?). Diese Schwierigkeiten, die sich bei Klassen und besonders bei Begriffen ergeben, zeigen schon, warum viele es vorziehen, nur vom sprachlichen Ausdruck – dem generellen Terminus – zu sprechen. Diese Auffassung bezeichnet man als »Nominalismus«; es gibt, dieser Auffassung zufolge, nur das »Nomen«, den sprachlichen Ausdruck, und nicht das sogenannte »Universale«, ein allgemeines Etwas, wofür das Nomen steht. Wir haben es also mit dem sogenannten Universalienstreit zu tun. Im folgenden sollen einige der wichtigsten historischen Etappen im Nachdenken über ›Begriffe‹ genannt werden.

8.1 Der erste, der auf das Problem aufmerksam wurde, war Platon. In seinen Frühdialogen stellt Sokrates bestimmte »was ist«-Fragen: was ist schön, was ist tapfer, was ist gerecht usw.? Dabei zeigte sich: so eine Frage ist zweideutig. Die Frage »Was ist schön?« kann als Frage nach einer Aufzählung schöner Dinge verstanden werden und wird von Sokrates' Dialogpartnern zunächst so mißverstanden; Platon will sie aber verstanden wissen als Frage, was es ist (heißt), schön zu sein (vgl. *Hippias Major* 287d ff.). Platon bezeichnet das auch so: Was ist *das* Schöne, was ist das Schöne selbst? Gesucht wird – wie wir heute sagen würden – nach einer Begriffsbestimmung. Wir müssen, sagte Platon, bei jedem generellen Terminus unterscheiden das viele F, also z. B. das viele Schöne, das mehr oder weniger schön ist, und einmal schön und dann wieder nichtschön sein kann, und demgegenüber das F selbst, die Schönheit, das Eines und unveränderlich ist und das nicht sinnlich wahrnehmbar ist, also ein Gegenstand des reinen Denkens, und er nannte das »idea« (›das Erschaute‹). Die Ideen sind also nicht-sinnlich Seiendes (in heutiger Terminologie: abstrakte Gegenstände). Die Beziehung zwischen dem konkreten Einzelding, das so-und-so ist, und dem so-und-so selbst (der Idee) bezeichnete Platon als Teilhabe (*methexis*). Die aristotelische Kritik an dieser Konzeption hat schon Platon selbst in seinem Dialog *Parmenides* vorweggenommen (131a ff.): Wie kann die eine Idee in den vielen Dingen, die an ihr teilhaben, als diese eine, ohne sich zu zersplittern, anwesend sein?

8.2 Aristoteles verwendet das Wort »eidos« (im Lateinischen übersetzt durch »forma« und »species«), und er redet auch einfach von »dem Allgemeinen« (*to katholou*), das im Lateinischen mit »universale« übersetzt wurde. Er verwarf die Ideen als selbständige Entitäten, die nach Platon losgelöst vom sinnlich Seienden wie eigene – nur übersinnliche – Einzeldinge existierten. Der Gegensatz zwischen der platonischen und der aristotelischen Auffassung ist dann im Mittelalter als der zwischen *universalia ante res* (die Universalien existieren vor und unabhängig von den konkreten Dingen) und *universalia in rebus* (sie existieren nur in den konkreten Dingen) formuliert worden. Man kann jedoch bezweifeln, ob diese Auffassung der »universalia in rebus« überhaupt eine echte Alternative oder nicht nur eine Augenwischerei ist.[1] Der Zersplitterungseinwand, der am Ende des vorigen Absatzes geäußert wurde, scheint doch gegenüber der »universalia in rebus«-Auffassung noch verstärkt zu gelten. Man muß daher Aristoteles vorwerfen, er habe gegenüber Platon eine bloß negative Position eingenommen: die Universalien sollen nicht als selbständige Entitäten existieren, aber er sagt nicht, als was sie dann zu verstehen sind. Ist nicht die einzige wirkliche Frage die: Gibt es Universalien oder gibt es keine? Und wenn es sie gibt, heißt das eben, daß es eigene Entitäten sind.

8.3 Man hat die platonische und die aristotelische Auffassung als (Universalien-)*Realismus* zusammengefaßt (es gibt die Universalien wirklich). Im Mittelalter gab es dazu zwei Alternativen; auf der einen Seite den *Nominalismus* (es gibt die Universalien nicht, sondern nur die Zeichen): diese Position steht vor der Schwierigkeit, erklären zu müssen, wie ein Zeichen, das doch als solches nur ein konkreter Gegenstand ist, als allgemeines fungieren kann, ohne für etwas Allgemeines zu stehen; auf der anderen Seite den *Konzeptualismus*, demzufolge es die Universalien zwar nicht in der Wirklichkeit gibt, wohl aber im Geist, im Denken: sie werden durch »Abstraktion« im Denken erzeugt. Unser Wort »Begriff« ist die Übersetzung von »conceptus«.

8.4 Die konzeptualistische Auffassung ist diejenige, die sich in der frühen Neuzeit durchgesetzt hat. Sie entspricht der psychologischen Auffassung des Logischen. Die *Logik von Port-Royal* spricht von allgemeinen Vorstellungen (*idées universelles*), die durch Abstraktion gewonnen werden. Genauso spricht Locke von »abstract ideas«, und Kant erklärt Begriffe als

»allgemeine Vorstellungen« (*Logik*, § 1; vgl. auch *Kr.d.r.V.*, B 377). Zu beachten ist, daß das Wort »idea« in der frühen Neuzeit im Lateinischen, Französischen und Englischen so viel wie Vorstellung bedeutet und nichts mehr mit der platonischen Bedeutung dieses Wortes zu tun hat.

8.5 Bevor wir auf die Schwierigkeiten der konzeptualistischen Auffassung eingehen, sei ein Aspekt der Begriffstheorie der *Logik von Port-Royal* erwähnt, der historisch wichtig geworden ist. In I,6 wird die Unterscheidung gemacht zwischen *compréhension* (›Inhalt‹) und *étendue* (›Umfang‹) eines Begriffs (vgl. auch Kant, *Logik*, § 7). Der Inhalt soll alle Attribute enthalten, die der Begriff enthält, z. B. der Begriff des Rindes enthält u. a. die Attribute »Tier«, »Säuger«, »Wiederkäuer«. Der Umfang soll alles enthalten, was unter den Begriff fällt. Dabei entstand die Unklarheit, ob damit die untergeordneten Begriffe gemeint sind oder die Gegenstände, auf die der Begriff anwendbar ist. Frege hat darauf hingewiesen, daß es sich hier nicht um eine graduelle Differenz, sondern um einen scharfen logischen Unterschied handelt.[2] Ein Oberbegriff ist nur auf die Gegenstände, die unter ihn fallen, nicht auf seinen Unterbegriff anwendbar (man kann nicht sagen: »der Begriff ›Rind‹ ist ein Tier«); B ist gegenüber A ein Unterbegriff, wenn alles, was unter B fällt, auch unter A fällt, aber nicht umgekehrt. – Heute wird die Rede vom Umfang (Extension) eines Begriffs in eindeutiger Weise verwendet für die Menge der Gegenstände, die unter ihn fallen (die Menge aller Rinder bildet den Umfang des Begriffs ›Rind‹). – Was den anderen

Begriff, den des Inhalts betrifft, so hat der englische Logiker Hamilton im 19. Jahrhundert das Wort »comprehension« durch das Wort »intension« ersetzt. So kommt es zu der heutigen Unterscheidung von *Extension* und *Intension*. Allerdings spricht man nicht mehr von Extension und Intension des Begriffs, sondern des generellen Terminus, und vielfach wird gesagt, die Intension *ist* der Begriff.[3] Worauf es dabei vor allem ankommt, ist, daß zwei generelle Termini dieselbe Extension haben können (d. h. sie treffen auf genau dieselben Gegenstände zu, sie haben denselben Umfang, sie bestimmen ein und dieselbe Menge oder Klasse) und gleichwohl eine verschiedene Intension haben können (sie stehen für zwei verschiedene Begriffe, d. h. sie haben eine verschiedene Bedeutung, und d. h.: es wäre denkbar, daß ihre Umfänge verschieden sind, obwohl sie es *de facto* nicht sind). Ein Beispiel sind die Ausdrücke »Tier mit Herz« und »Tier mit Nieren«: sie haben dieselbe Extension, aber nicht dieselbe Intension.

8.6 Wir müssen uns jetzt fragen, ob der Konzeptualismus aus den Schwierigkeiten herausführt, in die der Begriffsrealismus geraten war. Da die Schwierigkeit bei den Universalien in dem Verhältnis zwischen dem Universale einerseits und den konkreten Einzeldingen andererseits bestand, ist erstens nicht ohne weiteres ersichtlich, daß diese Schwierigkeit sich schon dadurch lösen läßt, daß das Universale sich im Denken konstituiert. Zweitens fragt sich, ob die Psychologisierung des Universale nicht sogar zusätzliche Schwierigkeiten mit sich bringt. Diese Schwierigkeiten werden besonders in

Lockes Behandlung der »abstract ideas« faßbar. Kann man sich etwas Allgemeines, z. B. ein Dreieck im allgemeinen, *vorstellen*? Das ist dann, sagt Locke (*Essay Concerning Human Understanding*, Buch IV, Kap. 7, § 9), die Vorstellung von einem Dreieck, das weder stumpfwinklig noch rechtwinklig noch spitzwinklig ist, sondern »alles dieses auf einmal und doch keines«. Diese Auffassung, 1690 publiziert, ist 1710 in der Einleitung von Berkeleys *Treatise Concerning the Principles of Human Knowledge* einer vernichtenden Kritik unterzogen worden. Berkeley weist darauf hin, daß man sich immer nur etwas Bestimmtes vorstellen kann; es gebe also keine abstrakten Vorstellungen, und so sieht sich Berkeley genötigt, auch gegenüber dem Konzeptualismus auf den Nominalismus zurückzugreifen.

8.7 Das Problem ist erneut von Husserl in der zweiten seiner *Logischen Untersuchungen* (1900/01) aufgegriffen worden (»Die ideale Einheit der Spezies und die neueren Abstraktionstheorien«). Husserl erklärt, daß sowohl Locke als auch Berkeley zu Unrecht unterstellten, daß es sich bei der Vorstellung von etwas Allgemeinem um eine sinnliche Vorstellung, um eine Phantasievorstellung handelte. Gewiß sei es absurd, sich den allgemeinen Begriff des Dreiecks in der Phantasie vorstellen zu wollen. Das hieße ja, sich das Allgemeine als ein Einzelnes denken, das unter das Allgemeine fällt, und das wäre in der Tat absurd. In Wahrheit handle es sich um eine höherstufige Form des Vorstellens, das nicht sinnlich ist.[4] Husserl greift damit innerhalb der Tradition des Konzeptualismus erneut auf Platon zurück. Es gibt für Husserl wie für Platon »allgemeine

Gegenstände« (ebd., §§ 1–2), nur daß diese sich für Husserl im Unterschied zu Platon erst im Denken (in einem Denkakt, den er als »ideierende Abstraktion« bezeichnet) konstituieren.
Gegen diese Auffassung von Husserl kann man geltend machen: 1. Wie lassen sich diese höherstufigen, nichtsinnlichen Vorstellungen nachweisen? Letztlich kann so etwas nur eine unausweisbare Annahme sein (bei der Husserl sich freilich auf Evidenz beruft).[5] 2. Es kommen natürlich dieselben Bedenken gegen Husserl zur Geltung wie gegen Platon. Insbesondere muß man sich fragen, wie man sich bei dieser Auffassung die Bedeutung eines singulären prädikativen Satzes denken kann. Da der generelle Terminus für einen allgemeinen Gegenstand stehen soll, muß man annehmen, daß der singuläre prädikative Satz eine bestimmte synthetische Relation zwischen dem allgemeinen Gegenstand und demjenigen Gegenstand zum Ausdruck bringt, für den das Satzsubjekt steht. Wir stehen damit erneut vor der in Kap. 6 bezeichneten Schwierigkeit, die sich bei der traditionellen Auffassung von der Bedeutung des singulären prädikativen Satzes als einer Zusammensetzung ergibt. Das jetzige Problem – wie man Begriffe angemessen verstehen muß – und das dortige Problem – wie man die Bedeutung eines aus einem singulären Terminus und einem generellen Terminus zusammengesetzten Satzes verstehen muß – hängen unmittelbar zusammen.[6]

8.8 Husserl hatte nicht bemerkt, daß der zehn Jahre vor den *Logischen Untersuchungen* erschienene Aufsatz von Frege, »Funktion und Begriff«, eine ganz neue Perspektive eröffnete für das Verständnis sowohl der

Begriffe wie der Semantik der singulären prädikativen Sätze. Die neue Idee von Frege besteht darin, Begriffswörter (generelle Termini) als eine Art Funktionsausdrücke aufzufassen. Frege geht dabei zuerst von der Sachlage in der Mathematik aus. Nehmen wir z. B. die Funktion (Frege selbst verwendet das Wort etwas anders) $y = x^2$. Je nachdem, was wir für x einsetzen, gewinnen wir einen anderen Wert für y. Frege sagt nun: Der eigentliche Funktionsausdruck ist einfach »$(\ )^2$«, also ein Ausdruck mit einer Leerstelle, ein unvollständiger Ausdruck. Setzen wir in die Leerstelle einen Zahlausdruck ein, gewinnen wir einen Ausdruck, der insofern vollständig ist, als er für eine bestimmte Zahl steht, und diese ist dann der Wert der Funktion für dieses Argument. Setzen wir z. B. den Ausdruck »3« in den Funktionsausdruck »$(\ )^2$« ein, so haben wir den vollständigen Ausdruck $(3)^2$, der für die Zahl 9 steht. Mit »$(3)^2$« bezeichnen wir die Zahl 9, aber als eine bestimmte Funktion einer anderen Zahl, der Zahl 3. Das läßt sich nun auch auf nichtmathematische Ausdrücke erweitern. Statt von der Stadt Bern zu sprechen, kann ich z. B. auf dieselbe Stadt Bezug nehmen als eine bestimmte Funktion von etwas anderem, indem ich sie bezeichne als »die Hauptstadt der Schweiz«. Der Ausdruck »die Hauptstadt von ( )« ist genauso ein Funktionsausdruck wie »$(\ )^2$«, nur mit dem Unterschied, daß jetzt die Argumente Länder sind und die Werte Städte, während in dem ersten Fall sowohl die Argumente wie die Werte Zahlen waren. In beiden Fällen sind sowohl die Argumente wie die Werte Gegenstände (was man daran sieht, daß die jeweiligen Ausdrücke singuläre Termini sind).

Durch diese funktionale Betrachtungsweise zeigt Frege, wie sich komplexere singuläre Termini als Funktionen anderer singulärer Termini ergeben.
Es erscheint nicht sinnvoll zu sagen, daß der Gegenstand, für den der Ausdruck »die Hauptstadt der Schweiz« steht (also Bern), sich *zusammensetzt* aus der Schweiz und dem Gegenstand, für den »die Hauptstadt von« steht, hingegen ist es sinnvoll zu sagen, daß dieser Gegenstand (Bern) bezeichnet wird als Wert der Funktion, für die »die Hauptstadt von ( )« steht, wenn diese Funktion durch das Argument ergänzt wird, für das »die Schweiz« steht.
Frege setzt also an die Stelle einer Auffassung, derzufolge der komplexe singuläre Terminus für ein *Zusammengesetztes* steht, eine *funktionale* Auffassung. Nun hatten wir gesehen, daß die Auffassung von einer Zusammensetzung gerade bei den ganzen Sätzen, die aus einem singulären und einem generellen Terminus zusammengesetzt sind, in eine Sackgasse führt. Was lag also näher für Frege, als die funktionale Betrachtungsweise, die er so erfolgreich auf komplexe singuläre Termini angewandt hat, auch auf die singulären prädikativen Sätze zu erweitern? Nehmen wir irgendeinen solchen Satz, z. B. »Bach ist ein Komponist«. Frege versteht nun auch den generellen Terminus als Funktionsausdruck, d. h. als Ausdruck mit einer Leerstelle: »( ) ist ein Komponist«. Während sich nun im vorigen Fall, je nachdem, welche Gegenstandsbezeichnung wir in die Leerstelle setzten, ein Ausdruck für einen anderen *Gegenstand* ergab, ergibt sich jetzt, je nachdem, welche Gegenstandsbezeichnung wir in die Leerstelle setzen, ein *wahrer* oder *falscher* Satz. Ergänzen wir »( )

ist ein Komponist« durch »Bach«, so gewinnen wir etwas Wahres; ergänzen wir »( ) ist ein Komponist« durch »Kant«, so gewinnen wir etwas Falsches. Frege drückt das so aus: Ist der Funktionsausdruck ein genereller Terminus, so sind die möglichen Werte der Funktion Wahrheitswerte. Auf diese Weise gelingt es Frege, auch die Bedeutung des ganzen prädikativen Satzes so zu verstehen, daß dieser nicht mehr für ein Zusammengesetztes (aus einem Einzelding und einem Universale) steht, sondern so, daß die Wahrheit des Satzes abhängt von dem singulären Terminus in Funktion des als Funktionsausdruck verstandenen generellen Terminus. Einen solchen Satz verstehen, heißt, wie bei jedem assertorischen Satz, die Bedingung kennen, unter der er wahr ist, und diese Bedingung besteht in diesem Fall in genau dem, was in den drei Formulierungen S. 128 vorweggenommen wurde.

8.9 Dann stellt sich jetzt aber die Frage: Welche dieser drei Formulierungen ist die fundamentale? Nach Frege ist es die zweite. Frege geht nämlich davon aus, daß auch die Funktionsausdrücke, obwohl sie unvollständige (ergänzungsbedürftige, ungesättigte) Ausdrücke sind und als solche nicht für Gegenstände stehen, doch für etwas stehen. Das, wofür der Funktionsausdruck steht, nennt Frege die Funktion, und wenn der Funktionsausdruck ein genereller Terminus ist, nennt er die Funktion einen *Begriff*. Frege ist also insofern Platonist, als auch für ihn jeder generelle Terminus für etwas steht, für einen Begriff. Dabei unterscheidet er sich allerdings von der klassisch neuzeitlichen Tradition dadurch, daß die Begriffe für ihn nicht

konzeptualistisch verstanden werden, sondern etwas durchaus Objektives sind wie für Platon. Und er unterscheidet sich von der ganzen Tradition durch seine funktionale Auffassung des prädikativen Satzes. Diese erlaubt ihm die elegante Formulierung: Ein Satz »Fa« ist wahr, wenn der Gegenstand a unter den Begriff F fällt. Ein weiterer Unterschied ist seine Auffassung, daß der Begriff zwar etwas ist, aber kein Gegenstand.
Die beiden letzten Sätze zeigen, daß auch Freges Auffassung in Schwierigkeiten führt. Denn erstens: ist es nicht sinnwidrig, von etwas zu sprechen, das gleichwohl kein Gegenstand (also nicht etwas, vgl. S. 128) ist? Und zweitens: ist Freges Rede von einer Relation des Fallens eines Gegenstands unter einen Begriff nicht ebenso erklärungsbedürftig wie Husserls Rede von einer Relation der Zusammensetzung oder Platons Rede von einer Relation der Teilhabe? Diese Schwierigkeiten erklären, warum man in der heutigen analytischen Philosophie im allgemeinen doch wieder zu einer nominalistischen Auffassung zurückgekehrt ist.

8.10 Allerdings ist ein Nominalismus nur vertretbar, wenn man sich nicht mit der negativen Aussage begnügt, daß wir nur die sprachlichen Zeichen haben. Wir müssen auch positiv verständlich machen können, wie ein sprachliches Zeichen als allgemeines fungieren kann, ohne für etwas Allgemeines zu stehen. Eine solche Erklärung hat Wittgenstein gegeben durch seine Auffassung, daß die Bedeutung eines sprachlichen Ausdrucks im allgemeinen und eines generellen Terminus im besonderen in seiner *Verwendungsweise* besteht. Wittgenstein fragte: Wie erklären wir jemandem die

Bedeutung eines generellen Terminus wie z. B. »rot«? Nicht indem wir ihn auf den Begriff verweisen, für den dieser Terminus steht, denn das könnten wir gar nicht: Begriffe sind, auch wenn es sie gibt, jedenfalls nichts, worauf man *zeigen* könnte. Wir erklären jemandem das Wort »rot« vielmehr, indem wir seine Verwendungsweise vorführen, und dies tun wir anhand von positiven und negativen Beispielen. Daß der andere die Erklärung verstanden hat, zeigt sich, wenn er es selbst in derselben Weise verwenden kann. Dazu ist die Zusatzannahme, daß er sich dabei etwas Allgemeines vorstellen muß, nicht erforderlich.[7]
Einmal angenommen, daß diese Auffassung richtig ist (darüber läßt sich natürlich streiten), kann man nun Freges funktionale Theorie der Bedeutung des prädikativen Satzes nominalistisch umformulieren, indem man die Formulierung (1) von S. 128 als die primäre anerkennt:

> Ein Satz »Fa« ist wahr, wenn der generelle Terminus »F« auf den Gegenstand a zutrifft.

Man könnte fragen, wie denn das Wort »zutrifft« verstanden wird. Wenn man jedoch in der eben angedeuteten Weise erklärt, wie z. B. das Wort »rot« verwendet wird, erklärt man gerade anhand von Beispielen, was es heißt, daß »rot« auf einen Gegenstand zutrifft bzw. nicht zutrifft.

8.11 Wir können jetzt in ganz analoger Weise, wie wir in Kap. 2, S. 26, die Aussage (oder Proposition) als das definierten, was allen Aussagesätzen mit demselben Sinn gemeinsam ist, auch den Begriff als dasjenige definieren, was allen generellen Termini, die in derselben Weise verwendet werden (und die insofern denselben Sinn haben), gemeinsam ist. Wenn »rot« und »rouge« in derselben Weise verwendet werden, stehen sie für denselben Begriff.[8] Wir können (und müssen gegebenenfalls) auch jetzt von Begriffen reden, aber wenn wir gefragt werden, welchen Begriff wir gerade meinen, können wir darauf nur antworten, indem wir auf den entsprechenden sprachlichen Ausdruck verweisen. Auf S. 128 haben wir gesagt, abstrakte Gegenstände sind solche, die wir nicht raumzeitlich identifizieren können. Diese negative Aussage können wir jetzt positiv ergänzen: abstrakte Gegenstände sind solche, die wir nur durch Rekurs auf den sprachlichen Ausdruck identifizieren können.

Jetzt können wir auch Freges Relation des »Fallens« eines Gegenstandes »unter« einen Begriff, die bei ihm selbst ungeklärt blieb, definieren:[9]

> a fällt unter den Begriff F $=_{\text{Def.}}$ Der generelle Terminus »F« trifft auf den Gegenstand a zu.

8.12 Die Formulierung (3), die auf S. 128 genannt wurde, muß ohnehin auf eine der beiden anderen Formulierungen zurückgeführt werden. Wir können Klassen (Mengen) nur mittels Begriffen bzw. genereller Termini einführen. Eine Menge ist ein Inbegriff oder eine Klasse von Gegenständen, derart, daß von jedem Gegenstand bestimmt ist, ob er ein Element dieser Klasse ist oder nicht. (»Menge«, »Inbegriff«, »Klasse« sind dabei äquivalente Ausdrücke.) Nun bestimmt jeder generelle Terminus eine solche Menge, z. B. der Terminus »rot« die Klasse aller roten Gegenstände.[10]

Eine Menge M ist identisch mit einer Menge M′, wenn beide genau dieselben Elemente enthalten. Dieser Satz wird als Extensionalitätsprinzip bezeichnet. Er entspricht dem am Ende von 8.5 Ausgeführten. Zwei generelle Termini, die eine verschiedene Verwendungsweise haben, also für zwei verschiedene Begriffe stehen, können demzufolge für ein und dieselbe Menge stehen (»Paarhufer«, »Wiederkäuer«). Das setzt voraus, daß die Begriffe ihrerseits intensional definiert sind, wie es heute üblich ist (Frege hatte sie extensional definiert).

8.13 Man kann jetzt noch fragen: Bleibt es auch nach der in 8.11 erfolgten Rückführung der Begriffe auf die Verwendungsweise der generellen Termini bei Freges merkwürdiger Auffassung, daß ein Begriff kein Gegenstand ist? Man muß unterscheiden zwischen den beiden Ausdrücken »rot« (bzw. »ist rot«) und »die Röte«. Ersterer ist ein *konkreter genereller Terminus*, d. h. ein genereller Terminus, der auf konkrete Gegenstände angewandt wird; letzterer ist ein *abstrakter singulärer Terminus*, d. h. ein singulärer Terminus, der für einen abstrakten Gegenstand – ein Universale – steht. Daß die Röte ein abstrakter Gegenstand ist, wird auch von Frege anerkannt.[11] Aber er legte Wert darauf, daß *auch* das Prädikat »ist rot« für etwas steht, und dies (also der Begriff in Freges Sinn) könne kein Gegenstand sein, weil es »wesentlich prädikativ« sei. Frege konnte sich seine eigentlich an der Sprache orientierte funktionale Auffassung nur so denken, daß alles auf der sprachlichen Ebene ein objektives Pendant hat, also auch die Funktionsausdrücke für etwas stehen, das dann aber kein Gegenstand sein konnte. Die Verdopplung von abstrakten Wesenheiten, die sich dabei ergibt (erstens die wesentlich prädikativen Begriffe und zweitens die abstrakten Gegenstände, in die diese nach Frege erst »verwandelt« werden müssen, wenn der entsprechende abstrakte singuläre Terminus verwendet wird), ist überflüssig und hat Frege in unnötige Schwierigkeiten geführt.[12]

Anmerkungen

1 Vgl. Stegmüller, »Das Universalienproblem einst und jetzt«, S. 205 f.

2 Frege, »Über Begriff und Gegenstand«, S. 75 f.

3 Vgl. z. B. Carnap, *Bedeutung und Notwendigkeit*, § 4. Carnap spricht allerdings nicht von »Begriffen«, sondern von »Eigenschaften«.

4 Ein wichtiger Ansatz in dieser Richtung, der sogar über Husserl hinausführt, aber Ansatz geblieben ist, ist Kants Lehre von den Begriffen als Schemata, und d. h. als Regeln der Synthesis. »Der Begriff vom Hunde bedeutet eine Regel, nach welcher meine Einbildungskraft die Gestalt eines vierfüßigen Tieres allgemein verzeichnen kann, ohne auf irgendeine einzige besondere Gestalt, die mir die Erfahrung darbietet, oder auch ein jedes mögliche Bild, was ich in concreto darstellen kann, eingeschränkt zu sein« (*Kr.d.r.V.*, B 180). Was Kant hier als »Bild« bezeichnet, ist eine jeweilige Phantasievorstellung. Indem der Begriff für die Regel steht und nicht für ein Bild, entgeht Kant dem Einwand gegen Locke.

5 Ausführlicher in Tugendhat, *Vorlesungen zur Einführung in die sprachanalytische Philosophie*, Vorl. 11.

6 Husserl dachte es sich so: der Satz »Das Schloß ist rot« ist wahr, *wenn* das Schloß in der hier in Frage stehenden

Weise mit ›der Röte‹ zusammengesetzt ist (und entsprechend hätte Platon gesagt: *Wenn* das Schloß an der Röte ›teilhat‹). Aber das setzt voraus, daß wir verstehen, worin »die hier in Frage stehende Weise von Zusammensetzung« bzw. die »Teilhabe« besteht. Die Gegenposition lautet: Diese Zusammensetzung bzw. Teilhabe läßt sich nur definieren, indem man auf die Wahrheit des Satzes zurückgeht. Der obige Wenn-Satz ist also umzukehren: das Schloß ist mit der Röte zusammengesetzt, *wenn* die Aussage, daß das Schloß rot ist, wahr ist. Genauer ist das ausgeführt in Tugendhat, *Vorlesungen,* S. 167 ff.

7 Vgl. Wittgenstein, *Philosophische Untersuchungen*, §§ 65–73; Tugendhat, *Vorlesungen zur Einführung in die sprachanalytische Philosophie*, Vorl. 11; Kamlah/Lorenzen, *Logische Propädeutik*, Kap. 1, § 2.

8 Vgl. Lorenzen, *Methodisches Denken*, S. 35 f.

9 Vgl. Tugendhat, *Vorlesungen zur Einführung in die sprachanalytische Philosophie*, S. 194 f.

10 Man könnte meinen, man könnte eine Menge statt durch einen generellen Terminus auch durch die Aufzählung ihrer Elemente bestimmen. So könnte man die Menge ins Auge fassen, die aus Ruth und Eva besteht. Es genügt aber nicht zu sagen, die Elemente dieser Menge sind Ruth und Eva; denn wenn von *jedem* Gegenstand bestimmt sein soll, ob er ein Element dieser Menge ist, muß man sagen: die Elemente dieser Menge sind Ruth und Eva und kein Gegenstand, der nicht identisch ist mit Ruth oder Eva. Das läuft aber darauf hinaus, daß diese Menge aus allen Gegenständen besteht, auf die der generelle Terminus »ist mit Ruth oder Eva identisch« zutrifft.

11 Frege, »Über Begriff und Gegenstand«, S. 71.

12 Vgl. dazu Searle, *Sprechakte*, Kap. 5, § 1.

Literaturhinweise

Frege, »Funktion und Begriff«.
Wittgenstein, *Philosophische Untersuchungen*, §§ 65–73.
Lorenzen, *Methodisches Denken*, S. 30–36.
Tugendhat, *Vorlesungen zur Einführung in die sprachanalytische Philosophie*, Vorl. 11.

9 Singuläre Termini

In Kap. 6 haben wir gesehen, daß eine singuläre prädikative Aussage dann wahr ist, wenn der generelle Terminus auf den Gegenstand zutrifft, für den der singuläre Terminus steht. In Kap. 8 wurde dann die Bedeutung des einen Bestandteils solcher Aussagen behandelt, des generellen Terminus; seine Funktion bestand darin, den Gegenstand, für den der singuläre Terminus steht, zu klassifizieren und dadurch zugleich von anderem zu unterscheiden. Die Funktion des singulären Terminus besteht nach dieser vorläufigen Formulierung darin, für einen Gegenstand zu stehen. Die Frage nach der Bedeutung der singulären Termini wäre dann die Frage, was es genauer heißt, daß ein solcher Ausdruck für einen Gegenstand steht.

Wir müssen zunächst beachten, daß das Wort »Gegenstand« in der Philosophie in einem weiteren Sinn gebraucht wird als in der Umgangssprache. Umgangssprachlich meinen wir mit »Gegenstand« meistens materielle Dinge, und auch nicht alle materiellen Dinge, da wir Personen oder vielleicht Lebewesen allgemein nicht als Gegenstände bezeichnen würden. Nach dem philosophischen Sprachgebrauch werden auch sie zu den Gegenständen gerechnet, und außerdem nicht nur die materiellen Gegenstände, sondern, wie wir zum Teil schon gesehen haben, auch abstrakte Gegenstände wie Zahlen, Sachverhalte und Begriffe. Ein Gegenstand in diesem weiten Sinn, wie er in der Philosophie üblich ist, ist gerade alles das, wofür singuläre Termini in singulären prädikativen Aussagen stehen können, oder, wie es in Kap. 8 hieß, alles, wofür man das Wort »etwas« gebrauchen kann. Wir wollen uns hier aber auf diejenigen singulären Termini beschränken, die für materielle Gegenstände stehen, und die Problematik der Ereignisse und der abstrakten Gegenstände ausklammern.

Es gibt drei verschiedene Typen von solchen singulären Termini. Erstens Eigennamen wie »Peter« oder »Paris«. Zweitens Pronomina wie »dies«, »er«, »hier« usw., die sogenannte deiktische oder kontextabhängige Ausdrücke sind (s. Kap. 2, Ende); d. h. ein Satz wie »Er kommt« ist ein kontextabhängiger Satz, mit dem erst unter Hinzunahme einer bestimmten Situation eine Aussage gemacht wird, die wahr oder falsch ist. Drittens gibt es singuläre Termini wie »die Hauptstadt von Frankreich«, »der Verfasser der *Ilias*« usw., die man als Kennzeichnungen bezeichnet, weil sie so für einen Gegenstand stehen, daß sie eine Beschreibung oder ein Merkmal des Gegenstandes angeben. Demonstrativpronomina wie »dies« kommen meist in Verbindung mit einem beschreibenden Ausdruck vor, z. B. »dieses Buch«.

In der Tradition hat man sich hauptsächlich an den singulären Termini vom Typ der Eigennamen orientiert, weil man sie für die grundlegenden hielt und meinte, daß sich in diesem Fall die Relation zwischen dem singulären Terminus und dem Gegenstand am einfachsten verstehen lasse; erst seit Frege ist man der Meinung, daß die Eigennamen gerade die kompliziertere Verwendungsweise haben und die anderen Typen singulärer Termini voraussetzen. Sehen wir uns als Beispiel für die traditionelle Auffassung die Theorie Mills an, der diese Auffassung ausführlich ausgearbeitet hat, und betrachten dann die weitere Entwicklung.

9.1 Mill[1] bezeichnet alle Termini, sowohl die singulären wie die generellen, als Namen. Wir können uns jetzt aber auf seine Auffassung der singulären Termini, die er als individuelle Namen bezeichnet, beschränken. Mill trifft die wichtige Unterscheidung zwischen der Denotation und der Konnotation eines Namens. Daß ein Ausdruck denotativ ist, heißt, daß er etwas bezeichnet, für einen Gegenstand steht. Daß er konnotativ ist, heißt, daß er darüber hinaus etwas »mitbezeichnet«. Kennzeichnungen haben sowohl eine Denotation als auch eine Konnotation; z. B. bezeichnet (denotiert) der Ausdruck »die Hauptstadt von Frankreich« die Stadt Paris, und er bezeichnet sie dadurch, daß er eine ihrer Eigenschaften, daß sie nämlich die Hauptstadt von Frankreich ist, mitbezeichnet. Eigennamen hingegen haben nur eine Denotation, aber keine Konnotation; der Name »Paris« bezieht sich auf die Stadt Paris, ohne eine Eigenschaft des bezeichneten Gegenstandes zu implizieren.

Wie ist es nun nach dieser Auffassung zu verstehen, daß ein Eigenname für einen Gegenstand steht? Der Eigenname hat nach Mill keine Konnotation, wir haben also nur den Gegenstand auf der einen Seite, und auf der anderen Seite das sprachliche Zeichen, den Namen, der dem Gegenstand direkt zugeordnet sein soll. Man könnte sich diese Zuordnung so zu denken versuchen, daß der Name dem wirklichen Gegenstand irgendwie angeheftet wird, etwa so, wie man auf Schiffe ihren Namen aufmalt. Diese Analogie trägt jedoch nicht, denn der aufgemalte oder angeheftete Name entfernt sich mit dem Gegenstand, dem er angeheftet ist, während wir den Eigennamen als sprachliches Zeichen gerade auch dann verwenden können, wenn wir den Gegenstand, für den er steht, nicht vor uns haben. Weiterhin würde durch das Anheften des Namens nicht deutlich, ob wir den Namen dem ganzen Gegenstand zuordnen oder z. B. nur dem Teil, auf dem der Name steht. Außerdem gibt es Namen wie »Odysseus«, die nicht für wirkliche, sondern für fiktive Gegenstände stehen und bei denen wir daher nichts haben, dem wir den Namen anheften könnten.

Mill löst diese Schwierigkeiten so, daß er sagt, der Name werde nicht dem Gegenstand zugeordnet, sondern der Vorstellung des Gegenstandes, die ständig in unserem Bewußtsein gespeichert ist und jeweils wieder aktualisiert werden kann, wenn wir den Namen hören oder gebrauchen. Damit könnte auch das zweite Problem entfallen, da man sagen könnte, daß wir im Bewußtsein Phantasiegegenstände konstruieren können, ohne daß es Entsprechendes in der Wirklichkeit gibt. Man kann Mills Auffassung, wonach die Zuordnung zwischen Namen und Gegenstand eine Assoziation zwischen Zeichen und Vorstellung ist, als die psychologische Auffassung der Eigennamen bezeichnen.

Diese Auffassung führt jedoch zu Schwierigkeiten. Die Vorstellung kann nicht einfach eine Vorstellung des benannten Gegenstandes im gewöhnlichen Sinn einer anschaulichen Vorstellung sein, denn eine solche Vorstellung ist immer eine bestimmte Vorstellung, in der

ich den Gegenstand vor mir habe, wie er zu einem bestimmten Zeitpunkt seiner Existenz und aus einer bestimmten Perspektive aussieht. Der Eigenname aber bezeichnet den Gegenstand, für den er steht, während der ganzen Dauer der Existenz des Gegenstandes und in allen seinen Erscheinungs- oder Gegebenheitsweisen. Die traditionelle Auffassung versucht dem Rechnung zu tragen, indem sie sagt, es handle sich bei den Vorstellungen nicht um konkrete Vorstellungsbilder, sondern um nicht-sinnliche Gegenstandsvorstellungen. Aber hier ist erstens unklar, was solche nicht-sinnlichen Vorstellungen sind. Zweitens führt es nicht weiter, wenn man sich zur Erklärung der Bedeutung eines Eigennamens auf eine solche nicht-sinnliche Vorstellung beruft, der er zugeordnet sein soll, denn solche Vorstellungen sind anders als die wirklichen Gegenstände nicht allgemein zugänglich.[2]
Es zeigt sich, daß weder die Auffassung, daß der Name einem wirklichen Gegenstand quasi angeheftet wird, noch die psychologische Auffassung, wonach der Name mit einer Gegenstandsvorstellung assoziiert wird, die Art der Beziehung zwischen Namen und Gegenstand aufklären kann.

9.2 Im Gegensatz zu Mill, für den Eigennamen nur denotativ sind, aber keine Konnotation haben, vertritt Frege die Auffassung[3], daß Eigennamen sowohl eine Denotation haben, für einen Gegenstand stehen (Frege nennt den Gegenstand etwas irreführend die Bedeutung des Namens), als auch eine Konnotation, eine Bedeutung (Frege nennt das den Sinn) haben. So steht z. B. der Name »Aristoteles« für einen Gegenstand, nämlich für Aristoteles, dies aber so, daß die Beziehung zwischen dem Namen und dem Gegenstand mit Hilfe von Kennzeichnungen, z. B. »der Schüler Platons«, hergestellt wird. Die Eigennamen sind also nach Frege nicht die grundlegenden singulären Termini, sondern sie verweisen in ihrer Verwendung auf Kennzeichnungen.

9.3 Die Auffassung, daß Eigennamen mit Kennzeichnungen verknüpft sind, vertritt auch Russell.[4] Nehmen wir den singulären prädikativen Satz »Walter Scott ist ein Mensch«, dann ist der Name »Scott« nach Russell nicht eigentlich ein Eigenname, sondern eine verkleidete Kennzeichnung, z. B. »der Autor von *Waverley*«. Anders als Frege ist Russell aber der Meinung, daß eine solche Kennzeichnung nur grammatisch, nicht aber ihrer semantischen Funktion nach ein singulärer Terminus ist. Russell geht dabei aus vom Problem der leeren Namen oder Kennzeichnungen, d. h. der Namen, die keinen wirklichen Gegenstand bezeichnen, z. B. »Der gegenwärtige König von Frankreich ist kahl«. Russell sieht hierin ein Problem, weil singuläre Termini für einen Gegenstand stehen, man also sagen müßte, daß die Kennzeichnung in dem Beispielsatz für einen Gegenstand steht, den es nicht gibt. Er schlägt daher vor, Sätze, die als grammatisches Subjekt einen Eigennamen oder eine Kennzeichnung enthalten, so zu verstehen, daß sie folgende semantische Form haben: »Scott ist ein Mensch« bedeutet: »Es gibt genau ein x, für das gilt: x ist der Autor von *Waverley*, und x ist ein Mensch.« Daß wir uns auf einen Einzelgegenstand beziehen, kommt in dieser Formulierung durch den Ausdruck »Es gibt genau ein x« zum Ausdruck, wäh-

rend die Kennzeichnung nicht mehr an Subjektstelle vorkommt, sondern sich als genereller Terminus erweist. Diese Auffassung Russells ist als *Theorie der Kennzeichnungen* (*theory of definite descriptions*) bekanntgeworden.
Frege und Russell sind also beide der Ansicht, daß die Eigennamen der gewöhnlichen Sprache nicht einfachhin für Gegenstände stehen, sondern daß die Beziehung Name–Gegenstand durch Kennzeichnungen vermittelt ist. Dann stellt sich aber die Frage, wie es zu verstehen ist, daß Kennzeichnungen für Gegenstände stehen können. Nun hatten wir schon im Zusammenhang der generellen Termini, als das Scheitern der traditionellen Erklärungen abzusehen war, die Frage nach der Bedeutung auf eine andere Weise gestellt, nämlich mit Wittgenstein als die Frage nach der Verwendungsweise des Ausdruckstyps. Diese Frageweise läßt sich hier ebenfalls anwenden, und d. h., wir müssen überlegen: wenn generelle Termini in singulären prädikativen Sätzen dazu verwendet werden, Gegenstände zu klassifizieren und zu unterscheiden, wozu werden dann singuläre Termini verwendet, welche Funktion haben sie?

9.4 Einen Ansatz, der sich auf diese Weise an der Frage nach der Funktion oder Verwendungsweise der singulären Termini orientiert, finden wir bei Strawson, zunächst in seinem Aufsatz »On Referring« und ausführlicher dann in seinem Buch *Individuals*. Strawson beginnt in dem genannten Aufsatz mit einer Kritik an Russells Theorie der Kennzeichnungen. Die Kontroverse zwischen Russell und Strawson[5] wurde viel beachtet, sie geht aber an den eigentlich entscheidenden

Punkten vorbei.[6] Es ist daher wichtiger, daß wir uns Strawsons eigenen positiven Ansatz ansehen. Strawson macht deutlich, daß wir, wenn wir einen singulären prädikativen Satz verwenden, mittels des singulären Terminus auf denjenigen Einzelgegenstand Bezug nehmen (der englische Ausdruck ist »to refer«, weshalb singuläre Termini manchmal auch als referentielle Ausdrücke bezeichnet werden), von dem der generelle Terminus ausgesagt wird, daß wir mit dem singulären Terminus den Gegenstand, den wir meinen, herausgreifen. Der Sprecher versetzt den Hörer durch die Verwendung des singulären Terminus in die Lage, denjenigen Gegenstand zu identifizieren, über den geredet wird. Mit dem Identifizieren des Gegenstandes ist gemeint, daß der Hörer erkennt, welcher von allen Gegenständen eines jeweiligen Bereichs es ist, von dem der generelle Terminus ausgesagt wird. Da wir von abstrakten singulären Termini absehen wollten, ist der Bereich, um den es sich handelt, der der materiellen Dinge in Raum und Zeit. Daß der singuläre Terminus die Funktion hat, ein Einzelnes aus allen Dingen eines bestimmten Bereichs herauszugreifen, ist ein Umstand, der in der traditionellen Theorie völlig übersehen wird. Die traditionelle Theorie unterstellte, daß wir eine direkte Zuordnung von Zeichen und Gegenstand haben. Gehen wir dagegen von der Frage nach der sprachlichen Verwendung der Zeichen aus, dann zeigt sich, daß das Stehen des singulären Terminus für einen Gegenstand so zustande kommt, daß der Sprecher mittels des singulären Terminus aus allen Gegenständen eines Bereichs einen als den gemeinten herausgreift, daß der singuläre Terminus dem Gegenstand also nicht schlicht zugeordnet ist, sondern ihn dadurch bezeichnet, daß er ihn identifiziert als diesen im Unterschied zu den anderen.

9.5 Überlegen wir uns, wie wir im Einzelfall den Gegenstand identifizieren, für den der singuläre Terminus steht.[7] Das hängt von der Art des singulären Terminus ab. Da der singuläre Terminus den Gegenstand herausgreift, indem er ihn von allen anderen unterscheidet, liegt es nahe, mit Kennzeichnungen zu beginnen, die Gegenstände durch ihre Eigenschaften identifizieren. Solche Kennzeichnungen sind oft nicht eindeutig; wenn ich sage »Die schwarze Katze mit dem weißen Fleck am Hals ist seit zwei Tagen weg«, ist damit noch nicht klar, welche Katze ich meine, weil es viele Katzen gibt, auf die diese Beschreibung zutrifft, d. h. weil die Kennzeichnung kontextabhängig ist. Kennzeichnungen wie »der höchste Berg«, die in der tatsächlichen Sprachpraxis eine geringere Rolle spielen, sind dagegen nicht kontextabhängig. Auch solche eindeutigen beschreibenden Kennzeichnungen identifizieren aber den gemeinten Gegenstand offenbar gar nicht im strengen Sinn. Ein Satz der Form »dasjenige, welches F ist, ist G« besagt eigentlich nur: »Der einzige Gegenstand, der die Eigenschaft F hat, welcher auch immer das sein mag, ist G«. Man kann dann immer noch weiterfragen, von welchem Gegenstand denn die Rede ist, welches denn z. B. der höchste Berg ist. Diese Frage kann man dadurch beantworten, daß man den Fragenden zu einem bestimmten Berg hinführt und dann auf den Berg zeigt und sagt: »Es ist dieser da«. Man kann diese Identifizierung, bei der der gemeinte Gegenstand in der

Wahrnehmung gegeben ist, die hinweisende oder ostensive Identifizierung nennen.
Man könnte nun meinen, das Wort »dies« sei doch wieder ein Name im Sinn der traditionellen Theorie, nämlich ein singulärer Terminus, der direkt und ohne Vermittlung durch Kennzeichnungen einem in der Wahrnehmung gegebenen Gegenstand zugeordnet wird. Aber wir ordnen das Wort »dies« nicht dem Gegenstand als Namen zu. Wir können einem Gegenstand in einer Wahrnehmungssituation einen wirklichen Eigennamen geben, z. B. auf den Berg zeigen und sagen »Dies heißt Mount Everest«; aber es ist Unsinn, auf den Berg zu zeigen und zu sagen: »Dies heißt ›dies‹«.[8] Das Wort »dies« hat vielmehr eine ganz andere Verwendungsweise. Das Charakteristische dieser Verwendungsweise ist, daß es gerade nicht einem bestimmten Gegenstand beigelegt ist, sondern daß es jeweils den in der Wahrnehmungssituation gemeinten Gegenstand bezeichnet und daher in verschiedenen Wahrnehmungssituationen verschiedene Gegenstände bezeichnet. Hingegen würde man sich auf ein und denselben Gegenstand, auf den wir hier und jetzt unter Verwendung des Wortes »dies, welches jetzt hier zu sehen ist« zeigen können, aus einer anderen Situation, in der er nicht mehr wahrnehmbar ist, mit einem anderen Pronomen, etwa mit »jenes, welches damals dort zu sehen war«, beziehen. Das Wort »jenes« drückt dann eine raumzeitliche Relation zwischen der jetzigen Situation des Sprechers und der inzwischen entfernten Wahrnehmungssituation aus, in der man das Wort »dies« verwendete. Ähnliches gilt für Personalpronomina: Das Wort »ich« ist nicht ein Eigenname der Person, die es

äußert, sondern es wird so verwendet, daß es sich jeweils auf denjenigen bezieht, der es gerade ausspricht, also auf je verschiedene Personen; wenn hingegen eine andere Person auf denjenigen Bezug nehmen will, der gerade das Wort »ich« verwendet hat, dann verwendet sie gerade nicht das Wort »ich«, sondern das Wort »du« (wenn sie den anderen anreden will) oder das Wort »er« (wenn sie zu Dritten über ihn reden will). Wir haben also ein ganzes System von Pronomina derart, daß ein solches Pronomen je nach Situation für einen anderen Gegenstand steht und daß wir uns auf ein und denselben Gegenstand je nach der raumzeitlichen Relation zwischen der Situation des Sprechers und der ursprünglichen Wahrnehmungssituation mit verschiedenen Pronomina beziehen. Aber auch durch die Identifizierung durch deiktische Ausdrücke ist die Frage, welcher von allen Gegenständen gemeint ist, noch nicht endgültig beantwortet, und zwar aus zwei Gründen.
Erstens. Wenn wir in dem Berg-Beispiel jemanden mit verbundenen Augen vor den Berg führen und ihm dann die Binde abnehmen und sagen »Es ist dieser« und ihm auf dem Rückweg wieder die Augen verbinden, dann weiß er in einem bestimmten Sinn immer noch nicht, welcher Berg es ist. Er weiß zwar, wie er aussieht, aber andere Berge könnten genauso aussehen, und daher wird er, wieder zurückgekehrt, nicht in der Lage sein, den Berg wiederzufinden. Und selbst wenn seine Augen nicht verbunden waren, wird er ihn unter bestimmten Umständen nicht identifizieren können, nämlich dann nicht, wenn er keine festen Punkte im Raum kennt, an denen er sich orientieren kann. Letztlich wird also durch einen singulären Terminus erst dann ein Gegen-

stand so identifiziert, daß eindeutig ein Einzelnes aus allen herausgegriffen wird, wenn die räumliche und (bei Gegenständen, die sich, anders als der Berg, im Raum bewegen) zeitliche Lokalisierung des Gegenstandes in einem festen Raum-Zeit-System angegeben wird. Kennzeichnungen, die nicht beschreibend sind, sondern eine Raum-Zeit-Stelle angeben, z. B. »dasjenige, welches sich zum Zeitpunkt t_1 am Ort l_1 befindet«, spielen also eine fundamentale Rolle bei der Identifizierung konkreter Gegenstände. Man kann solche Kennzeichnungen, die die Position des Gegenstandes in einem festen Raum-Zeit-System angeben, als objektiv lokalisierende Kennzeichnungen bezeichnen. Gleich fundamental mit diesen objektiv lokalisierenden Kennzeichnungen sind aber die subjektiv lokalisierenden Kennzeichnungen, d. h. die deiktischen Ausdrücke wie »dieses hier, welches ich jetzt sehe«, weil wir mit der objektiven Lokalisierung wiederum nur dann etwas anfangen können, wenn wir unsere eigene Position in das objektive System einordnen können.

Zweitens. Wenn jemand sagt »Dieses hier ist häßlich« und dabei in eine bestimmte Richtung zeigt, dann ist, obwohl er auf einen bestimmten Raumbereich zeigt, nicht ohne weiteres klar, welches Ding er herausgreifen will. Vielleicht steht da, wo er hinzeigt, ein Stuhl, und der Hörer weiß jetzt nicht, ob der Stuhl oder vielleicht nur die Lehne des Stuhls gemeint ist. Hier brauchen wir offenbar beschreibende Ausdrücke, um angeben zu können, welches Ding in dem betreffenden Raum-Zeit-Ausschnitt wir ausgrenzen wollen. Dabei ist es nicht mit beliebigen beschreibenden Ausdrücken getan. Sagt man statt »Dieses ist häßlich« »Dieses Rote ist häßlich«, so ist auch damit nicht garantiert, daß eindeutig ein bestimmter Einzelgegenstand in der Situation ausgegrenzt wird; nehmen wir an, es wird wieder in Richtung des Stuhls gezeigt, der insgesamt rot ist, wird dann mit dem Ausdruck »dieses Rote« der ganze Stuhl gemeint oder nur der kleine Ausschnitt, auf den genau der Finger des Zeigenden gerichtet ist? Es gibt jedoch eine Art von Ausdrücken, mittels derer wir solche Ausgrenzungen treffen können. »Stuhl« wäre z. B. ein solches Prädikat. Es enthält Kriterien der räumlichen Abgrenzung des Gegenstandes, d. h. Kriterien dafür, was von dem, auf das gezeigt wird, zu dem Gegenstand gehört und was nicht, d. h. welches die räumliche Konfiguration des Gegenstandes ist. Daher läßt sich durch die Verwendung einer Kennzeichnung wie »dieser Stuhl« anders als durch das bloße »dies« der gemeinte Gegenstand gegen andere abgrenzen, und sie macht ebenfalls deutlich, daß der Gegenstand und nicht einer seiner Teile gemeint ist, z. B. der Stuhl, und nicht die Lehne, denn auf die Stuhllehne trifft nicht das Prädikat »Stuhl« zu. Solche Prädikate, die Kriterien der räumlichen Ausgrenzung und dadurch auch der Zählbarkeit konkreter Gegenstände enthalten, werden als sortale Prädikate bezeichnet.[9]

Man könnte einwenden, daß solche Prädikate letztlich entbehrlich seien, da man den in der Wahrnehmungssituation gemeinten Gegenstand ja auch dadurch ausgrenzen könnte, daß man die Situation einschränkt auf genau denjenigen räumlichen Bereich, den nur der gemeinte Gegenstand und der ganze gemeinte Gegenstand innehat. Man kann das so tun, daß man die räumlichen Grenzen des Gegenstandes mit dem Finger nachzieht oder daß man sie durch objektiv lokalisierende Kennzeichnung angibt. Wir haben jedoch schon gesehen, daß man einen Gegenstand erst dann im eigentlichen Sinne identifiziert, wenn man auch aus anderen Situationen heraus auf ihn Bezug nehmen kann, wenn man ihn raum-zeitlich einordnen kann. Raum-Zeit-Stellen gibt es aber nicht irgendwie als solche, sondern wir können solche Stellen nur unterscheiden, weil es an ihnen Gegenstände gibt, die unter sortale Prädikate fallen, die Kriterien der räumlichen Abgrenzung enthalten. Und wir können einen systematischen Wechselbezug subjektiver Lokalisierungen sowie ein objektives Raum-Zeit-System nur haben, weil es Gegenstände gibt, die über eine längere Zeit hinweg existieren (für objektive Raumstellen brauchen wir Gegenstände, die sich – relativ zu den anderen des Systems – nicht bewegen, für objektive Zeitstellen Gegenstände, die in regelmäßigen Abständen an demselben Ort wiederkehren). Mit sortalen Prädikaten können wir uns, anders als mit dem Wort »dies«, auf konkrete Gegenstände als auf solche beziehen, die einen kontinuierlichen Weg in Raum und Zeit zurücklegen. Wir können z. B. nur mit sortalen Prädikaten Aussagen machen wie: »Der Gegenstand S, der sich zum Zeitpunkt t_1 am Ort l_1 befand, ist derselbe wie derjenige, der sich zum Zeitpunkt t_2 am Ort l_2 befand.«

Es zeigt sich also, daß die Bedeutung singulärer Termini von komplizierter Art ist. Wir verwenden sie, um anzugeben, welcher von allen Gegenständen es ist, von dem der generelle Terminus in singulären prädikativen Aussagen ausgesagt wird. Die Allheit, durch Bezug auf die eine Identifizierung eines Einzelgegenstandes in einem strengen Sinn möglich wird, ist die der Gegenstände, die in einem objektiven Raum-Zeit-System geordnet sind. Daß wir aus dieser Allheit ein Einzelnes identifizieren können, setzt die Verwendung deiktischer Ausdrücke, objektiv lokalisierender Kennzeichnungen und sortaler Prädikate als gleich fundamental und wechselseitig voneinander abhängig voraus.

9.6 Erst wenn die komplizierte Funktionsweise der singulären Termini vom Typ der Kennzeichnungen und deiktischen Ausdrücke so weit geklärt ist, kann man überhaupt die Bedeutung von Eigennamen verstehen, die die Tradition für die einfachsten singulären Termini hielt. Wir hatten schon Freges Auffassung der Eigennamen erwähnt, wonach sie den Gegenstand, für den sie stehen, so identifizieren, daß mit ihnen eine Kennzeichnung verbunden ist, z. B. mit »Aristoteles« die Kennzeichnung »der Schüler Platons«. Frege macht selbst den Einwand, daß das für die Eigennamen der gewöhnlichen Sprache problematisch ist, weil verschiedene Sprecher mit demselben Eigennamen verschiedene Kennzeichnungen verbinden werden. Freges Auffassung wurde daher von anderen Philosophen so verbessert, daß ein Eigenname nicht mit einer Kennzeichnung verbunden ist, sondern mit einem ganzen Bündel von Kennzeichnungen, und daß der Name dann eindeutig einen Gegenstand identifiziert, wenn eine hinreichend große Menge aus diesem Bündel von Kennzeichnungen auf genau einen Gegenstand zutrifft.[10] Dieses Bündel von Kennzeichnungen soll dann die Bedeutung des Eigennamens angeben.

Da, wie wir gesehen haben, nicht alle Beschreibungen wirklich zur Identifizierung eines Gegenstandes geeignet sind, haben andere Autoren[11] die These vertreten, daß die Bedeutung eines Eigennamens nicht in einem Bündel beliebiger Kennzeichnungen besteht, sondern in denjenigen Kennzeichnungen, die die Lokalisierung des Gegenstandes in Raum und Zeit angeben. Da es aber intuitiv so zu sein scheint, daß die Bedeutung von Eigennamen überhaupt nicht in Kennzeichnungen besteht, wird schließlich auch die Auffassung vertreten, daß einzelne Eigennamen nicht gleichbedeutend mit Kennzeichnungen sind, daß aber die Bedeutung bzw. Verwendungsweise des Ausdruckstyps Eigenname auf die Verwendung von Kennzeichnungen verweist.[12]

9.7 Gegen alle diese Spielarten von Eigennamentheorien, für die Eigennamen auf die eine oder andere Weise mit Kennzeichnungen verbunden sind, hat Kripke in »Naming and Necessity« die These vertreten, daß Eigennamen überhaupt keine Bedeutung haben, sondern einfach für einen Gegenstand stehen. Er greift explizit auf Mill zurück, der ja genau diese These vertreten hatte. Gegen die Auffassung, daß ein einzelner Eigenname gleichbedeutend mit irgendwelchen Kennzeichnungen sein könnte, argumentiert Kripke so: Wenn wir einem Gegenstand einen Namen geben, z. B. ein Kind auf einen bestimmten Namen taufen, dann wird dieser Name gerade so verwendet, daß er diesen Menschen zu jedem Zeitpunkt seiner Existenz und in beliebigen Gegebenheitsweisen bezeichnet. Keine bestimmte Beschreibung ist daher für die Verwendung des Namens wesentlich; wenn der betreffende Mensch ganz andere Dinge getan hätte, als er tatsächlich getan hat, wenn also andere Beschreibungen auf ihn zuträfen, als tatsächlich auf ihn zutreffen, wäre er trotzdem noch derselbe Mensch (dies gilt für beschreibende ebenso wie für lokalisierende Kennzeichnungen: wenn z. B. Aristoteles sich nicht zur Philosophie entschlossen hätte, würde die Kennzeichnung »der Schüler Platons« nicht auf ihn zutreffen, und wenn er, statt nach Athen zu gehen, in seinem Geburtsort Stageira geblieben wäre, würde die Kennzeichnung »die Person, die sich im Jahr 360 v. Chr. in Athen aufhielt« nicht auf ihn zutreffen; aber natürlich wäre er trotzdem derselbe Mensch, und wenn das so ist, bleibt der Eigenname »Aristoteles« auf ihn anwendbar).

Im Anschluß an seine Kritik der bisherigen Eigennamentheorien entwickelt Kripke kurz einen eigenen Vorschlag. Eigennamen sind Ausdrücke, mit denen Gegenstände bei Beginn ihrer Existenz oder zu einem bestimmten Zeitpunkt ihrer Existenz ›getauft‹ werden. Um den Gegenstand taufen zu können, d. h. ihm einen Namen zuordnen zu können, müssen wir ihn auf andere Weise identifizieren können, sei es, daß wir in einer Wahrnehmungssituation auf ihn zeigen oder ihn durch eine Kennzeichnung identifizieren können. Diese Kennzeichnungen dienen aber, wie Kripke es ausdrückt, nur zur Festlegung der Referenz des Namens, d. h. des Gegenstandes, den er bezeichnen soll, bilden aber nicht die Bedeutung des Namens. Vielmehr wird der Eigenname nun, wenn er einmal in einer Taufsituation eingeführt wurde, von den ursprünglichen Sprechern weitergegeben an andere Sprecher, die den Namen übernehmen und verwenden können, ohne daß sie den bezeichneten Gegenstand selbst kennen oder Kennzeichnungen kennen, die auf ihn zutreffen. Wenn ein späterer Sprecher den Gegenstand identifizieren möchte, für den ein bestimmter Eigenname steht, dann muß er so vorgehen, daß er die Kette der Namenverwendungen zurückverfolgt bis zur Taufsituation, in der der Name eingeführt wurde. Man bezeichnet diese Eigennamentheorie daher manchmal als die historische oder kausale Theorie der Eigennamen.

9.8 Sowohl Kripkes Kritik an früheren Auffassungen als auch sein positiver Vorschlag enthalten wichtige Punkte. Man muß jedoch beachten, daß Kripke aus seiner Kritik nur deswegen folgern kann, daß Eigennamen überhaupt keine Bedeutung haben, weil er einen anderen Begriff von Bedeutung verwendet, als wir ihn bisher verwendet haben. Kripke meint mit der Bedeutung von Ausdrücken nur ihre deskriptive Bedeutung. Wenn wir hingegen unter der Bedeutung der singulären Termini weiterhin ihre Verwendungsweise in singulären prädikativen Aussagen verstehen, ergibt sich eine andere Konsequenz: Um die Bedeutung eines Eigennamens zu verstehen, muß man dann zwar nicht über identifizierende Kennzeichnungen desjenigen Gegenstandes verfügen, für den dieser bestimmte Eigenname steht; aber man muß allgemein wissen, wie Eigennamen dazu verwendet werden, den Gegenstand, über den etwas ausgesagt werden soll, zu identifizieren. Legt man diesen Bedeutungsbegriff zugrunde, dann treffen Kripkes Einwände nicht diejenige Version der Eigennamentheorie, die am Ende von 9.6 genannt wurde und die besagte, daß zwar einzelne Eigennamen keine Bedeu-

tung im Sinn einer deskriptiven Bedeutung haben, daß aber der Ausdruckstyp Eigenname eine Bedeutung im Sinne der semantischen Funktion oder Verwendungsweise hat.
Wie wir gesehen haben, weist Kripke selbst darauf hin, daß die Verwendungsweise von Eigennamen abhängig ist von derjenigen der kennzeichnenden und deiktischen singulären Termini. Allerdings hat Kripke die Art dieser Abhängigkeit nur angedeutet. Wir können aber jetzt seine Anregungen mit dem verbinden, was die semantischen Theorien singulärer Termini, die wir oben betrachtet haben, geklärt haben. Kripke weist mit Recht auf die Wichtigkeit der ›Taufsituation‹ hin. Um den Gegenstand taufen zu können, müssen wir ihn jedoch schon auf andere Weise identifizieren können, sei es, daß wir in einer Wahrnehmungssituation auf ihn zeigen oder ihn durch eine Kennzeichnung, die, wie wir gesehen haben, letztlich eine lokalisierende Kennzeichnung sein muß, herausgreifen können. Danach wird der Name von den Sprechern der Sprache auch in Abwesenheit des Trägers weiterverwendet und an andere Sprecher weitergegeben; und der Gegenstand legt einen Weg in Raum und Zeit zurück und erwirbt damit neue raumzeitliche und andere Kennzeichnungen, die zum Zeitpunkt der Taufe noch nicht auf ihn zutrafen. Um den Gegenstand, für den der Name steht, zu identifizieren, müssen wir daher letztlich die Reihe der Namenverwendungen zurückverfolgen bis zum Zeitpunkt der Taufe des Gegenstandes, und dann den Weg des Gegenstandes durch Raum und Zeit bis zu dem Zeitpunkt verfolgen, zu dem der generelle Terminus in unserer Aussage auf ihn zutreffen soll. Wie schon die

Identifizierung des Gegenstandes in der Taufsituation, so erfordert auch die Verfolgung des raumzeitlichen Weges des Gegenstandes, daß wir bereits sortale Prädikate verwenden können; denn diese Prädikate enthalten die Kriterien, mittels derer wir feststellen können, ob der Gegenstand, der während einer bestimmten Zeit kontinuierlich einen bestimmten Weg im Raum zurückgelegt hat, noch identisch ist mit dem Gegenstand, dem in der Taufsituation der Eigenname beigelegt wurde. Eigennamen sind also nicht die einfachsten identifizierenden Ausdrücke, sondern ihre Bedeutung läßt sich erst verständlich machen, wenn man bereits die Verwendungsweise der anderen Typen von singulären Termini kennt. Eigennamen identifizieren Gegenstände so, daß dabei bereits die Verwendung von deiktischen Ausdrücken, objektiv lokalisierenden Kennzeichnungen und sortalen Prädikaten vorausgesetzt ist. Wir können jetzt auch sehen, woran sich die traditionelle Theorie orientiert hat, wenn sie sagte, daß Eigennamen Ausdrücke sind, die Gegenständen direkt und unvermittelt zugeordnet sind. Sie hat sich an der Taufsituation orientiert, in der ein bestimmter Name eingeführt wird. In dieser Situation kann man tatsächlich sagen, daß einem Gegenstand, auf den wir zeigen, ein Name zugeordnet wird. Das setzt aber voraus, daß man bereits versteht, was es heißt, daß ein Name für einen Gegenstand steht, daß man also die Verwendungsweise von Eigennamen schon kennt. Daß ein Eigenname einem Gegenstand zugeordnet wird, heißt jetzt, daß er dem Gegenstand als einem Einzelding zugeordnet wird, das eine bestimmte Lokalisierung unter allen anderen Dingen in Raum und Zeit hat, das einen kontinuierlichen Weg in Raum und

Zeit zurücklegt und das unter ein bestimmtes sortales Prädikat fällt, mittels dessen es sich auf seinem Weg durch das Raum-Zeit-System als identisches festhalten läßt. Und wir können jetzt auch erklären, wieso die Zuordnung zwischen Namen und Gegenstand bestehenbleibt, ohne daß der Name dem Gegenstand angeheftet zu sein braucht. Es ist so zu erklären, daß der Gegenstand durch den Namen identifiziert werden kann, solange er unter dem geeigneten sortalen Prädikat in einer raumzeitlichen Kontinuität mit demjenigen Gegenstand steht, der auf den Namen getauft wurde.

Anmerkungen

1 Mill, *A System of Logic*, Kap. 2, §§ 1–5.

2 Zur Kritik an der traditionellen Vorstellungstheorie der Namen vgl. ausführlicher Tugendhat, *Vorlesungen zur Einführung in die sprachanalytische Philosophie*, S. 347 bis 357.

3 Siehe Frege, »Über Sinn und Bedeutung«.

4 Vgl. Russell, »On Denoting« sowie *The Philosophy of Logical Atomism*, Kap. 6.

5 Russell antwortet auf Strawsons Einwände in seinem Artikel »Mr. Strawson on Referring«.

6 Vgl. Tugendhat, *Vorlesungen zur Einführung in die sprachanalytische Philosophie*, S. 384–387.

7 Vgl. zum Folgenden Tugendhat, *Vorlesungen zur Einführung in die sprachanalytische Philosophie*, Vorl. 23–26.

8 Vgl. Wittgenstein, *Philosophische Untersuchungen*, § 38.

9 Vgl. Frege, *Grundlagen der Arithmetik*, § 54 (wo allerdings der Ausdruck »sortales Prädikat« noch nicht vorkommt). Zur Problematik der sortalen Prädikate vgl. außerdem Strawson, *Individuals*, S. 168 ff.; Tugendhat, *Vorlesungen*

zur Einführung in die sprachanalytische Philosophie, Vorl. 26, S. 453–461.
10 Vgl. Searle, »Proper Names«; Wittgenstein, *Philosophische Untersuchungen*, § 79.
11 Vgl. etwa Zink, »The Meaning of Proper Names«.
12 Vgl. Tugendhat, *Vorlesungen zur Einführung in die sprachanalytische Philosophie*, S. 147, 473.

Literaturhinweise

Mill, *A System of Logic*, Kap. 2, §§ 1–5.
Frege, »Über Sinn und Bedeutung«, S. 40–43.
Russell, *The Philosophy of Logical Atomism*, Kap. 6.
Quine, »On What There Is«.
Strawson, »On Referring«.
– *Individuals*.
Searle, »Proper Names«.
Donnellan, »Reference and Definite Descriptions«.
Kripke, »Naming and Necessity«.
Tugendhat, *Vorlesungen zur Einführung in die sprachanalytische Philosophie*, Vorl. 20–26 und 28.

10 Identität

Wir hatten in Kap. 9 gesehen, daß ein singulärer Terminus in einer singulären prädikativen Aussage die Funktion erfüllt, den Gegenstand, der durch den generellen Terminus klassifiziert wird, zu identifizieren, d. h. ihn als diesen einen im Unterschied zu allen anderen herauszugreifen. Wir können Gegenstände identifizieren, weil sie von anderen unterscheidbare Einheiten sind, die sich über Zeit hinweg als identische festhalten lassen. Wie wir gesehen haben, gründet diese Möglichkeit der Bezugnahme auf konkrete Gegenstände in der Verwendung raumzeitlich lokalisierender Ausdrücke und sortaler Prädikate. Dieses Ergebnis müssen wir im Auge behalten, wenn wir jetzt nach der Bedeutung des Identitätsbegriffs fragen.

10.1 Der Begriff der Identität wird in zwei Bedeutungen verwendet. Erstens im Sinn der qualitativen Identität, zweitens im Sinn der numerischen Identität. Statt von Identität wird manchmal auch von Gleichheit geredet. Auf den Unterschied zwischen der numerischen und der qualitativen Identität macht schon Aristoteles aufmerksam:

> »Von demselben reden wir gewöhnlich der Zahl nach oder der Spezies nach [...]. Der Zahl nach eins sind diejenigen Dinge, deren Stoff einer ist [...]. Der Spezies nach dasselbe ist, was mehreres ist, jedoch im Hinblick auf die Spezies ununterschieden ist, wie z. B. Mensch und Mensch oder Pferd und Pferd. Solches nämlich wird als der Spezies nach dasselbe bezeichnet, was unter dieselbe Spezies fällt« (*Topik* 103a 8 ff.; *Metaphysik* 1016b 32 f.).

Wenn a und b der Zahl nach ein einziges Ding sind, wenn sie, wie Aristoteles es erläutert, ein und dieselbe materielle Einheit sind, so haben wir es mit der Identität im engeren Sinn zu tun, die man als numerische Identität bezeichnet. In einem schwächeren Sinn kann man auch dann sagen, daß a dasselbe ist wie b (bzw. im Deutschen sollte man in diesem zweiten Fall statt »dasselbe« besser »das gleiche« sagen), wenn a und b zwei verschiedene Gegenstände sind, die in einer bestimmten Eigenschaft (oder mehreren) gleich sind. Dieses Verhältnis zwischen a und b bezeichnet man als qualitative Identität. Aristoteles orientiert sich an der zitierten Stelle an dem besonderen Fall, in dem die Gleichheit im Hinblick auf das Speziesprädikat besteht. Aber die Gleichheit kann natürlich ebensogut im Hinblick auf andere Eigenschaften bestehen. Wir können also allgemein sagen: Zwei Gegenstände a und b sind gleich hinsichtlich des Prädikationsspielraums P, wenn sie, was diesen Spielraum betrifft, unter denselben generellen Terminus fallen. Ein wichtiger Fall der qualitativen Identität ist der, in dem wir es mit Gegenständen zu tun haben, die Realisierungen ein und desselben Typus sind. Beispiele hierfür sind serienmäßig hergestellte Gegenstände, etwa Autos desselben Modells oder verschiedene Abgüsse einer Plastik u. ä.; sie stimmen überein in Gestalt, Größe und häufig auch in der Art des Materials.

Könnte es sein, daß wir unter solchen qualitativ identischen Gegenständen, die Realisierungen desselben Typus oder Modells sind, zwei numerisch verschiedene Gegenstände finden, die qualitativ absolut gleich sind, die also nicht nur mit Bezug auf ihre Gestalt und vielleicht einige andere Eigenschaften, sondern in allen ihren Eigenschaften übereinstimmen? Im allgemeinen ist das schon aufgrund der Komplexität konkreter Gegenstände, der Vielzahl ihrer Eigenschaften unwahrscheinlich. Aber auch wenn wir an sehr einfache Gegenstände denken, etwa serienmäßig hergestellte Kugeln derselben Größe, derselben Farbe und aus demselben Material, können wir eine qualitative Identität in einem absoluten Sinn nicht sicherstellen, zum einen weil unsere Meßgenauigkeit begrenzt ist, zum anderen weil auch diese einfachen Gegenstände zahlreiche wechselnde Eigenschaften durch die Einwirkung komplexer äußerer Umstände haben, die wir alle im einzelnen überschauen können müßten. Der Begriff der absoluten qualitativen Gleichheit ist daher ein Grenzbegriff. Wir können zwei Gegenstände im Hinblick auf bestimmte praktische Zwecke als qualitativ identisch behandeln, wenn sie in den relevanten Eigenschaften ungefähr übereinstimmen; es kann sich im Prinzip aber immer herausstellen, daß sie sich in etwas unterscheiden. Wenn wir das Vorliegen einer absoluten qualitativen Identität nicht nachweisen können, können wir aber auch umgekehrt nicht mit letzter Sicherheit ausschließen, daß es Gegenstände gibt, die in einem absoluten Sinn qualitativ gleich sind, die sich also nicht nur nach unserer jetzigen Prüfung als gleich erweisen, sondern bei denen sich nie ein Unterschied wird feststellen lassen.

10.2 Leibniz hatte versucht, den Begriff der numerischen Identität gerade durch den Begriff einer nicht mehr relativen qualitativen Identität zu bestimmen.

Danach sollen zwei Gegenstände dann und nur dann numerisch identisch sein, wenn sie sich durch keine Eigenschaft unterscheiden lassen (dies ist der sogenannte Grundsatz von der Identität des Nicht-Unterscheidbaren (*principium identitatis indiscernibilium*). Anders gesagt: »a ist numerisch identisch mit b« oder kürzer »a = b« bedeutet »(F) (Fa ≡ Fb)« (sogenanntes Leibnizsches Gesetz). Das impliziert die These, daß es keine numerisch verschiedenen Gegenstände geben kann, die in allen ihren Eigenschaften gleich, d. h. in einem nicht-relativen Sinn qualitativ identisch sind. Nun hatten wir im Zusammenhang der Identifizierungsfunktion der singulären Termini gesehen, daß es zumindest eine Hinsicht gibt, in der sich qualitativ gleiche, aber numerisch verschiedene Gegenstände tatsächlich immer unterscheiden müssen, nämlich die raumzeitliche Lokalisierung. Für die Variable »F« in dem Leibnizschen Gesetz sollen jedoch nach Leibniz nur generelle Termini für interne Eigenschaften des Gegenstandes, und nicht Termini für seine Relationen zu anderen Gegenständen eingesetzt werden. Dann aber ist nicht zu sehen, wie man die numerische Identität auf diese Weise durch die absolute qualitative Identität erklären könnte. Denn nach dem im vorhergehenden Absatz Gesagten läßt sich nicht prinzipiell ausschließen, daß es qualitativ identische, aber numerisch verschiedene Gegenstände gibt oder geben könnte.

Das Leibnizsche Gesetz läßt sich also offensichtlich nicht als Erklärung oder Definition der numerischen Identität verwenden. Denn es erscheint unklar, ob die behauptete Äquivalenz in beiden Richtungen gilt. Sicher ist nur, daß »a = b« »(F) (Fa ≡ Fb)« impliziert,

d. h. daß a und b, wenn sie der Zahl nach eines sind, in allen Eigenschaften übereinstimmen müssen, während die umgekehrte Implikation zweifelhaft scheint. Was die qualitative Identität betrifft, können wir also festhalten, daß diese Gleichheit wesentlich bezogen ist auf Eigenschaften, sei es auf eine oder mehrere oder, im Grenzfall, alle. Welches die Logik dieser Gleichheit ist, hat Aristoteles an der zitierten Stelle klar formuliert: a und b sind hinsichtlich der Eigenschaft F gleich, wenn a und b beide unter den generellen Terminus »F« fallen.

10.3 Lassen wir jetzt den Begriff der qualitativen Identität beiseite und wenden uns dem philosophisch interessanteren Begriff der numerischen Identität zu. Es gibt zwei Arten von Aussagen der numerischen Identität. Erstens Identitätsaussagen der Form »a = a«: die Wahrheit dieser Aussagen läßt sich a priori an ihrer semantischen Form erkennen, aber natürlich sind diese Aussagen trivial. Es gibt eine andere Form von Identitätsaussagen, die nicht auf diese Weise trivial sind, nämlich Aussagen der Form »a = b«. Aber was wird mit einer solchen Aussage genauer behauptet? Es kann ja nicht gemeint sein, daß zwei verschiedene Gegenstände a und b identisch sind, denn zwei voneinander verschiedene Gegenstände können nicht numerisch identisch sein. Wir stehen damit vor der Situation, die Wittgenstein im *Tractatus* so beschreibt: »Von *zwei* Dingen zu sagen, sie seien identisch, ist ein Unsinn, und von *Einem* zu sagen, es sei identisch mit sich selbst, sagt gar nichts« (5.5303). Frege versucht dieses Dilemma im ersten Teil seines Aufsatzes »Über Sinn und Bedeutung« zu lösen und eine sinnvolle Erklärung informativer Identitätsaussagen der Form »a = b« zu geben:

»Die Gleichheit* fordert das Nachdenken heraus durch Fragen, die sich daran knüpfen und nicht ganz leicht zu beantworten sind. Ist sie eine Beziehung? eine Beziehung zwischen Gegenständen? oder zwischen Namen oder Zeichen für Gegenstände? Das letzte hatte ich in meiner Begriffsschrift angenommen. Die Gründe, die dafür zu sprechen scheinen, sind folgende: $a = a$ und $a = b$ sind offenbar Sätze von verschiedenem Erkenntniswert: $a = a$ gilt a priori und ist nach Kant analytisch zu nennen, während Sätze von der Form $a = b$ oft sehr wertvolle Erweiterungen unserer Erkenntnis enthalten und a priori nicht immer zu begründen sind. Die Entdeckung, daß nicht jeden Morgen eine neue Sonne aufgeht, sondern immer dieselbe, ist wohl eine der folgenreichsten in der Astronomie gewesen. Noch jetzt ist die Wiedererkennung eines kleinen Planeten oder eines Kometen nicht immer etwas Selbstverständliches. Wenn wir nun in der Gleichheit eine Beziehung zwischen dem sehen wollten, was die Namen ›*a*‹ und ›*b*‹ bedeuten, so schiene $a = b$ von $a = a$ nicht verschieden sein zu können, falls nämlich $a = b$ wahr ist. Es wäre hiermit eine Beziehung eines Dinges zu sich selbst ausgedrückt, und zwar eine solche, in der jedes Ding mit sich selbst, aber kein Ding mit einem anderen steht. Was man mit $a = b$ sagen will, scheint zu sein, daß die Zeichen oder Namen ›*a*‹ und ›*b*‹ dasselbe bedeuten, und dann wäre eben von jenen Zeichen die Rede; es würde eine Beziehung zwischen ihnen behauptet. Aber diese Beziehung bestünde zwischen den Namen oder Zeichen nur, insofern sie etwas benennen oder bezeichnen. Sie wäre eine vermittelte durch die Verknüpfung jedes der beiden Zeichen mit demselben Bezeichneten. Diese aber ist

* Ich brauche dies Wort im Sinne von Identität und verstehe »$a = b$« in dem Sinne von ›*a* ist dasselbe wie *b*‹ oder ›*a* und *b* fallen zusammen‹.

willkürlich. Man kann keinem verbieten, irgendeinen willkürlich hervorzubringenden Vorgang oder Gegenstand zum Zeichen für irgend etwas anzunehmen. Damit würde dann ein Satz $a = b$ nicht mehr die Sache selbst, sondern nur noch unsere Bezeichnungsweise betreffen; wir würden keine eigentliche Erkenntnis darin ausdrücken. Das wollen wir aber doch gerade in vielen Fällen. Wenn sich das Zeichen ›*a*‹ von dem Zeichen ›*b*‹ nur als Gegenstand (hier durch die Gestalt) unterscheidet, nicht als Zeichen; das soll heißen: nicht in der Weise, wie es etwas bezeichnet: so würde der Erkenntniswert von $a = a$ wesentlich gleich dem von $a = b$ sein, falls $a = b$ wahr ist. Eine Verschiedenheit kann nur dadurch zustande kommen, daß der Unterschied des Zeichens einem Unterschiede in der Art des Gegebenseins des Bezeichneten entspricht. Es seien *a*, *b*, *c* die Geraden, welche die Ecken eines Dreiecks mit den Mitten der Gegenseiten verbinden. Der Schnittpunkt von *a* und *b* ist dann derselbe wie der Schnittpunkt von *b* und *c*. Wir haben also verschiedene Bezeichnungen für denselben Punkt, und diese Namen (›Schnittpunkt von *a* und *b*‹, ›Schnittpunkt von *b* und *c*‹) deuten zugleich auf die Art des Gegebenseins, und daher ist in dem Satze eine wirkliche Erkenntnis enthalten.
Es liegt nun nahe, mit einem Zeichen (Namen, Wortverbindung, Schriftzeichen) außer dem Bezeichneten, was die Bedeutung des Zeichens heißen möge, noch das verbunden zu denken, was ich den Sinn des Zeichens nennen möchte, worin die Art des Gegebenseins enthalten ist. Es würde danach in unserem Beispiele zwar die Bedeutung der Ausdrücke ›der Schnittpunkt von *a* und *b*‹ und ›der Schnittpunkt von *b* und *c*‹ dieselbe sein, aber nicht ihr Sinn. Es würde die Bedeutung von ›Abendstern‹ und ›Morgenstern‹ dieselbe sein, aber nicht der Sinn.« (S. 40 ff.)

Frege geht also von Identitätsaussagen der Form »a = b«, z. B. »Der Abendstern ist der Morgenstern«, aus, die anders als die trivialen Identitätsaussagen der

Form »a = a« einen Erkenntniswert haben und normalerweise nicht a priori begründbar sind. Er faßt zunächst zwei Auffassungen der informativen Identitätsaussagen ins Auge.

(1) Es handelt sich um eine Beziehung zwischen dem, was die Zeichen »a« und »b« bezeichnen, d. h. um eine Beziehung eines Gegenstandes zu sich selbst. Diese Auffassung ist zwar richtig, kann jedoch das Spezifische der informativen Identitätsaussagen nicht erfassen.

(2) Es handelt sich, wie Frege selbst in der *Begriffsschrift* (§ 8) angenommen hatte, um eine Beziehung zwischen den Zeichen. Die Aussage »a = b« würde dann bedeuten, daß »a« und »b« denselben Gegenstand bezeichnen. Diese Möglichkeit verwirft Frege mit dem Argument, es sei willkürlich, welche Zeichen wir mit einem Gegenstand verknüpfen, und daher würde die so verstandene Aussage »nicht mehr die Sache selbst, sondern nur noch unsere Bezeichnungsweise betreffen; wir würden keine eigentliche Erkenntnis darin ausdrükken«. Frege schlägt daher eine dritte Möglichkeit vor, die seiner Meinung nach diesen Einwänden nicht ausgesetzt ist und das Phänomen informativer Identitätsaussagen erklären kann:

(3) Der Verschiedenheit der Zeichen »a« und »b« entspricht ein Unterschied in der »Art des Gegebenseins des Bezeichneten«. Hier führt Frege seine Unterscheidung zwischen Sinn und Bedeutung eines Zeichens ein, auf die wir schon in Kap. 9 hingewiesen haben. Ein sprachliches Zeichen wie »der Morgenstern« bezeichnet einen Gegenstand, nämlich den Planeten Venus (Freges »Bedeutung«), und es bezeichnet den Gegenstand dadurch, daß es ihn in einer bestimmten Gegebenheits-

weise meint, daß es einen bestimmten Sinn hat. Sinnvolle informative Identitätsaussagen sind deswegen möglich, weil singuläre Termini, deren Sinn verschieden ist, denselben Gegenstand bezeichnen können. Sie drücken zum einen ebenso wie die trivialen Identitätsaussagen die Beziehung eines Gegenstandes zu ihm selbst aus. Sie tun das jedoch so, daß das zweistellige Relationszeichen »=« durch zwei verschiedene singuläre Termini ergänzt wird, die den Gegenstand auf zwei verschiedene Weisen identifizieren; und weil die Aussagen diese zwei Identifizierungsweisen enthalten, haben sie einen informativen Wert.

10.4 Die Ausdrücke »a« und »b« in »a = b« sind Individuenkonstanten, d. h. Eigennamen. Freges Verständnis dieser Aussagen hängt von seiner Auffassung der Eigennamen ab, wonach Eigennamen gleichbedeutend mit Kennzeichnungen sind. Wir hatten jedoch in Kap. 9 gesehen, daß diese Beschreibungstheorie der Eigennamen unplausibel ist und von Kripke zu Recht kritisiert wird. Kripke kritisiert daher auch die auf der Beschreibungstheorie beruhende Fregesche Auffassung der Identitätsaussagen, die Eigennamen enthalten. Er selbst gibt allerdings keine explizite Erklärung des informativen Charakters der Identitätsaussagen der Form »a = b«, und wir werden daher fragen müssen, wie sich eine solche Erklärung unabhängig von der Beschreibungstheorie geben läßt. Kripke interessiert sich vor allem für die Frage, ob Identitätsaussagen notwendig oder kontingent sind. Er verwendet dabei, wie wir schon in Kap. 3 angedeutet haben, den Notwendigkeitsbegriff nicht gleichbedeutend mit dem Begriff des Analytischen oder Apriorischen, sondern bezeichnet als notwendig dasjenige, was nicht hätte anders sein können, was in allen möglichen Welten wahr ist, während er den Begriff des Apriori ungefähr in dem Sinn verwendet, wie wir ihn eingeführt haben, d. h. für dasjenige, was nicht empirisch, sondern durch Reflexion auf sprachliche Bedeutungen erkannt wird. Einer der Gründe für diese Trennung zwischen Notwendigkeit und Apriorität ist nun gerade Kripkes Auffassung der Identitätsaussagen:

»Sind solche Aussagen notwendig oder kontingent? Die Frage war in der neueren Philosophie einigermaßen umstritten. Erstens stimmt jeder zu, daß man durch die Verwendung von Beschreibungen kontingente Identitätsaussagen machen kann. Wenn es wahr ist, daß der Mann, der bifokale Gläser erfunden hat, der erste Postminister der Vereinigten Staaten war – daß diese ein und derselbe Mann waren –, dann ist es kontingenterweise wahr. Das heißt, es hätte der Fall sein können, daß ein bestimmter Mann die bifokalen Gläser erfunden hat und ein anderer der erste Postminister der Vereinigten Staaten war. Wenn Sie Identitätsaussagen mit Hilfe von Beschreibungen machen – wenn Sie sagen ›der x, für den gilt: φx, und der x, für den gilt: ψx, sind ein und derselbe‹ –, dann kann das also gewiß eine kontingente Tatsache sein. Philosophen waren jedoch auch an der Frage von Identitätsaussagen zwischen Namen interessiert. Wenn wir sagen ›Hesperus ist Phosphorus‹ oder ›Cicero ist Tullius‹, ist das Gesagte dann notwendig oder kontingent?« (*Name und Notwendigkeit*, S. 114 f.)

»Erstens stimmt es, daß jemand mit dem Namen ›Cicero‹ auf Cicero referieren kann und ebenfalls mit dem Namen ›Tullius‹ auf Cicero referieren kann, ohne daß er weiß, daß Cicero Tullius ist. Es scheint also, daß wir nicht unbedingt a priori wissen, daß eine Identitätsaussage zwischen Namen wahr ist. Es folgt hieraus nicht, daß die so ausgedrückte Aussage, wenn sie wahr ist, kontingent wahr ist. [Ich habe das in meinem ersten Vortrag betont.] Es gibt ein sehr starkes Gefühl, das einen zu denken veranlaßt, daß etwas, wenn man es nicht durch eine apriorische Überlegung erkennen kann, kontingent sein muß: es hätte sich erweisen können, daß es anders ist. Trotzdem denke ich, daß dieses Gefühl falsch ist.

Nehmen wir an, daß wir zweimal auf denselben Himmelskörper referieren, als ›Hesperus‹ und als ›Phosphorus‹. Wir sagen: Hesperus ist der Stern, der am Abend dort drüben steht; Phosphorus ist der Stern, der am Morgen dort drüben steht. Tatsächlich ist Hesperus Phosphorus. Gibt es wirklich Umstände, unter denen Hesperus nicht Phosphorus gewesen wäre? Nehmen wir an, daß Hesperus Phosphorus ist, und versuchen wir eine mögliche Situation zu beschreiben, in der er es nicht gewesen wäre. Nun, das ist ganz einfach. Jemand geht vorbei, und er nennt zwei *verschiedene* Sterne ›Hesperus‹ und ›Phosphorus‹. Das könnte sogar geschehen, wenn dieselben Bedingungen herrschen wie bei unserer Einführung der Namen ›Hesperus‹ und ›Phosphorus‹. Doch sind das Bedingungen, unter denen Hesperus nicht Phosphorus ist oder nicht Phosphorus gewesen wäre? Das scheint mir nicht der Fall zu sein.

Ich bin natürlich an die Aussage gebunden, daß das nicht der Fall ist; ich bin deswegen daran gebunden, weil ich sage, daß Ausdrücke wie ›Hesperus‹ und ›Phosphorus‹, wenn sie als Namen verwendet werden, starre Bezeichnungsausdrükke sind. Sie referieren in jeder möglichen Welt auf den Planeten Venus. Daher ist auch in der genannten anderen möglichen Welt der Planet Venus der Planet Venus, und es ist gleichgültig, was irgend jemand anders in dieser anderen möglichen Welt gesagt hat. Wie sollten *wir* diese Situation beschreiben? Er kann nicht zweimal auf Venus gezeigt und sie im einen Fall ›Hesperus‹ und im anderen Fall ›Phosphorus‹ genannt haben, wie wir es getan haben. Wenn er es getan hätte, dann wäre ›Hesperus ist Phosphorus‹ auch in dieser Situation wahr gewesen. Vielleicht hat er beidemal nicht auf den Planeten Venus gezeigt – zumindest hat er das eine Mal nicht auf den Planeten Venus gezeigt, sagen wir in dem Fall, in dem er auf den Körper zeigte, den er ›Phosphorus‹ nannte. Dann können wir in diesem Fall sicherlich sagen, daß es hätte sein können, daß der Name ›Phosphorus‹ nicht auf Phosphorus referierte. Wir können sogar sagen, daß es hinsichtlich genau der Position, in der wir Phosphorus am Morgen fanden, hätte sein können, daß Phosphorus sich nicht an ihr befand – daß sich etwas anderes an ihr befand und daß es sogar hätte sein können, daß dieses andere unter bestimmten Umständen ›Phosphorus‹ *genannt* worden wäre. Doch das ist immer noch nicht ein Fall, in dem Phosphorus nicht Hesperus war. Es könnte eine mögliche Welt, eine mögliche kontrafaktische Situation geben, in der ›Hesperus‹ und ›Phosphorus‹ nicht Namen der Dinge wären, deren Namen sie faktisch sind. Und es hätte sogar jemand, wenn er die Referenz der Namen durch identifizierende Beschreibungen festgelegt hätte, genau dieselben identifizierenden Beschreibungen verwenden können, welche wir verwendet haben. Aber immer noch ist das kein Fall, in dem Hesperus nicht Phosphorus war. Denn einen solchen Fall hätte es nicht geben können, gegeben daß Hesperus Phosphorus ist.« (S. 118 ff.)

Versuchen wir Kripkes Thesen herauszuarbeiten. Kripke akzeptiert Freges Auffassung für diejenigen Identitätsaussagen, bei denen die beiden singulären Termini, durch die der Relationsausdruck »=« ergänzt wird, Kennzeichnungen sind; er weist zugleich darauf hin, daß diese Identitätsaussagen kontingent, d. h. nicht notwendig sind. Daß z. B. der Himmelskörper, den wir morgens da und da sehen, derselbe ist wie derjenige, den wir abends dort und dort sehen, könnte auch falsch sein. Eigennamen hingegen bezeichnen nach Kripke den Gegenstand einfachhin und unabhängig von bestimmten Gegebenheitsweisen. Kripke verwendet anstelle der Namen »Morgenstern« und »Abendstern«, mit denen man leicht bestimmte Kennzeichnungen verbinden könnte, die Namen »Phosphorus« und »Hesperus«, weil man hier nicht in Versuchung ist, Kennzeichnungen zu assoziieren (jedenfalls dann nicht, wenn man nicht zufällig Griechisch kann). Die Referenz dieser Namen wurde dann zwar festgelegt mittels einer Kennzeichnung, die, wie wir bei der Behandlung der singulären Termini gesehen haben, im grundlegenden Fall ein sortales Prädikat und einen deiktischen Ausdruck enthält (z. B. »der Himmelskörper, den du jetzt dort siehst«), aber diese Kennzeichnung ist nicht die Bedeutung des Namens. Der Name »Phosphorus« steht, wie Kripke es ausdrückt, für einen bestimmten Gegenstand in allen möglichen Welten, d. h. unabhängig von jeweiligen Gegebenheitsweisen, und ebenso der Name »Hesperus«. Im Falle dieser beiden Namen ist der Gegenstand, für den sie stehen, ein und derselbe, und dieser Gegenstand hätte als der Gegenstand, der er ist, nicht ein anderer sein können, und daher, so Kripke, ist es notwendig, daß Phosphorus = Hesperus, obwohl wir diese Identität nicht a priori erkennen können, da die Namen gar keine Bedeutung haben, die wir untersuchen könnten. Die Bedeutung der Identitätsaussagen »a = b«, die zwei verschiedene Eigennamen enthalten, entspricht daher nach Kripke letztlich der Bedeutung der trivialen Identitätsaussagen der Form »a = a«, da sie wie diese »die Relation zwischen einem Gegenstand und ihm selbst« (S. 125) ausdrücken.

10.5 Wenn wir es bei dieser Auskunft belassen, wird aber nicht deutlich, wieso wir überhaupt Identitätsaussagen mit Eigennamen verwenden und warum solche Aussagen informativ sein können.[1] Daß wir informative Identitätsaussagen unter Verwendung zweier Eigennamen machen können, liegt zunächst daran, daß ein und derselbe Gegenstand mehrere Eigennamen haben kann. Das wiederum ist deswegen möglich, weil konkrete Gegenstände komplexe Entitäten sind, die räumliche Teile und eine zeitliche Erstreckung haben und denen sich daher zu verschiedenen Zeitpunkten und aus verschiedenen Perspektiven Namen zuordnen lassen. Da wir die meisten Gegenstände nicht ständig durch Raum und Zeit verfolgen, kann es vorkommen, daß wir denselben Gegenstand zweimal taufen, ohne zu bemerken, daß es sich um ein und denselben Gegenstand handelt. Wie läßt sich dann feststellen, ob es sich um denselben oder um zwei verschiedene Gegenstände handelt, ob also eine Identitätsaussage mit zwei Eigennamen wahr oder falsch ist?

Wir haben in Kap. 9 gesehen, wie man den Gegenstand auffindet, für den ein Eigenname steht, nämlich durch Zurückverfolgung einer kausalen Kommunikationskette bis in die Taufsituation, in der der Name einem Gegenstand zugeordnet wurde, der in der Taufsituation durch den Ausdruck »dies F« (wobei »F« ein sortales Prädikat ist) identifiziert wird. Wollen wir nun z. B. die Identitätsaussage »Hesperus ist Phosphorus« verifizieren, dann müssen wir zunächst für beide Eigennamen den Gegenstand in der Taufsituation aufsuchen, in der er den Namen erhalten hat. Das führt uns im Beispiel von Phosphorus in eine Taufsituation, in der gesagt wurde: »Dieser Himmelskörper, den du jetzt wie auch sonst morgens dort siehst, heißt ›Phosphorus‹ «, und für Hesperus in eine Situation, in der gesagt wurde: »Dieser Himmelskörper, den du jetzt wie auch sonst abends dort siehst, heißt ›Hesperus‹ «. Wenn wir jetzt herausfinden wollen, ob Hesperus und Phosphorus ein und derselbe oder zwei verschiedene Himmelskörper sind, können wir offenbar nur so vorgehen, daß wir den Gegenstand, wie er in einer der beiden Taufsituationen gegeben ist, stetig durch Raum und Zeit verfolgen, um zu sehen, ob die andere Taufsituation tatsächlich ebenfalls innerhalb des kontinuierlichen raumzeitlichen Weges des Gegenstandes liegt oder nicht. Liegen beide Taufsituationen auf dem kontinuierlichen Weg ein und desselben F, dann ist die Identitätsaussage wahr.

Obwohl also Eigennamen nicht gleichbedeutend mit Kennzeichnungen sind, auch nicht mit besonderen Kennzeichnungen, die aus Raumzeit-Bestimmungen und sortalen Prädikaten bestehen, lassen sich informative Identitätsaussagen zwischen Eigennamen doch nicht ohne Bezugnahme auf diese besonderen Kennzeichnungen erklären, wie sich auch Eigennamen nicht ohne sie einführen lassen. Der Sinn einer informativen Identitätsaussage »a = b« kann nicht einfach darin aufgehen, daß der durch beide Namen bezeichnete Gegenstand mit sich selbst identisch ist. Die beiden Namen verweisen uns in zwei Taufsituationen, die nicht so beschaffen sind, daß wir beidesmal zwei Gegenstände in jeder Hinsicht vollständig vor uns hätten und nun sehen könnten, ob sie einer oder zwei verschiedene Gegenstände sind. Was wir jeweils in der Taufsituation vor uns haben, ist ein bestimmtes Raumzeit-Stadium eines

Gegenstandes der Art F. Allerdings benennen wir nicht das Raumzeit-Stadium, sondern den Gegenstand als etwas, wovon wir annehmen, daß es eine komplexe Einheit in Raum und Zeit ist. Gerade dadurch, daß wir immer nur Raumzeit-Abschnitte von Gegenständen vor uns haben, Gegenstände aber als komplexe Einheiten mit einem kontinuierlichen raumzeitlichen Weg auffassen, werden informative Identitätsaussagen zwischen Namen möglich. Sie besagen nicht, daß die beiden Raumzeit-Stadien eines Gegenstandes F, die wir in den beiden Taufsituationen vor uns haben, identisch sind, sondern vielmehr, daß diese Raumzeit-Abschnitte beide Bestandteile der kontinuierlichen Existenz ein und desselben unter dem sortalen Prädikat F verfolgbaren Gegenstandes sind. Auf diese Weise kommen wir zu einer einheitlichen Erklärung der informativen Identitätsaussagen. Sie drücken die Identität eines Gegenstandes mit ihm selbst so aus, daß der Gegenstand durch zwei singuläre Termini bezeichnet wird, die ihn durch verschiedene Gegebenheitsweisen identifizieren. Bei Identitätsaussagen mit Kennzeichnungen können dies beliebige Gegebenheitsweisen sein, bei Identitätsaussagen mit Eigennamen handelt es sich um besondere Gegebenheitsweisen, nämlich um Raumzeit-Stadien.

Triviale Identitätsaussagen der Form »a = a« stellen einen Grenzfall von Identitätsaussagen dar, der zwar sinnvoll ist, aber keinen informativen Gehalt hat. Solche Aussagen drücken nur noch die Relation aus, in der ein Gegenstand allein zu sich selbst und zu keinem anderen Gegenstand steht. Den Sinn solcher Aussagen kann man sich vielleicht leichter vom negativen Fall, von Aussagen der Form »a ≠ b« her klarmachen. Diese negative Aussage, daß a ungleich b ist, hat den Sinn, daß a ein von b numerisch verschiedener Gegenstand ist, d. h. daß wir es bei a und b mit zwei Gegenständen zu tun haben. Und jetzt kann man sagen: Wie a von allen anderen Gegenständen numerisch verschieden ist, so ist es mit sich selbst identisch, und d. h. mit sich selbst numerisch dasselbe, d. h. ein als eines zählbarer Gegenstand. Die Aussage, daß etwas mit sich selbst identisch ist, entspricht also der Aussage, daß es ein ausgegrenzter einzelner Gegenstand ist.

Anmerkung

1 Zum Folgenden vgl. auch Quine, »Identity, Ostension and Hypostasis«, sowie Quine, *Grundzüge der Logik*, § 35.

Literaturhinweise

Frege, »Über Sinn und Bedeutung«, S. 40 f.
Quine, »Identity, Ostension and Hypostasis«.
Wiggins, *Identity and Spatio-Temporal Continuity*.
Kripke, »Identity and Necessity«.
– »Naming and Necessity«.
Wiggins, *Sameness and Substance*.

11 Existenz

In Kap. 6 ergab sich, daß partikuläre generelle Sätze den Charakter von Existenzsätzen haben: »Einige Ameisen sind giftig« heißt so viel wie »Es gibt giftige Ameisen« bzw. »Giftige Ameisen existieren«. Im Symbolismus der modernen Logik erscheint dieses »Existieren« im sogenannten Existenzquantor: »Es gibt Einhörner« = »Einhörner existieren« wird symbolisiert durch »(∃x)(Einhörner x)«. Es stellt sich nun die Frage, ob das nur ein besonderer Sinn von »Existenz« ist oder ob damit der Sinn dessen, was wir überhaupt unter »Existenz« verstehen, erfaßt ist. Wenn das, was wir mit »existieren« meinen, adäquat durch den Existenzquantor wiedergegeben ist, müssen wir folgern, daß das Wort »existieren« in Sätzen wie »Einhörner existieren« zwar grammatisch ein Prädikat ist, aber nicht semantisch (vgl. 6.3). Denn der Existenzquantor ist kein genereller Terminus. Außerdem wäre es dann nicht mehr sinnvoll, von einem Individuum zu sagen, daß es existiert (ist), denn der Existenzquantor kann nur mit einem generellen Terminus verbunden werden.

Spricht das nicht gegen den logischen Symbolismus als einer angemessenen Wiedergabe unseres Verständnisses von »Existenz«? Denn scheinbar sind es insbesondere Individuen, von denen wir Existenz prädizieren. Aber stimmt das eigentlich? Ist es sinnvoll zu sagen »ich existiere«, »ich bin«, »dies existiert«, »dies ist«? Dann müßte auch die Negation dieses Satzes sinnvoll sein. Was sollte ein Satz wie »Ich existiere nicht« für einen Sinn haben? Man könnte meinen, das liege an der besonderen Bedeutung von »ich« (und »dies«). Aber auch bei einem Satz wie »Herr N. N. existiert nicht« geraten wir in Schwierigkeiten. Sagen wir hier noch etwas *über* Herrn N. N. aus? Aber wenn wir das tun, setzen wir dann nicht voraus, daß er existiert? Es scheint also nicht erst der logische Symbolismus zu sein, der Schwierigkeiten bereitet. Unser natürliches Verständnis von Existenz ist undurchsichtig.

11.1 Zur Vorgeschichte

In der Tradition wurde unterschieden zwischen Sein als Kopula (relatives Sein: eine Bestimmung wird relativ auf etwas anderes gesetzt) und Sein im absoluten Sinn, wo wir einfachhin von einem Ding sagen, es sei (Sein im Sinn von »Dasein« oder »Existenz«).[1] Bei einem Ding wurde unterschieden zwischen *essentia* (was das Ding ist) und *existentia* (ob es ist). Diese Tradition reicht aber nur bis ins Mittelalter zurück. Aristoteles hatte diesen Existenzbegriff noch nicht. Tatsächlich ergab sich das Erfordernis der Rede von der Existenz von Individuen erst im Zusammenhang mit zwei theologischen Fragestellungen: (1) Mit Bezug auf Gott liegt die Frage nahe: existiert er? Wir haben, so wurde gesagt, einen Begriff von ihm (eine Vorstellung von seiner Essentia), aber existiert er? (2) Es ist Gott, der den Individuen Sein (also ihre Existenz) verleiht.[2] Beide Fragestellungen legen eine Unterscheidung zweier Ebenen des Seins nahe: die des bloß Möglichen und die des wirklich Seienden. Bei (1): Gott ist in meiner Vorstellung etwas Mögliches, aber ist er wirklich? Bei (2): Die Individuen sind zunächst bloße Möglichkeiten, die erst von Gott ins Sein überführt werden. Eine besondere Bedeutung kam in diesem Zusammenhang dem sogenannten »ontologischen Gottesbeweis« zu. Er stammt von Anselm von Canterbury. In der Gestalt, in der er von Descartes erneuert wurde,[3] hat er folgende Form: Der Begriff von Gott ist der Begriff eines vollkommenen Wesens. Dieser Begriff umfaßt daher auch die Existenz. In dem Gedanken von Gott ist daher die Existenz schon impliziert. Also existiert er.

In seiner Widerlegung dieses Gottesbeweises sagt Kant in der *Kr.d.r.V.* (B 626 f.):

> »*Sein* ist offenbar kein reales Prädikat, d. i. ein Begriff von irgend etwas, was zu dem Begriffe eines Dinges hinzukommen könne. [...] Der Satz ›Gott ist allmächtig‹ enthält zwei Begriffe, die ihre Objekte haben: Gott und Allmacht; das Wörtchen ›ist‹ ist nicht noch ein Prädikat obenein, sondern nur das, was das Prädikat beziehungsweise aufs Subjekt setzt. Nehme ich nun das Subjekt (Gott) mit allen seinen Prädikaten (worunter auch die Allmacht gehört) zusammen, und sage: ›Gott ist‹ oder ›es ist ein Gott‹, so setze ich kein neues Prädikat zum Begriffe von Gott, sondern nur das Subjekt an sich selbst mit allen seinen Prädikaten, und zwar den *Gegenstand* in Beziehung auf meinen *Begriff*. Beide müssen genau einerlei enthalten, und es kann daher zu dem Begriffe, der bloß die Möglichkeit ausdrückt, darum, daß ich dessen Gegenstand als schlechthin gegeben (durch den Ausdruck: er ist) denke, nichts weiter hinzukommen. Und so enthält das Wirkliche nichts mehr als das bloß Mögliche.«

Wir finden also bereits bei Kant die Auffassung, daß die Existenz kein Prädikat im nicht-grammatischen Sinn ist. Hier wird damit freilich lediglich gemeint: die Existenz ist nicht ihrerseits eine begriffliche Bestimmung, wie sie der ontologische Gottesbeweis voraussetzt. Gleichwohl operiert auch Kant hier noch mit der Vorstellung, daß die Existenz etwas ist, was zu dem Ding, das zunächst als Mögliches vorausgesetzt wird, hinzukommt. In einer früheren Abhandlung, die sich ebenfalls mit dem Gottesbeweis beschäftigt, ist Kant aber bereits einen Schritt weitergegangen:

> »Es ist daher kein völlig richtiger Ausdruck zu sagen: Ein See-Einhorn ist ein existierend Tier, sondern umgekehrt: einem gewissen Seetiere kommen die Prädikate zu, die ich an einem Einhorn zusammen denke. Nicht: regelmäßige Sechsecke existieren in der Natur, sondern: gewissen Dingen in der Natur, wie den Bienenzellen oder dem Bergkristall kommen die Prädikate zu, die in einem Sechsecke beisammen gedacht werden.«[4]

Kant nimmt hier die moderne Auffassung, derzufolge »existieren« nicht nur kein reales, vielmehr semantisch gesehen überhaupt kein Prädikat ist, sondern durch den Existenzoperator zum Ausdruck gebracht werden kann, vorweg. Sätze wie »Einhörner existieren« sind irreführend, weil sie den Eindruck erwecken, als würden wir von den (möglichen) Einhörnern die Existenz prädizieren. Was mit solchen Sätzen gemeint ist, wird deutlicher faßbar, wenn wir so umformulieren, wie Kant angibt, also sagen: gewissen Dingen in der Natur kommen die Prädikate zu, die die Voraussetzung dafür sind, daß wir etwas als Einhorn bezeichnen. Kant weist hier also darauf hin, daß Existenzsätze eigentlich als partikuläre Sätze aufzufassen sind.
Diese Auffassung erscheint zwingend aus einem Grund, den Kant hier andeutet und der entscheidender ist als die Begründungen, die gewöhnlich in der neueren Lite-

ratur gegeben werden. Kant schreibt vor dem eben angeführten Zitat:

> »Daher man auch, um die Richtigkeit dieses Satzes von dem Dasein einer solchen Sache darzutun, nicht in dem Begriffe des Subjekts sucht. [...] Ich habe, sagt man, es gesehen oder von denen vernommen, die es gesehen haben.«

Kant unterstellt hier also, daß wir die Semantik eines solchen Satzes nur verstehen, wenn wir uns fragen, wie wir seine »Richtigkeit« (Wahrheit) »dartun« können. Um festzustellen, ob der Satz »Einhörner existieren« wahr ist, untersuchen wir nicht die (möglichen) Einhörner daraufhin, ob auf sie das Prädikat der Existenz zutrifft, sondern wir untersuchen die Tiere in der realen Welt daraufhin, ob einige von ihnen Einhörner sind. Man vergleiche die beiden Sätze (1) »Schafe blöken« und (2) »Schafe existieren«. Um die Wahrheit von (1) festzustellen, müssen wir Schafe beobachten. Um die Wahrheit von (2) festzustellen, ist es sinnlos, Schafe zu beobachten, denn die möglichen Schafe können wir nicht beobachten, und wenn wir die wirklichen Schafe beobachten, haben wir ihre Existenz bereits unterstellt. Gleichwohl gründet sich die Wahrheit von (2) auf Beobachtung, aber eben nicht von Schafen.

11.2 Russells Auffassung von Existenzsätzen

Der *locus classicus* für die moderne Auffassung von Existenzsätzen ist Russells Aufsatz »On Denoting« (1905). Eine einfachere Darstellung seiner Auffassung hat Russell in seinen Vorlesungen über *The Philosophy*

of Logical Atomism (1918) gegeben (vgl. auch seine *Introduction to Mathematical Philosophy*, § 16). Eine besonders lesenswerte und von manchen Skurrilitäten von Russell freie Darstellung des wesentlichen Grundgedankens findet man bei Quine auf den ersten Seiten seines Aufsatzes »On what there is«. Zusammenfassende Darstellungen finden sich bei Carl und Specht.
Der Grund, warum Russell meinte, die Möglichkeit, das Wort »existiert« als Prädikat zu verstehen, verwerfen zu müssen, ist, daß man sonst genötigt ist, von nichtexistierenden Gegenständen zu sprechen (auch für Quine ist das der entscheidende Grund). Wir haben schon gesehen, daß in der vorkantischen Tradition diese nichtexistierenden Gegenstände als mögliche Gegenstände aufgefaßt wurden. Russell hatte die traditionelle Auffassung in einer Form vor sich, die von dem österreichischen Philosophen Meinong vertreten worden war und die Russell selbst noch in seinen *Principles of Mathematics* (1903) vertreten hatte. Russell hat Meinong so verstanden, als behaupte er: wenn wir von einem Gegenstand A fragen, ob er existiert oder nicht, dann unterstellen wir allemal, daß er in einem bestimmten Sinn ist, denn sonst könnten wir gar nicht von ihm reden. Es ist offen, ob er existiert, aber er muß doch irgendwie sein, und dieses Sein meinte Russell mit Meinong als »Subsistenz« zu bezeichnen. In Wirklichkeit war Meinongs Auffassung ein wenig anders. Er behauptete: Wir können von Gegenständen reden, ohne ihnen irgendein Sein zu imputieren. Sie haben dann ein »Außersein«. Die Position ist so oder so schwierig: es erscheint kaum sinnvoll, wie Meinong dachte, von einem Gegenstand zu reden, dem keinerlei

Sein zukommt. Und es erscheint ebensowenig sinnvoll, einem Gegenstand ein bestimmtes Sein zuzusprechen, das er nur haben muß, damit man ihm die Existenz entweder zu- oder absprechen kann. Gleichwohl kann man sich fragen, ob das wirklich entscheidende Gründe sind, um »existiert« nicht als Prädikat aufzufassen, und ob nicht der eigentlich entscheidende Grund vielmehr der am Ende von 11.1 genannte ist.

Russell geht in drei Schritten vor. Der erste betrifft generelle Existenzsätze (»Einhörner existieren«), der zweite individuelle Existenzsätze mit Kennzeichnungen (»Der Verfasser der *Ilias* existiert«), der dritte individuelle Existenzsätze mit Eigennamen (»Homer existiert«). Er verwendet dabei das Wort »existiert« in einem zeitlosen Sinn. »Homer existiert« heißt also nicht »Homer existiert jetzt«, sondern »Homer existiert irgendwann« (er existiert oder existierte oder wird existieren).

Russells Beweisziel ist, zu zeigen, daß in allen diesen Fällen das Wort »existieren« semantisch nicht als Prädikat, sondern als Existenzoperator zu verstehen ist. Für generelle Existenzsätze ist das einfach zu zeigen. Russell vertritt hier ganz explizit die Auffassung, die wir im Ansatz in Kants Abhandlung »Der einzig mögliche Beweisgrund zu einer Demonstration des Daseins Gottes« gefunden haben.[5]

Diese Auffassung auch auf individuelle Existenzaussagen zu übertragen, ist nun aber sehr einfach für den Fall, daß der singuläre Terminus eine Kennzeichnung ist. Wenn »Einhörner existieren« so viel besagt wie »Unter allen Gegenständen gibt es einige, die Einhörner sind«, so liegt es nahe, »Der Verfasser der *Ilias* existiert« so zu verstehen, daß damit gemeint ist »Unter allen Gegenständen gibt es einen, der die *Ilias* verfaßt hat«. – Im symbolischen Formalismus müssen wir hier dem Umstand Rechnung tragen, daß nicht mehr von »einigen« (mindestens einer) die Rede ist, sondern von »einem« (genau einem). Das geschieht so: $(\exists x)[Fx \wedge (y)(Fy \supset y=x)]$. Wieder muß man sagen: diese Auffassung hat alle Vorzüge, die schon der entsprechenden Auffassung der generellen Existenzsätze zukamen: Wir brauchen nicht mehr von einem möglichen oder subsistierenden oder außerseienden Verfasser der *Ilias* zu sprechen, den wir daraufhin untersuchen, ob ihm die Existenz zukommt oder nicht.

Wie ist es nun mit »Homer existierte«? Hier greift Russell auf Freges Auffassung zurück, derzufolge ein Eigenname auf Kennzeichnungen basiert. Wenn wir fragen, ob es Homer gab, meinen wir ungefähr, ob es eine (einzige) Person gab, auf die diejenigen Prädikate zutreffen, die wir mit dem Namen »Homer« verbinden, also z. B., ob es eine (einzige) Person gab, die die *Ilias* und die *Odyssee* verfaßte. Russell schreibt resümierend:

> »Es gibt eine umfangreiche Menge von Philosophie, die davon ausgeht, daß der Begriff der Existenz sozusagen eine Eigenschaft ist, die man Dingen zusprechen kann, und daß die Dinge, die existieren, diese Eigenschaft haben, und die Dinge, die nicht existieren, sie nicht haben. Das ist Quatsch, egal ob man an Arten von Gegenständen denkt oder an individuelle Gegenstände. Wenn ich z. B. sage ›Homer existierte‹, meine ich mit ›Homer‹ eine Beschreibung, z. B. ›der Autor der Homerischen Gedichte‹, und ich behaupte, daß diese Gedichte von einem Mann geschrieben wurden, was eine sehr zweifelhafte Behauptung ist; aber wenn man der Person habhaft werden könnte, die diese Gedichte

wirklich geschrieben hat (vorausgesetzt, daß es eine solche Person gab), dann wäre es Unsinn, von dieser Person zu sagen, daß sie existierte: nicht falsch, sondern Unsinn, denn man kann nur von Personen unter einer Beschreibung sinnvollerweise sagen, daß sie existieren.«[6]

Die Richtigkeit dieser letzten Behauptung von Russell scheint sich daran zu bestätigen, daß es, sobald wir von einer Person (oder irgendeinem Gegenstand) nicht mittels einer Beschreibung (Kennzeichnung) sprechen (»der so-und-so ...«), sondern auf sie (bzw. ihn) zeigen können (»dies ...«), nicht mehr sinnvoll scheint zu sagen, daß sie nicht existiert, und also auch nicht, daß sie existiert. – Oder doch? Erstens: Kann ich nicht auf etwas zeigen, von dem ich unsicher bin, ob es nur mein Hirngespinst ist oder ein wirklicher Gegenstand? Wie ist dann aber der Satz »Dies ist/ist wirklich« zu verstehen? Vgl. 11.3.2. Und zweitens: Wenn es auch nicht sinnvoll zu sein scheint zu sagen »Ich existiere (nicht)«, ist es nicht sinnvoll zu sagen »Ich werde (nicht) existieren«? Vgl. 11.3.3.

11.3 Offene Fragen

Die zuletzt genannten Fragen zeigen schon, daß Russells Theorie keineswegs alle Schwierigkeiten löst, die mit dem Wort »existiert« verbunden sind. Auch wenn man Russells Auffassung in einem Kernbereich überzeugend findet, läßt sie verschiedene Fragen offen, die in der seitherigen Literatur umstritten und zum Teil noch kaum geklärt sind. Im folgenden sollen drei Problemkomplexe bezeichnet werden.

11.3.1 *Interne und externe Existenz.* Wir hatten in Kap. 6, Anm. 6, gesehen, daß die Verwendung der Quantoren jeweils einen umfassenderen Gegenstandsbereich voraussetzt, der in dem »x« impliziert ist. Wenn ich sage »Von allen x oder von einigen x gilt . . .«, so ist die Frage: Was alles ist denn mit »x« gemeint? Wenn wir z. B. sagen »Jedes: wenn es eine Ameise ist, ist es giftig«, was alles umfaßt das Wort »jedes«? Alle Tiere? Oder alle Gegenstände in Raum und Zeit? Oder können wir noch allgemeiner von allen Gegenständen überhaupt sprechen? Ist nicht jede Existenzfrage relativ zu verstehen zu einem bestimmten Gegenstandsbereich? Wenn wir z. B. fragen, ob es Einhörner gibt, so scheint das doch zu heißen, ob es unter allen materiellen Gegenständen einige gibt, die Einhörner sind. Wir können den vorausgesetzten Gegenstandsbereich eventuell einschränken und ebensogut sagen, der vorausgesetzte Gegenstandsbereich ist der der Tiere. Aber können wir ihn beliebig weit ausdehnen? Können wir den Gegenstandsbereich so weit fassen, daß er neben den raumzeitlichen auch die abstrakten Gegenstände umfaßt?

Sowohl eine positive wie eine negative Antwort auf diese Frage führt in Schwierigkeiten. Angenommen, wir beantworten die Frage positiv.[7] Nun hatten wir am Ende von 11.1 gesehen, daß die Wahrheitsbedingung eines Existenzsatzes auf einen Bereich von Gegenständen verweist, der daraufhin untersucht werden kann, ob auf einige Gegenstände der in diesem Satz enthaltene generelle Terminus zutrifft. Es erscheint sinnvoll, den Bereich aller raumzeitlichen Gegenstände oder auch den Bereich aller Zahlen als einen solchen Untersuchungs- bzw. Verifikationsbereich anzusehen, nicht

aber den Bereich aller Gegenstände überhaupt. Es scheint also verschiedene umfassende Gegenstandsbereiche zu geben, die nicht mehr unter einen einheitlichen Bereich fallen.
Von dieser zuletzt genannten Voraussetzung geht Carnap aus, wenn er »interne« und »externe« Existenzfragen unterscheidet.[8] Mit einer internen Existenzfrage ist eine Frage über die Existenz innerhalb eines Gegenstandsbereichs gemeint, z. B. »Gibt es Einhörner?« (im Bereich raumzeitlicher Gegenstände), »Gibt es eine Primzahl zwischen m und n?« (im Bereich der Zahlen). Solche internen Existenzsätze wären so zu verstehen, wie Russell sie erklärt hat. Externe Existenzsätze hingegen wären Sätze, die die Existenz eines ganzen Gegenstandsbereichs betreffen, z. B. »Es gibt Zahlen« = »Zahlen existieren«, »Es gibt materielle Gegenstände«, »Es gibt Begriffe«. Wie ist nun aber hier das Wort »existiert« (oder »es gibt«) zu verstehen? Wenn es noch den von Russell erklärten Sinn haben soll – also dem Existenzoperator entspricht –, müßten wir jenen umfassenderen Gegenstandsbereich voraussetzen, der nach der eben verworfenen Auffassung unterstellt war. Aber gerade aus der jetzigen Fragestellung erscheint das höchst unplausibel, denn es ist nicht sinnvoll zu sagen, daß wir *die* Gegenstände *überhaupt* daraufhin untersuchen können, ob einige von ihnen Zahlen sind. Hat dann also »existieren« hier einen anderen Sinn? Die Frage ist ungeklärt.[9]

11.3.2 *Imaginäre und reale Existenz*. Es gibt außer der realen Welt Erzähl- und Romanwelten, Phantasiewelten, Traumwelten. Diese Welten sind in einem doppelten Sinn bezogen auf die reale Welt. Erstens sind es reale Personen, die träumen, Phantasien haben, sich Geschichten erzählen. Zweitens ist das, *was* erzählt, phantasiert usw. wird, in seinen Strukturen analog zur realen Welt: Es sind Als-ob-Welten. Eine Rede, die fiktiv gemeint ist, enthält dieselben Aussagestrukturen wie eine Rede, die real gemeint ist: prädikative Sätze, Existenzsätze usw. Nehmen wir z. B. die Geschichte der *Ilias*. In dieser Geschichte ist von verschiedenen Personen die Rede. In der Welt dieser Geschichte »gibt es« diese Personen, z. B. Agamemnon. Dieses »es gibt« kann durchaus in Russells Sinn verstanden werden: unter allen Personen, die in dieser Geschichte vorkommen, gibt es genau eine, die »Agamemnon« heißt. Während die Frage, ob es in der realen Welt eine bestimmte Person gibt, auf Beobachtung verweist, ist die Frage, ob in der *Ilias* Agamemnon existiert (»vorkommt«), einfach am Text zu verifizieren.

Nun ergibt sich aber ein besonderes Problem, wenn wir von einer Phantasiewelt zur realen Welt übergehen. Wir können z. B. fragen »Hat Agamemnon (wirklich) existiert?« Hier wird »existiert« in einem emphatischen Sinn verwendet, der sich erstens ausschließlich auf die reale Welt bezieht und zweitens das in ihr Existierende mit dem, was in einer bloßen Phantasiewelt existiert, kontrastiert. Dabei sieht es so aus, als ob wir nun doch einem Gegenstand, der zunächst in einer schwächeren Seinsweise vorausgesetzt ist (dem in der *Ilias* vorkommenden Agamemnon), die Existenz als Prädikat zusprechen.

Wie Alston gezeigt hat,[10] ist das nur ein Schein. Wieder müssen wir uns fragen, welches die Wahrheitsbedingung für die Aussage ist »Agamemnon kommt nicht nur in der Dichtung vor, sondern existierte wirklich«. Wie stellen wir die Wahrheit dieser Aussage fest? Nicht, indem wir den Agamemnon der Dichtung untersuchen und fragen, ob *ihm* die reale Existenz zukommt, sondern indem wir die reale Geschichte untersuchen und fragen, ob in *ihr* eine Person vorkam, die dem Agamemnon der Dichtung *entspricht*.

In analoger Weise müßte man versuchen, die erste der am Ende von 11.2 gestellten Fragen zu beantworten. »Ist das nur ein Gegenstand meiner Träume oder meiner Einbildung, oder existiert er in Wirklichkeit?« ist eine Frage, die beantwortet wird durch Beobachtung an der realen Welt.

11.3.3 *Temporale Existenz*. In 11.2 wurde darauf hingewiesen, daß Russell das Wort »existiert« in einem zeitlosen Sinn verwendet. Damit ist aber eine wesentliche Komponente dessen, was wir mit »existieren« meinen, abgeblendet. Wie läßt sich diese Komponente verstehen? Es empfiehlt sich wieder, zur Klärung des Sinns der betreffenden Aussagen sich daran zu orientieren, was ihre Negationen besagen. Die Negation von »H. existiert (zeitlos, bzw. irgendwann)« ist »H. existiert zu keiner Zeit«, und das hieß nach Russells Erklärung dieses Satzes »Es ist nicht der Fall, daß unter allen Personen (die es je gab) eine H. ist«. Die Negation von »H. existiert (jetzt)« ist hingegen »H. existiert nicht jetzt«, und das legt nahe: »H. existiert zu einem anderen Zeitpunkt«.

Im Unterschied zur Existenz z. B. einer Zahl ist es charakteristisch für die Existenz eines materiellen

Gegenstandes, daß der Gegenstand zu einem bestimmten Zeitpunkt t_1 entsteht, während einer bestimmten Zeitstrecke $t_1 - t_n$ im Raum anwesend ist und zu einem Zeitpunkt t_n vergeht. Die Existenz im temporalen Sinn steht also für ein Anwesendsein im Raum während einer bestimmten Zeit. Diese Formulierung legt es nahe, dieses »existieren« im temporalen Sinn als ein zweistelliges Prädikat anzusehen, das für eine Relation zwischen dem Individuum und einer (oder mehreren) Zeitstelle(n) steht. Das würde bedeuten, daß sich in unserer Rede von »Existenz« zwei verschiedene Begriffe verbunden hätten, einer, der (mit Russell) durch den Existenzquantor zum Ausdruck zu bringen ist, und ein zweiter, der für eine Relation steht.

Aber eine solche Auffassung scheitert an derselben Schwierigkeit wie die traditionelle Auffassung von Existenzsätzen. Wenn wir nämlich von Peter H. sagen, er existierte (lebte) vom 5. Juli 1896 bis 7. Februar 1944, was gilt dann von ihm vor und nach diesen Daten? Sollen wir sagen: Er lebt (existiert) dann noch nicht, bzw. nicht mehr? Aber was tut er dann? Diese Frage legt sich offenbar bei einer solchen Redeweise nahe, würde aber dazu führen, daß alle materiellen Gegenstände vor und nach ihrem Anwesendsein im Raum irgendeine Quasi-Existenz fristen.

Diese Überlegung weist darauf hin, daß das temporale »existiert« nicht für eine Relation steht und daß es überhaupt kein genereller Terminus ist, weder ein einstelliger noch ein zweistelliger. Denn die Anwendung eines generellen Terminus auf einen Gegenstand setzt immer voraus, daß wir den Gegenstand schon unabhängig von dieser Anwendung identifizieren können. Das ist aber bei der temporalen Existenz nicht möglich. Ein Gegenstand ist nicht zuerst der Gegenstand, der er ist, und ist dann zu bestimmten Zeiten im Raum anwesend, sondern er konstituiert sich als der identifizierbare, der er ist, erst in diesem Anwesendsein. Somit bestätigt sich Russells Grundthese, daß »existiert« im logisch-semantischen Sinn kein Prädikat ist, auch für die temporale Existenz. Aber wie ist diese dann positiv zu verstehen? Das ist heute noch ungeklärt.[11]

Anmerkungen

1 Kant, »Der einzig mögliche Beweisgrund zu einer Demonstration des Daseins Gottes«, S. 73.
2 Vgl. Gilson, *L'être et l'essence*, Kap. 3.
3 Descartes, *Meditationes de prima philosophia*, 5. Meditation.
4 Siehe Anm. 1.
5 Vgl. auch Frege, *Grundlagen der Arithmetik*, § 53. Eine ausführliche Erörterung des Existenzbegriffs findet sich in Freges Nachlaß »Dialog mit Pünjer über Existenz«.
6 Russell, *Logic and Knowledge*, S. 252.
7 So Quine, vgl. *From a Logical Point of View*, S. 105.
8 Vgl. Carnap, »Empiricism, Semantics and Ontology«.
9 Die neueste Untersuchung, die dieser Frage gewidmet ist, ist Zimmermann, *Der »Skandal der Philosophie« und die Semantik*.
10 Alston, »The Ontological Argument Revisited«.
11 Für einen Versuch zur Beantwortung dieser Frage vgl. Tugendhat, »Existence in Space and Time«. Auch die temporale Existenz, so ist die dortige These, kann nur mit Hilfe des Existenzquantors verstanden werden, der dabei freilich so modifiziert wird, daß der generelle Satz, der die

Form annimmt »An dieser Stelle gibt es jetzt genau ein F, und dieses sei ›Peter‹ genannt«, das Fundament für den singulären Satz »Peter ist hier anwesend« abgibt. Wenn Peter stirbt, verliert nicht er die Existenz (und bliebe somit als nichtexistierender noch irgendwie erhalten), sondern: es gibt nach seinem Tod nirgendwo im Raum mehr einen Gegenstand, der in Kontinuität mit jenem steht, der als Peter bezeichnet worden war.

Literaturhinweise

Russell, *The Philosophy of Logical Atomism*, Kap. 5.
Moore, »Is Existence a Predicate?«.
Quine, »On What There Is«.
Carnap, »Empiricism, Semantics and Ontology«.
Alston, »The Ontological Argument Revisited«.
Specht, *Sprache und Sein*.
Carl, *Existenz und Prädikation*.
Tugendhat, »Existence in Space and Time«.
Zimmermann, *Der »Skandal der Philosophie« und die Semantik*.

12 Sein, Negation, Affirmation

12.1 Existenz, Identität und Kopula

Die in den beiden letzten Abschnitten behandelten Begriffe – Existenz und Identität – stehen traditionellerweise für zwei Bedeutungen von »Sein«. Identitätssätze bringen wir meist mit dem Wort »ist« zum Ausdruck. »Der Abendstern ist identisch mit dem Morgenstern« ist nur eine umständliche Formulierung für »Der Abendstern ist der Morgenstern«. Weniger eindeutig ist, daß man statt »existiert« »ist« sagen kann. Immerhin kann man statt »Gott existiert« auch »Gott ist«, statt »Ich existiere« auch »Ich bin« sagen; aber bei anderen Existenzsätzen erscheint die Übersetzung in Seinssätze im Deutschen künstlich: »Einhörner sind«?
Vergleichen wir die Verwendung des Wortes »ist« in den Sätzen:

(1) Gott ist.
(2) Der Abendstern ist der Morgenstern ($a = b$).
(3) Der Abendstern ist ein Planet (Fa).

In (1) ist das Wort »ist« grammatisch das Prädikat, aber wir haben in Kap. 11 gesehen, daß es semantisch kein Prädikat ist. In (2) und (3) hingegen ist es grammatisch nur ein Teil des Prädikats (der Verbalphrase). Es ist nun wichtig zu sehen, daß das Wort »ist« in (2) sich von dem Wort »ist« in (3) semantisch unterscheidet. In (2) stehen auf beiden Seiten singuläre Termini; in (3) steht nur auf der einen Seite ein singulärer, auf der anderen Seite ein genereller Terminus. Man sollte daher nur das »ist« in (3) als Kopula bezeichnen. Ein Satz der Form (3) bringt zum Ausdruck, daß ein Gegenstand (a) unter einen Begriff (F) fällt, ein Satz der Form (2) hingegen bringt zum Ausdruck, daß der durch »a« bezeichnete Gegenstand identisch ist mit dem durch »b« bezeichneten Gegenstand. Man kann das »ist« in (2), aber nicht das »ist« in (3) ersetzen durch den Ausdruck »ist identisch mit«. In diesem letzteren Ausdruck kommt das Wort »ist« erneut vor und hat jetzt denselben Sinn wie in (3): Es ist jetzt bloße Kopula, die ergänzt wird durch den zweistelligen generellen Terminus »identisch mit«.[1]

Die Notwendigkeit der Unterscheidung dieser beiden Bedeutungen von »ist« ist zum ersten Mal von Platon in seinem Dialog *Sophistes* erkannt worden. In der vorhergehenden Philosophie der sogenannten Sophisten führte die Unklarheit über diese Unterscheidung in Paradoxien. Man argumentierte z. B. so: »Sokrates ist ein Mensch; Glaukon ist ein Mensch; also ist Sokrates = Glaukon« (diese Argumentation basiert auf der Annahme, daß das »ist« in den beiden Prämissen so viel wie »ist identisch mit« heißt). Man sagte auch: Was das Prädikat in einem beliebigen prädikativen Satz (z. B. »Sokrates ist kahl«) zum Ausdruck bringt (das Kahle), ist etwas anderes als das, was das Subjekt bezeichnet (Sokrates); und indem nun unterstellt wurde, daß das »ist« der Kopula den Sinn von Identität hat, wurde gefolgert: also ist Sokrates identisch mit etwas, was von ihm verschieden ist, und das wäre ein Widerspruch. Überlegungen dieser Art hatten schon bei *Parmenides*, der als erster über Sein und Seiendes nachdachte, mit dazu geführt zu sagen: Es kann überhaupt nur ein einziges bestimmungsloses Seiendes geben. Dieselbe Vermischung von Kopula und Identität findet sich auch wieder bei Hegel: »Das Urteil ist eine *identische* Beziehung zwischen Subjekt und Prädikat.«[2] Auch für Hegel drückt daher jedes prädikative Urteil eine Identität von Nichtidentischem und somit einen Widerspruch aus, aber er zieht daraus gegenüber Parmenides die entgegengesetzte Konsequenz: zum Sein gehört die Widersprüchlichkeit.

12.2 Die Ontologie

Seit Aristoteles und in gewisser Weise seit Parmenides gibt es eine Tradition, derzufolge die Grundfrage der Philosophie die Frage nach dem Sein ist. In unserer Zeit ist diese »ontologische« Fragestellung (»Ontologie«: Wissenschaft vom Seienden) insbesondere von Heidegger aufgenommen worden.[3] Wie kommt es zu dieser Auffassung, daß die Grundfrage die Frage nach dem Sein sei? Heidegger verweist auf die Bestimmung des Aristoteles: »Das Seiende ist das Allgemeinste.«[4] Daraus folgt, daß die Philosophie, wenn sie sich als Universalwissenschaft versteht, als erstes diesen Begriff des Seins oder Seienden thematisieren muß. Aber inwiefern ist das denn der allgemeinste Begriff?
Die natürlichste Erklärung scheint diese zu sein: Von allem und jedem kann man sagen, daß es ist. Hier wird also »Sein« in verbaler Form verstanden; es kommt in dem »ist« zum Ausdruck. Wenn nun alles ist, so folgt, daß alles seiend bzw. Seiendes ist. Man kann also, wie Heidegger das auch tut, vom Sein des Seienden spre-

chen. Hier scheint nun Sein den Sinn von Existenz zu haben, denn wenn man von jedem sagt »es ist«, haben wir es offenbar mit diesem Sinn von »ist« zu tun.
Es gibt aber auch noch eine zweite Erklärung. Heidegger gibt sie so wieder: Das Sein (Seiende) ist der allgemeinste Begriff.[5] Das war tatsächlich die gängige Vorstellung in der mittelalterlichen Ontologie, sie ist aber unmittelbar gar nicht zu verstehen. Denn, so wird man sich fragen müssen, was hat denn das »ist«, ob nun als Existenz oder als Kopula verstanden, mit den Begriffen zu tun?
Tatsächlich kann man diese Auffassung nur historisch verstehen. Für Aristoteles war der grundlegende Sinn des Wortes »Sein« derjenige, der in der Kopula zum Ausdruck kommt. Aristoteles klassifizierte[6] alle Prädikate (bzw. generellen Termini) in eine Reihe oberster Gattungen, die er Kategorien nannte. (Das Wort »Kategorie« stammt von Aristoteles und heißt bei ihm zunächst »Prädikat«.) Die wichtigsten Kategorien sind: Substanz (z. B. »Pferd«), Qualität (z. B. »braun«), Quantität (z. B. »2 m groß«), Relation (z. B. »Vater von Peter«). Die Kategorien sind also bei Aristoteles die obersten Typen von generellen Termini bzw. Begriffen. Kann man nun, so fragte er, diese obersten Typen noch ihrerseits unter einen allgemeinen Begriff subsumieren? Die Antwort lautete: Ja und nein; nein: denn es gibt nichts Inhaltliches, was ihnen noch gemeinsam wäre; und doch ja: mit jedem Begriff wird über die Kopula etwas von einem Gegenstand ausgesagt; jeder Begriff drückt also eine Seinsbestimmung aus. Jeder Begriff steht für ein So-Seiendes von etwas. Wenn also Aristoteles sagt, das Seiende sei das allgemeinste, meint

er damit nicht die Gegenstände (wobei »Sein«, wie oben unterstellt, für Existenz stünde), sondern ihre Bestimmungen, und dabei steht »Sein« für die Kopula.
Im Mittelalter ist dieser Zusammenhang mit dem »ist« der Kopula und so mit der ganzen Aussage nicht mehr gesehen worden. Vielmehr dachte man sich jetzt jeden Begriff als einen Vorstellungsinhalt, und als *ens* (Seiendes) wurde nun dasjenige bezeichnet, was allen Begriffen im Sinn von Vorstellungsinhalten gemeinsam ist. So sagt Thomas von Aquin (*De Veritate* I,1): »Dasjenige, was der Geist als das Bekannteste begreift und in das er alle Begriffe auflöst, ist das Seiende.« Und Duns Scotus: »Der erste Gegenstand unseres Geistes (oder: der allgemeinste Vorstellungsinhalt) ist Seiendes (*primum obiectum intellectus nostri est ens*).«[7] Hier ist der Zusammenhang mit dem Wort »ist« verlorengegangen. Wir haben es nur noch mit einer philosophischen Konstruktion zu tun. An diese mittelalterliche Tradition knüpft Hegel an, wenn er das Sein als das »unbestimmte Unmittelbare« bezeichnet.[8]

12.3 Gibt es einen einheitlichen Sinn des Wortes »Sein«? Negation und behauptende Kraft

Es ist verständlich, daß Heidegger gegenüber dieser erstarrten Tradition erklärte, daß man erneut nach dem Sinn von Sein fragen müsse. Dabei rekurrierte er wieder auf das Wort »ist«, und er insistierte, daß es in allen seinen verschiedenen Bedeutungen aufzunehmen sei.[9] Merkwürdigerweise unterstellte er dabei wie selbstverständlich, daß das Wort »Sein« in seinen verschiedenen Bedeutungen einen einheitlichen Sinn hat. Worin dieser aber besteht, ist von Heidegger nie gezeigt worden, ja er hat diese Frage gar nicht gestellt. Daß »Sein« (»Seiendes«) verschiedene Bedeutungen hat, ist zuerst von Platon (s. 12.1) und dann von Aristoteles (*Metaphysik* V,7) gezeigt worden, aber fast nirgends in der Geschichte der Ontologie ist ein Versuch gemacht worden zu zeigen, daß diese Bedeutungen irgendwie unter einen Begriff zu bringen sind und nicht eine zufällige Mehrdeutigkeit dieses Wortes darstellen. (Dabei wissen wir doch, daß es Sprachen gibt, die gar kein Wort für die Kopula haben, und andere, bei denen das Wort für Existenz nicht dasselbe ist wie das für Identität usw.) Eine Ausnahme findet sich bei Kant. Er schreibt:

> »Das Dasein ist die absolute Position eines Dinges und unterscheidet sich dadurch auch von jeglichem Prädikate, welches als ein solches jederzeit bloß beziehungsweise auf ein ander Ding gesetzt wird. Der Begriff der Position oder Setzung ist völlig einfach und mit dem vom Sein überhaupt einerlei. Nun kann etwas als bloß beziehungsweise gesetzt [...] gedacht werden, und dann ist das Sein, das ist die Position dieser Beziehung, nichts als der Verbindungsbegriff in einem Urteile. Wird nicht bloß diese Beziehung, sondern die Sache an und für sich selbst gesetzt betrachtet, so ist dieses Sein so viel als Dasein.«[10]

Mit »Dasein« meint Kant dasselbe wie mit »Existenz«. Seine These ist also, daß das »ist« im Sinn der Kopula als relative Position und das »ist« im Sinn von Existenz als absolute Position unter den einheitlichen Begriff der »Position« oder »Setzung« fällt. Dann stellt sich freilich sofort die Frage, was unter diesem Begriff seinerseits zu verstehen ist. Kant schreibt, daß dieser Begriff nicht mehr weiter erklärbar sei. Es liegt jedoch nahe, den Begriff der Position in Zusammenhang mit dem Begriff der Negation zu sehen. Das Einheitliche der beiden Bedeutungen von »ist« bestünde dann darin, daß sie beide durch das Wort »nicht« negierbar sind. Diese Interpretation scheint sich gut in die gesamte ontologische Tradition zu fügen, die stets »Sein« im Zusammenhang mit »Nichtsein« thematisiert hat. Außerdem ist natürlich auch das »ist« im Sinn der Identität, das von Kant hier nicht berücksichtigt wird, negierbar. Andererseits ist nun aber zu beachten, daß die Anwendbarkeit des Wortes »nicht« über die drei Satzformen der Existenzsätze, der prädikativen Sätze und der Identitätssätze weit hinausreicht. Das wurde in der Tradition nicht beachtet, weil sie sich, wie wir gesehen haben, im wesentlichen auf prädikative Sätze beschränkt hat. Um auch solche prädikativen Sätze zu erfassen, in denen keine Kopula vorkommt, hatte Aristoteles darauf hingewiesen, daß man Verbalsätze wie »Er schwimmt« immer umformen könne in »er ist schwimmend« (*Metaphysik* V,7). Aber was sollen wir mit den zusammengesetzten Sätzen machen, die ja ebenfalls negierbar sind?

Hier scheint uns eine weitere Bedeutung des Wortes »ist« zu Hilfe zu kommen, auf die ebenfalls schon Aristoteles aufmerksam gemacht hat (*Metaphysik* V,7): das »Sein« im Sinn von Wahrsein. Am eindeutigsten ist diese Verwendung des Wortes in einem Dialog: eine Person sagt irgend etwas, und eine andere antwortet »So ist es«; das heißt offenbar »Das (was du gesagt hast) ist wahr«. Denselben Sinn hat das Wort »ist«, wenn wir es vor einen beliebigen assertorischen Satz stellen und sagen »Es ist der Fall, daß p«; das bedeutet offenbar dasselbe wie »Es ist wahr, daß p«. Wir haben früher gesehen, daß das, was negiert wird, immer der ganze Satz ist. Die Negation eines Satzes (sein kontradiktorisches Gegenteil) ist derjenige Satz, der wahr ist, wenn der erste Satz falsch ist. Es kommt also auf dasselbe hinaus, einen Satz zu negieren und zu sagen, daß er falsch sei. Es gelten daher folgende Äquivalenzen:

Es ist der Fall, daß p ≡ Es ist wahr, daß p ≡ p.
Es ist nicht der Fall, daß p ≡ Es ist falsch, daß p ≡ nicht-p.

Diese Zusammenhänge sprechen dafür, daß das, was negiert wird, wenn ein beliebiger Satz negiert wird, immer das Sein im Sinn des Wahrseins ist. Das setzt allerdings voraus, daß wir von einem Sein im Sinn des Wahrseins in jedem assertorischen Satz »p« sprechen können, und nicht nur bei der Form »Es ist der Fall, daß p«. Die obigen Äquivalenzen sprechen dafür, daß in jedem Satz das Sein im Sinn des Wahrseins, das in »Es ist der Fall, daß p« bzw. »Es ist wahr, daß p« explizit ausgesagt ist, implizit enthalten ist.
Daß es ein solches in allen assertorischen Sätzen implizit enthaltenes Sein gibt, läßt sich am Satz vom Widerspruch verdeutlichen. Dieser läßt sich ganz allgemein so formulieren: »Es ist unmöglich, daß etwas ist und nicht ist«. Diese Formulierung klingt so, als ob sie sich nur auf Existenzsätze beziehen würde, aber der Satz des Widerspruchs gilt natürlich für alle assertorischen Sätze. Die genannte Formulierung muß also so verstanden werden: Es ist unmöglich, daß etwas der

Fall und nicht der Fall ist. Man kann dies natürlich auch so formulieren: Wenn man etwas zugleich behauptet und verneint, hat man nichts gesagt (vgl. Kap. 4). Diese Formulierung spricht dafür, daß das in der Verwendung eines Satzes implizierte veritative Sein die »behauptende Kraft«[11] ist, mit der der Satz verwendet wird. Schon in Kap. 2, S. 24, wiesen wir darauf hin, daß zu jedem assertorischen Satz ein Wahrheitsanspruch gehört. Dieser Wahrheitsanspruch wäre identisch mit seiner behauptenden Kraft.

So werden wir zu der Auffassung geführt, daß die Negation sich nicht auf das bezieht, was Kant als Position bezeichnet hat, sondern auf etwas Allgemeineres, was man als Behauptung (oder auch Bejahung, Affirmation) bezeichnen kann. Für diese Auffassung scheint ja auch die traditionelle Unterscheidung zwischen bejahenden und verneinenden Urteilen zu sprechen. Man kann natürlich auch das Wort »Position« in diesem weiten Sinn von Bejahung verstehen, aber dann ist es eben umfassender verstanden, als Kant es verstanden hat (als nur Existenz und Kopula umfassend). Es stellen sich nun folgende Fragen: 1. Ist es wirklich zwingend, in jedem Satz ein Behauptungsmoment (und damit ein implizites Sein im Sinn von Wahrsein) anzunehmen? 2. In welchem Verhältnis stehen Negation und Behauptung zueinander? 3. Lassen sich die bisherigen Bedeutungen von »Sein« als Spezialfälle des Seins im Sinn von Wahrheit auffassen, so daß dieses einen einheitlichen umfassenden Sinn von Sein darstellen würde?

Zur ersten Frage: In dem Absatz, den wir in Kap. 2, S. 27, angeführt hatten, weist Frege darauf hin, daß jedem assertorischen Satz ein Fragesatz entspricht, der denselben Inhalt hat, und er schließt daraus: »In einem Behauptungssatz ist also zweierlei zu unterscheiden: der Inhalt, den er mit der entsprechenden Satzfrage gemein hat, und die Behauptung.« Der Inhalt ist das, was Frege auch den Gedanken nennt. Der Gedanke, den ein Satz ausdrückt, ist also derselbe, den die entsprechende Frage ausdrückt. Ihm fehlt die behauptende Kraft. Wir können Gedanken, die durch Behauptungssätze zum Ausdruck gebracht werden, verstehen bzw. »fassen« (wie Frege in dem obigen Text sagt), ohne sie unsererseits zu behaupten. Frege hat in seinem Symbolismus dieser Unterscheidung in der Weise Rechnung getragen, daß er das Satzsymbol »p« nicht, wie wir das bisher getan haben, als Repräsentant eines vollständigen Behauptungssatzes verstand, vielmehr soll es lediglich für den Inhalt (Gedanken) eines solchen Satzes stehen. Um die behauptende Kraft zu bezeichnen, erfand Frege das künstliche Zeichen »⊢«. Erst in Verbindung mit diesem Zeichen (»⊢ p«) steht ein Satzsymbol in Freges Symbolismus für einen vollständigen Behauptungssatz.

Man kann fragen, mit welcher Berechtigung in der Kunstsprache so eine Unterscheidung vorgenommen wird, die in der natürlichen Sprache nicht zu finden ist. Zur Begründung kann man erstens auf den systematischen Zusammenhang zwischen Behauptungssatz und Fragesatz verweisen, der jetzt symbolisch so wiedergegeben werden kann: jedem »⊢ p« entspricht ein »?p«. Zweitens kommen aber auch in der natürlichen Sprache Satzausdrücke vor, denen die behauptende Kraft fehlt: (a) Man kann sagen, daß die Umformulierung eines Satzes »p« in »daß p« (also z. B. von »es regnet« in

»daß es regnet«) eben darin besteht, daß dem Satz die behauptende Kraft genommen wird; das zeigt sich daran, daß, wenn wir »daß p« durch »ist wahr« oder »ist der Fall« ergänzen, ein Ausdruck gewonnen wird, der dasselbe sagt wie der ursprüngliche Ausdruck »p« (vgl. die Äquivalenz S. 208). (b) Frege hat darauf hingewiesen,[12] daß assertorische Sätze, die als Teilsätze in Disjunktionen und Konditionalsätzen vorkommen, ohne behauptende Kraft verwendet werden. In Freges Symbolismus wird daher ein Satz wie »Wenn es schneit, fällt das Spiel aus« durch »$\vdash(p \supset q)$« wiedergegeben; es wäre falsch, ihn durch »$\vdash p \supset \vdash q$« wiederzugeben. In der natürlichen Sprache besteht also eine Konvention (die freilich nicht durch eigene Zeichen zum Ausdruck gebracht wird), daß Sätze, die als Teilsätze in Disjunktionen oder Konditionalsätzen vorkommen, ihre behauptende Kraft verlieren.

Zur zweiten Frage: In der Tradition sind Bejahung und Verneinung wie zwei gleichwertige Pole angesehen worden. Man meinte (a), daß es eine klare Unterscheidung zwischen bejahenden und verneinenden Urteilen gibt, und (b), daß die Verneinung parallel zur Bejahung zu verstehen ist; wenn nun die Bejahung in der behauptenden Kraft besteht, hieße das, daß es sowohl eine behauptende wie eine verneinende Kraft gibt. Beides ist von Frege in seinem Aufsatz »Die Verneinung« widerlegt worden.

Zu (a) schreibt Frege: »Man betrachte die Sätze ›Christus ist unsterblich‹, ›Christus lebt ewig‹, ›Christus ist nicht unsterblich‹, ›Christus ist sterblich‹, ›Christus lebt nicht ewig‹. Wo haben wir nun hier einen bejahenden, wo einen verneinenden Gedanken?«[13] Man bedenke auch, daß jeder universale Satz äquivalent ist mit einem negierten partikulären Satz und umgekehrt. Es gilt folgende Äquivalenz: $(x)Fx \equiv \neg(\exists x)\neg Fx$ und $(\exists x)Fx \equiv \neg(x)\neg Fx$ (vgl. auch das Quadrat der Gegensätze in Kap. 5). Daß ein Satz an sich positiv oder negativ ist, erscheint nur bei solchen singulären prädikativen Sätzen sinnvoll, wo das Prädikat nicht nur gegen ein anderes kontradiktorisches Prädikat (wie bei »sterblich«, »unsterblich«) abgegrenzt ist, sondern gegen eine Reihe von Prädikaten (wie »rot« gegen »blau«, »grün« usw.). Im allgemeinen kann man aber nicht sagen, daß ein Satz an sich verneinend ist, sondern er ist es jeweils relativ zu einem anderen, nämlich demjenigen, der falsch ist, wenn er wahr ist. Die Verneinung steht also nicht für eine Klasse von Sätzen, sondern ist als Operation anzusehen, die auf einen Satz angewandt wird mit dem Ergebnis, daß nun behauptet wird, daß der erste Satz falsch ist (das entspricht der Erklärung der Verneinung mittels der Wahrheitstafeln, vgl. Kap. 7).

Zu (b) weist Frege darauf hin,[14] daß die Negation auch in Teilsätzen von Konditionalsätzen vorkommt, also in Kontexten, in denen der Satz keine behauptende Kraft hat. Daraus folgt, daß das Verneinen zum Gedanken gehört und nicht eine eigene Art von negativer behauptender Kraft ist. Wenn wir einen Satz negieren, negieren wir also nicht seine Bejahung, sondern wir bejahen seine Negation. Das ist ein Ergebnis von großer Wichtigkeit. Es zeigt, daß die naheliegende Annahme falsch ist, daß Position oder Affirmation und Negation sich polar zueinander verhalten. Es folgt, daß *jede* Verwendung eines assertorischen Satzes – ganz egal, ob er eine

Negation enthält oder nicht – eine Behauptung ist. In Freges Symbolismus ausgedrückt: das Wort »nicht« steht nie vor dem Behauptungszeichen, sondern immer hinter ihm.

Dieses Ergebnis läßt sich noch bestätigen, indem man auch nicht-assertorische Sätze in die Betrachtung miteinbezieht. Freges Unterscheidung zwischen Inhalt (Gedanke) und behauptender Kraft ist in verallgemeinerter Form in der Sprechakttheorie besonders von Searle aufgenommen worden durch die Unterscheidung von »propositionalem Gehalt« und »illokutiver Kraft«. Was Searle mit »propositionalem Gehalt« meint, ist identisch mit Freges Inhalt oder Gedanke, und mit der »illokutiven Kraft« wird Freges Begriff der behauptenden Kraft verallgemeinert. Statt nur Frage- und Aussagesätze gegenüberzustellen, kann man auch die entsprechenden Wunschsätze und Imperative ins Auge fassen. Searle bringt als Beispiel die Sätze:[15]

(1) Sam raucht gewohnheitsmäßig.
(2) Raucht Sam gewohnheitsmäßig?
(3) Sam, rauche gewohnheitsmäßig! (Oder: Sam möge gewohnheitsmäßig rauchen!)
(4) Wenn Sam doch nur gewohnheitsmäßig rauchen würde!

Alle diese Sätze haben denselben propositionalen Gehalt, aber eine jeweils unterschiedliche illokutive Kraft. Man kann die ersten drei Sätze so symbolisieren: »⊢p«, »?p«, »!p«. Angenommen nun, wir negieren sowohl den assertorischen Satz als auch den imperativischen. Wir gewinnen dann bei unserem Beispiel die Sätze »Sam raucht nicht gewohnheitsmäßig« und »Sam, rauche nicht gewohnheitsmäßig!«. Wie es nun bei den ursprünglichen Sätzen derselbe propositionale Gehalt war, der einmal behauptet, das andere Mal befohlen war, so ist es auch bei den negativen Sätzen derselbe propositionale Gehalt – daß Sam gewohnheitsmäßig nicht raucht –, der einmal behauptet und dann befohlen wird. Das »nicht« gehört also zum propositionalen Gehalt und nicht zur illokutiven Kraft. Wie eine negative Aussage nicht das Gegenteil einer Behauptung, sondern die Behauptung eines Gegenteils ist, so ist auch ein negativer Imperativ nicht das Gegenteil eines Befehls, sondern der Befehl eines Gegenteils. Ein Verbot ist ein Befehl, etwas zu unterlassen.

War es dann überhaupt verkehrt, einen Zusammenhang zwischen Position (Affirmation, Bejahung) und Negation zu vermuten? Nein. Der Zusammenhang sieht nur anders aus als traditionell angenommen. Für die behauptende Kraft (ebenso für die imperativische) ist es konstitutiv, daß sie sich auf einen Inhalt bezieht, der als ganzer wesensmäßig negierbar ist. Das zeigt sich daran, daß die behauptende Kraft in einem Wahrheitsanspruch besteht und ein solcher sich nur auf etwas beziehen kann, was wahr oder falsch sein kann (so oder nicht so sein kann). Steht denn aber nicht dem Sein im Sinn des Wahrseins ein Nichtsein im Sinn des Falschseins polar gegenüber? Der Wahrheitsanspruch bleibt jedoch immer das umfassende. Wenn wir sagen »Es ist falsch, daß p«, so erhebt diese Aussage, daß »p« falsch ist, ihrerseits einen Wahrheitsanspruch.

Zur dritten Frage, ob das Sein im Sinn der Wahrheit als umfassende Bedeutung von Sein angesehen werden kann: Aus dem Vorhergehenden ergibt sich, daß man diese Frage verneinen muß. Das Sein im Sinn der

Existenz, der Identität und der Kopula stehen für Strukturen, die in den propositionalen Gehalt gehören. Die Frage nach einer einheitlichen Bedeutung von »Sein« geht also negativ aus. Man kann lediglich sagen, daß es in den meisten indoeuropäischen Sprachen ein Wort gibt – »einai« im Griechischen, »sein« im Deutschen usw. –, in dem sich mehrere Bedeutungen (Verwendungsweisen) verbunden haben – Existenz, Prädikation, Identität, behauptende Kraft –, die für verschiedene fundamentale Strukturen der assertorischen Rede stehen, die interdependent sind.[16] (Man kann keine singulären prädikativen Sätze »Fa« verwenden, wenn man nicht auch Identitätssätze »a = b« verwenden kann, und jede Verwendung eines singulären Terminus »a« verweist auf einen Existenzsatz, und alle diese Sätze müssen mit behauptender Kraft geäußert werden können.)

Heidegger hat die Frage nach dem Sinn von »Sein« auch so erläutert: es ist die Frage »nach der Möglichkeit des Begreifens dessen, was wir alle als Menschen schon und ständig verstehen«.[17] Er vertrat die These, daß in allem Verstehen überhaupt immer schon »Sein« verstanden wird. Für Heidegger besteht also die Universalität der Frage nach dem Sein nicht darin, daß man von *allem* (also allen Gegenständen) sagen kann, daß es sei, sondern daß es sich auf alles *Verstehen* bezieht. Diese Frage nach der Struktur allen Verstehens erscheint sinnvoll (und es erscheint auch sinnvoll, sie als zentrale philosophische Frage zu beanspruchen), auch wenn es unrichtig ist, daß es ein Wort gibt – »Sein« –, das *die* Struktur allen Verstehens (oder *das* Ermöglichende allen Verstehens) bezeichnet.

Anmerkungen

1 Vgl. die aufschlußreichen Ausführungen bei Frege, »Über Begriff und Gegenstand«, S. 68.
2 Hegel, *Wissenschaft der Logik*, T. 1, S. 76.
3 Heidegger, *Sein und Zeit*, § 1.
4 Aristoteles, *Metaphysik* III,4, 1001a 21.
5 Heidegger, *Sein und Zeit*, § 1.
6 Vgl. Aristoteles, *Metaphysik* V,7.
7 Duns Scotus, Ord. I. dist. 3, pars 1, q. 3, nr. 137.
8 Hegel, *Wissenschaft der Logik*, T. 1, S. 66.
9 Vgl. Heidegger, *Sein und Zeit*, S. 6 f.; *Kant und das Problem der Metaphysik*, § 40.
10 Kant, »Der einzig mögliche Beweisgrund zu einer Demonstration des Daseins Gottes«, S. 73.
11 Dieser Ausdruck stammt von Frege; vgl. den Aufsatz »Die Verneinung«.
12 Frege, »Die Verneinung«, S. 66. Vgl. auch Geach, »Assertion«.
13 Frege, »Die Verneinung«, S. 62.
14 Ebd., S. 65–67.
15 Searle, *Sprechakte*, Kap. 2.1.
16 Das ist besonders eindringlich gezeigt worden von Kahn, *The Verb »be« in Ancient Greek*, s. bes. Kap. 8. Vgl. dazu auch die Rezension von Tugendhat in *Philosophische Rundschau* (1977).
17 Heidegger, *Kant und das Problem der Metyphysik*, § 40.

Literaturhinweise

Frege, »Die Verneinung«.
Geach, »Assertion«.
Tugendhat, *Vorlesungen zur Einführung in die sprachanalytische Philosophie*, Vorl. 3 und 4.

13 Wahrheit

13.1 Vororientierung

Was heißt »wahr«, »Wahrheit«? Diese Frage verweist uns auf der einen Seite auf die verschiedenen traditionellen und modernen Theorien, die zu der Frage aufgestellt worden sind, was unter diesem Begriff zu verstehen sei, auf der anderen Seite auf die tatsächliche Verwendung dieses Wortes in der vorphilosophischen Sprache. Dieses zweite ist dabei die letzte Instanz, denn die philosophischen Theorien haben ihrerseits den Anspruch erhoben, eben den Begriff zu klären, der in unserer vorphilosophischen Verwendung der Wörter »Wahrheit«, »wahr« gegeben ist. Mitunter haben sich jedoch ganze philosophische Traditionen nur noch an einer vorgegebenen philosophischen Formel orientiert. Hier bestand dann die Gefahr, daß man in der Ausdeutung dieser Formel die Verbindung mit unserem natürlichen Verständnis verliert.

Der Kernbereich der vorphilosophischen Verwendung des Wortes »wahr« bezieht sich zweifellos auf Aussagen. Jemand berichtet z. B. etwas, und wir fragen: »Ist, was er da sagt, wahr – oder falsch?« Die Wahrheit in diesem Sinn ist also eine Eigenschaft von Aussagen (oder Sätzen oder Urteilen, je nachdem, wo man hier den Schwerpunkt setzt – vgl. Kap. 2). Die Aussagenwahrheit stand daher auch in der Geschichte der Philosophie im großen und ganzen im Vordergrund (Ausnahmen sind Hegel und Heidegger), und sie soll daher auch hier das Hauptthema bilden. Gleichwohl erschöpft

sich die natürliche Verwendung des Wortes »Wahrheit« nicht in der Aussagenwahrheit. Zwei weitere Bedeutungsaspekte müssen beachtet werden.
Erstens. Wir verwenden die Rede von »wahr« nicht nur in Zusammenhang mit einzelnen Aussagen, sondern beziehen sie auch auf Aussagenzusammenhänge. Wir haben es häufig sowohl umgangssprachlich als auch besonders in der Wissenschaft mit komplexen Sachen zu tun, und wenn wir fragen »Wie verhält es sich mit dem und dem in Wahrheit?« oder wenn wir sagen »Berichte mir die ›ganze Wahrheit‹ über diesen Vorfall«, reicht es nicht, daß mit wahren Aussagen geantwortet wird; die Aussagenmenge, mit der geantwortet wird, muß in bestimmter Weise zusammenhängen und für die Sache *relevant* sein; dieser Wahrheit steht nicht die Falschheit einer assertorischen Rede, sondern ihre Einseitigkeit entgegen.
Zweitens. Wir verwenden das Wort »wahr« nicht nur in Zusammenhang mit Aussagen, sondern auch mit Dingen, z. B. wenn von wahrem bzw. falschem Gold oder einem wahren bzw. falschen Freund die Rede ist. Der Kontrast, auf den es hier ankommt, ist der Kontrast zwischen Wirklichkeit und Schein. Wahres Gold ist wirkliches Gold, falsches Gold ist Scheingold: etwas, das Gold zu sein nur scheint. Diese Verwendung des Wortes »wahr« mit Bezug auf Dinge steht natürlich in Zusammenhang mit der Aussagenwahrheit: Ein Gegenstand a, der F zu sein scheint, ist ein Gegenstand, der, wenn wir ihn nach seinem vordergründigen Aussehen beurteilen, zu der falschen Aussage »Fa« verleitet.[1]
Man findet manchmal die Unterscheidung zwischen

»Wahrheit« und »Richtigkeit«. Häufig wird damit nichts Klares gemeint. Am ehesten hat man die beiden letztgenannten Bedeutungen von »wahr« im Auge: Bei der Anwendung des Wortes »wahr« auf Dinge kann man es nicht durch das Wort »richtig« ersetzen (obwohl man zur Not auch von einem »richtigen Freund« sprechen kann), und auch bei der Rede von der ›ganzen Wahrheit‹ kann man »Wahrheit« nicht durch »Richtigkeit« ersetzen. Man kann dann eventuell sagen, daß eine einseitige Darstellung aus lauter richtigen Sätzen besteht und die Darstellung gleichwohl unwahr ist (und doch würden wir auch hier sagen, man habe dann die Sache nicht ›richtig‹ dargestellt). Als Prädikat von Aussagen läßt sich jedoch das Wort »wahr« immer durch »richtig« ersetzen. Das heißt aber nicht, daß hier Wahrheit einfach Richtigkeit bedeutet, denn das Wort »richtig« hat auch andere Verwendungsweisen (ein richtiges = regel-konformes Verhalten). Man kann also nur sagen, daß die Bedeutungsfelder von »wahr« und »richtig« sich teilweise überlappen.

13.2 Die Redundanztheorie; Wahrheit und Verifikation

Die beiden wichtigsten Erklärungen der Wahrheit von Aussagen in der analytischen Philosophie sind die auf Ramsey zurückgehende Redundanztheorie[2] und die sogenannte semantische Wahrheitstheorie von Tarski; die wichtigste traditionelle Erklärung von Wahrheit ist die sogenannte Übereinstimmungs- oder Korrespondenztheorie. Diese drei Auffassungen stehen in einem gewissen Zusammenhang. Sowohl Ramsey wie Tarski berufen sich auf die ursprüngliche Formulierung der Übereinstimmungstheorie bei Aristoteles. Diese Erklärung von Aristoteles lautet folgendermaßen:

(1) »Zu sagen, daß das, was ist, nicht ist, oder das, was nicht ist, ist, ist falsch; hingegen (zu sagen), daß das, was ist, ist, oder das, was nicht ist, nicht ist, ist wahr« (*Metaphysik* IV,7, 1011b 26 f.).

Aristoteles geht hier von der Voraussetzung aus, daß man zwischen positiven Aussagen (in denen gesagt wird, daß etwas der Fall ist) und negativen Aussagen (in denen gesagt wird, daß etwas nicht der Fall ist) unterscheiden müsse. Da diese Voraussetzung (wie wir in Kap. 12 gesehen haben) nicht zutrifft, können wir die zwei Teile seiner Erklärung so zusammenfassen:

(1a) Eine Aussage, daß etwas der Fall ist, ist wahr genau dann, wenn es der Fall ist (und falsch genau dann, wenn es nicht der Fall ist).

Diese Formulierung läßt sich noch stärker verkürzen, indem wir einfach sagen:

(2) (Eine Aussage) daß p, ist wahr ≡ p.

Mit (2) ist nun eine Äquivalenz zum Ausdruck gebracht, die sich uns schon in Kap. 12 ergeben hat. Diese Äquivalenz ist analytisch wahr: wir können jede Aussage »p«, ganz gleichgültig welche Struktur sie hat, umformen in »daß p, ist wahr«.
Die sogenannte Redundanztheorie behauptet nun, in der Äquivalenz (2) erschöpfe sich die Bedeutung des Wortes »wahr«: immer, wenn wir von einer Aussage sagen, sie sei wahr, können wir statt dessen einfach die

Aussage selbst verwenden. Das Wort »wahr« ist daher redundant, überflüssig.
Dagegen kann man einwenden, daß man die Äquivalenz (2) nicht einfach hinnehmen könne, sondern fragen müsse, worin sie gründet. Man sieht sich dann auf das verwiesen, was in Kap. 2, S. 24, als der Wahrheitsanspruch jeder Aussage bezeichnet wurde: nur weil in jeder Aussage implizit ein Wahrheitsanspruch steckt, kann man diesen Wahrheitsanspruch auch explizit machen durch die Formulierung »daß p, ist wahr«. Was liegt nun in diesem Wahrheitsanspruch? Man könnte das zunächst informell als den Wirklichkeitsbezug der Aussage bezeichnen. Wenn jemand sagt »p«, dann beansprucht er, daß es sich in der Wirklichkeit so verhält, wie er es sagt. Dieses »so – wie« fällt unter den Tisch, wenn man die aristotelische Erklärung nur im Sinn einer analytischen Ersetzbarkeit von »p« durch »daß p, ist wahr« interpretiert.
Etwa in derselben Linie dieses Einwandes liegt auch die folgende Kritik: jede Erklärung des Wortes »wahr« bleibt leer, wenn sie nicht zeigt, wie wir erkennen können, ob eine Aussage wahr ist. Gegen diese Kritik wird häufig folgender Gegeneinwand formuliert:[3] Man dürfe nicht den Begriff bzw. die Definition von Wahrheit verwechseln mit dem Wahrheitskriterium. Und man dürfe nicht Wahrheit und Verifikation verwechseln.
Was gewiß nicht verwechselt werden darf, sind die Prädikate »wahr« und »verifiziert« (= »als wahr erkannt«), zumal »verifiziert« ein implizit relationales Prädikat ist: ein Satz ist verifiziert von einer oder mehreren Personen. Er kann von einigen als wahr

erkannt sein und von anderen nicht. Er kann aber selbstverständlich auch wahr sein, ohne daß seine Wahrheit von irgend jemandem erkannt ist. Daraus folgt aber nicht, daß wir, was es heißt, daß eine Aussage wahr ist, unabhängig davon verstehen können, was es heißt, eine Aussage zu verifizieren. Wir haben in Kap. 6 gesehen, daß allgemein gilt, daß wir eine Aussage nur verstehen, wenn wir wissen, was der Fall ist, wenn sie wahr ist, und d. h. weiterhin: wenn wir wissen, wie sie zu verifizieren ist. Dem entspricht, daß wir ein Prädikat nur verstehen, wenn wir über ein Kriterium verfügen, zu erkennen, wann das Prädikat auf einen Gegenstand zutrifft. Eine Erklärung eines Prädikats, die kein Erkenntniskriterium enthält, bliebe leer. Wenn das allgemein für Prädikate gilt, muß es auch für das Prädikat »wahr« gelten.
Kann hier die Übereinstimmungstheorie weiterhelfen?

13.3 Die Übereinstimmungstheorie[4]

Die klassische Formulierung der sogenannten Übereinstimmungs- oder Korrespondenztheorie der Wahrheit lautet: *veritas est adaequatio rei et intellectus.*[5] Bei Kant ist die Formel so aufgenommen: »Übereinstimmung der Erkenntnis mit ihrem Gegenstande.«[6]
Die Unbestimmtheit der in dieser Formel verwendeten Ausdrücke führte in der Tradition immer dann, wenn sie nur noch von dieser Formel und nicht mehr von der tatsächlichen Verwendung des Wortes »wahr« ausging, zu phantastischen Theorien. Im deutschen Idealismus erklärte man Wahrheit aufgrund dieser Formel als Ein-

heit von Subjekt und Objekt, und darunter läßt sich alles mögliche verstehen, was mit Wahrheit gar nichts mehr zu tun hat. Die Auffassung von der Übereinstimmung des Gedankens mit der Sache ist als eine mögliche Deutung von Wahrheit überhaupt nur diskutabel, wenn man die Rede vom Gedanken nicht subjektiv, im Sinn des Denkens, sondern objektiv – als das Gedachte, also den Gedanken in Freges Sinn – versteht. Denn die Frage ist ja, ob das Gemeinte, der Aussagegehalt mit der Wirklichkeit übereinstimmt.
So könnte man im Anschluß an die Übereinstimmungsformel folgende genauere Formulierung versuchen:

(3) Der von einer Aussage behauptete Sachverhalt (der Gedanke), daß p, ist wahr dann und nur dann, wenn er übereinstimmt mit dem entsprechenden wirklichen Sachverhalt (der entsprechenden Tatsache).

Diese Auffassung von zwei Sachverhalten, einem gemeinten oder behaupteten auf der einen Seite, einem wirklichen auf der anderen, die sich auf jeden Fall irgendwie ›entsprechen‹ und im Fall der Wahrheit überdies ›übereinstimmen‹ sollen, scheitert an der Uneinlösbarkeit der von ihr in Anspruch genommenen Vorstellungen einer ›Entsprechung‹ und einer ›Übereinstimmung‹. Es läßt sich nicht angeben, welches der dem behaupteten Sachverhalt ›entsprechende‹ wirkliche Sachverhalt sein soll, wenn es sich um eine falsche Behauptung handelt. Ist die Behauptung hingegen wahr, so stimmt der behauptete Sachverhalt mit dem wirklichen nicht nur irgendwie überein, sondern der behauptete Sachverhalt *ist* dann der wirkliche.[7] Das führt zu folgender weiterer Umformulierung:

(4) Der behauptete Sachverhalt (daß p) ist wahr dann und nur dann, wenn er ein wirklicher Sachverhalt (eine Tatsache) ist.

In dieser Formulierung ist nicht mehr von zwei Sachverhalten die Rede; es ist derselbe Sachverhalt, der behauptet wird, der, wenn er wahr ist, wirklich ist und den man dann deswegen als Tatsache bezeichnen kann. Damit hätten wir jetzt zugleich eine einleuchtende Erklärung für die Verwendung des Wortes »Tatsache«. Sie entspricht der Auffassung Freges, derzufolge eine Tatsache zu definieren ist als ein wahrer Gedanke.[8] Das entspricht auch unserem normalen Wortverständnis: »Es ist eine Tatsache, daß es regnet« ist gleichbedeutend mit »Es ist wahr, daß es regnet«.
Die Formulierung (4) ist unanstößig. Aber wird durch sie noch das eingelöst, was mit der Übereinstimmungstheorie ursprünglich beabsichtigt war, daß nämlich der Wirklichkeitsbezug der Aussage faßbar wird und eine Anzeige gegeben wird, wie wir feststellen können, daß eine Aussage wahr ist? Das ließe sich nur dann behaupten, wenn sich die rechte Seite der Äquivalenz (4) als Wahrheitskriterium verstehen ließe. Das hieße aber: um festzustellen, ob ein behaupteter Sachverhalt, daß p, wahr ist, müßten wir ihn daraufhin untersuchen, ob ihm die Eigenschaft zukommt, ein wirklicher Sachverhalt zu sein, mit anderen Worten: ob er die Eigenschaft hat, eine Tatsache zu sein. In Wirklichkeit verhält es sich aber umgekehrt: Das Kriterium für die rechte Seite der Äquivalenz ist die linke Seite: wir *nennen* einen Sachverhalt, daß p, dann eine Tatsache, wenn die Aussage wahr ist. Wir dürfen also das Wahrheitskriterium auf der rechten Seite nicht so formulieren, daß es auf

eine Eigenschaft von abstrakten Gegenständen (Sachverhalten) verweist (nämlich wirklich bzw. Tatsachen zu sein). Diese Überlegung führt dazu, den Wirklichkeitsbezug statt als Eigenschaft adverbiell zu formulieren, und so ergibt sich folgende weitere Umformulierung:

(5) Daß p, ist wahr ≡ wirklich p,
z. B.: »Daß es regnet, ist wahr genau dann, wenn es wirklich regnet«.

An dieser Stelle kann nun aber wieder der Redundanztheoretiker einhaken. Wir können, so wird er geltend machen, genau dann sagen »Es regnet wirklich«, wenn wir auch einfach sagen können »Es regnet«. Damit scheint sich der letztgenannte Formulierungsversuch der Übereinstimmungstheorie auf die Formel der Redundanztheorie – die Äquivalenz (2) – zu reduzieren.

Ist der letzte Schritt zwingend? Es ist zwar richtig, daß wir statt »wirklich p« immer auch einfach »p« sagen können. Gleichwohl verwenden wir das Wort »wirklich«, um einen besonderen Kontrast zu unterstreichen, den Kontrast zu »vermeintlich«. Es ist dieser Kontrast (und gegebenenfalls die ›Übereinstimmung‹) zwischen dem Vermeintlichen und dem Wirklichen, den die Übereinstimmungstheorie im Auge hatte und der in der Redundanztheorie unter den Tisch fällt. Wir müßten also einen Weg finden, die rechte Seite der Äquivalenz (5) so zu deuten, daß eine Alternative zu der leerlaufenden Äquivalenz (2) gewonnen wird.

13.4 Tarskis sogenannte semantische Wahrheitsdefinition

Hier können nur einige Grundzüge von Tarskis Theorie[9] vorgeführt werden. Auch Tarski geht explizit auf die aristotelische Definition (1) zurück. Im Gegensatz zur Deutung der Redundanztheorie kommt er jedoch zu folgender Deutung:

(6) »p« ist wahr $\equiv$ p.

Tarski setzt also voraus, daß das, wovon wir sagen, daß es wahr oder falsch ist, der *Satz* ist (daher »p« auf der linken Seite) und nicht die Aussage bzw. der Sachverhalt (daß p). (Vgl. zu dieser Frage Kap. 2.) Der Ausdruck »p« ist ein Name – eine Bezeichnung – des entsprechenden Satzes. Nun ist es eine bloße Konvention, die im übrigen nur in der schriftlichen und nicht in der gesprochenen Sprache zu befolgen ist, ein Zeichen dadurch zu bezeichnen, daß man dieses Zeichen selbst in Anführungszeichen setzt. Tarski kann daher, was mit (6) intendiert ist, allgemeiner formulieren durch:

(7) X ist wahr $\equiv$ p,

wobei »X« jeweils durch (irgendeine) Bezeichnung des Satzes und das auf der rechten Seite stehende »p« durch diesen Satz selbst zu ersetzen ist. Während (2) trivial war und (6) jedenfalls trivial scheint, ist (7) offenbar nicht mehr trivial. Dies wird besonders deutlich, wenn die Sprache, in der (7) formuliert ist, nicht dieselbe Sprache ist, zu der der jeweils durch »X« bezeichnete Satz gehört. Man nennt dann die Sprache, zu der »X« gehört, die Objektsprache und die Sprache, in der (7) formuliert ist, die Metasprache. Die eben gegebene Erklärung muß dann so abgewandelt werden, daß in (7) »X« für eine metasprachliche Bezeichnung eines Satzes der Objektsprache steht und »p« für eine Übersetzung dieses objektsprachlichen Satzes in der Metasprache. Nehmen wir an, die Objektsprache ist Englisch und die Metasprache Deutsch! Dann wäre ein Beispiel für (7):

(8) Der Satz im Englischen, der aus den zwei Wörtern »it« und »rains« besteht, ist genau dann wahr, wenn es regnet.

Man kann sagen, daß in (8) die *Wahrheitsbedingung* eines bestimmten einzelnen englischen Satzes in der deutschen Sprache formuliert wird. (8) sagt, was es für diesen Satz heißt, wahr zu sein, oder genauer: unter welcher Bedingung dieser Satz wahr ist. Nun wird aber an (8), das ein Beispiel für (7) ist, auch deutlich, daß (7) nicht beanspruchen kann, eine allgemeine Erklärung des Wortes »wahr« für eine bestimmte Sprache zu sein. (7) macht keine Angabe darüber, unter welchen Bedingungen alle Sätze der Sprache wahr wären. Tarski bezeichnet daher (7) als ein bloßes Schema, an dem man sich zu orientieren hat. An die Wahrheitsdefinition, die er sucht, stellt er die Forderung, daß sich aus ihr die für alle einzelnen Sätze der Sprache geltenden Äquivalenzen gemäß (7) ableiten lassen müßten. Die simpelste Möglichkeit könnte darin gesehen werden, die Wahrheitsbedingung für alle Sätze einzeln anzugeben und diese in einer umfassenden Disjunktion aneinanderzureihen. Aber das ist unmöglich, weil eine Sprache zwar nur endlich viele Wörter, aber unendlich viele Sätze enthält (da die Zusammensetzung in komplexe Sätze beliebig iterierbar ist).

Die Lösung, die Tarski findet, sieht ungefähr so aus: 1. Die Sätze werden durch grammatische *Strukturbeschreibungen* bezeichnet. Dabei wird unterstellt, daß es sich um eine künstliche Sprache handelt, bei der die grammatische Struktur in eindeutiger Weise der semantischen Struktur entspricht (vgl. dazu Kap. 6, S. 95). 2. Auf dieser Grundlage ist es möglich, eine *rekursive Definition* von »wahr« zu geben. Wir haben schon in Kap. 6 und 7 gesehen, daß die Wahrheit von bestimmten strukturell komplexeren Sätzen auf die Wahrheit bestimmter anderer Sätze zurückverweist. Das macht eine schrittweise, rekursive Erklärung der Wahrheitsbedingung aller Sätze möglich (»aller Sätze«: Tarski beschränkt sich auf die für die Logik allein relevanten ›extensionalen‹ – wahrheitsfunktionalen – Sätze, d. h. auf Sätze, deren Wahrheit nur von der Wahrheit anderer Sätze abhängt; vgl. dazu Kap. 7, S. 105 ff.). Diese sieht ungefähr so aus:

(1) Hat ein Satz die Struktur »$p \wedge q$«, so ist er wahr genau dann, wenn »p« wahr ist und auch »q« wahr ist.
(2) Hat ein Satz die Struktur »$\neg p$«, so ist er wahr genau dann, wenn »p« falsch ist.
(3) Hat ein Satz die Struktur »$\exists x \varphi[x]$«, wobei »$\varphi[x]$« besagen soll, daß in dem Ausdruck »φ« die Variable »x« vorkommt, so ist er wahr genau dann, wenn mindestens einer der Sätze wahr ist, der sich von »$\varphi[x]$« dadurch unterscheidet, daß statt »x« ein singulärer Terminus vorkommt.

Diese Sätze entsprechen den Erklärungen, die in Kap. 6, S. 98, und Kap. 7, S. 107, gegeben wurden. Die übrigen Satzkonnektive und der Allquantor brauchen nicht berücksichtigt zu werden, weil die ersteren sich durch »∧« und »nicht« definieren lassen und »(x)Fx« äquivalent ist mit »(¬∃x)¬Fx«. Die Formulierung des dritten Punktes ist so gewählt, daß »φ[x]« seinerseits noch weitere Quantoren und Variable enthalten kann. Man kommt dann letztlich auf singuläre prädikative (oder relationale) Sätze. Für diese gilt folgende Erklärung:

(4) Ist ein Satz so strukturiert, daß er aus einem singulären und einem generellen Terminus zusammengesetzt ist, dann ist er genau dann wahr, wenn der Gegenstand, der durch den singulären Terminus bezeichnet wird, unter den Begriff fällt, für den der generelle Terminus steht.

Dieser vierte Punkt wird ergänzt durch zwei Listen: in der einen werden alle singulären Termini der Objektsprache den (metasprachlich bezeichneten) Gegenständen zugeordnet, in der anderen werden alle generellen Termini der Objektsprache den (metasprachlich bezeichneten) Begriffen zugeordnet.

Diese vier Erklärungen zusammen mit den zwei Listen stellen die rekursive Wahrheitsdefinition der betreffenden Sprache dar (vorausgesetzt, daß sie extensional ist; sonst: ihres extensionalen Teils). Aufgrund dieser Definition läßt sich für jeden einzelnen Satz in einer endlichen Reihe von Schritten angeben, unter welcher Bedingung er wahr ist.

Es stellt sich jetzt die Frage, was mit einer solchen Erklärung von »wahr« erreicht ist und ob sie das leistet, was die Übereinstimmungstheorie zu leisten beabsichtigte, nämlich den Wirklichkeitsbezug, der in dem Wort »wahr« zu liegen scheint, herauszustellen.

Auf den ersten Blick scheint Tarskis Definition nur sehr wenig zu leisten. Folgende Bedenken liegen nahe:

Tarski war selbst der Meinung, daß seine Definition nur für formalisierte Sprachen – also logische Kalküle – durchführbar sei, und man könnte ergänzen: sie scheint auch nur für einen logischen Kalkül sinnvoll zu sein. Denn bei einem logischen Kalkül wird vorausgesetzt, daß es sich um ein zunächst uninterpretiertes Zeichensystem handelt. Was die verschiedenen Schritte in Tarskis Definition leisten, ist, daß sie den zunächst als uninterpretiert vorausgesetzten Sätzen eines Kalküls schrittweise Bedeutung zuordnen, indem sie ihre Wahrheitsbedingungen angeben. Der Kalkül erhält dadurch, wie man das inzwischen in der Logik nennt, eine ›Interpretation‹. Diese Interpretation erfolgt in einer Metasprache, die natürlich nichts anderes ist als unsere eigene Umgangssprache. Dann scheint aber Tarskis Definition nicht mehr zu leisten als eine Übersetzung: sie ordnet den objektsprachlichen Zeichen die schon verstandenen Zeichen unserer Sprache zu. Daß diese Definition nicht trivial ist, läge also nur daran, daß wir es mit zwei Sprachen zu tun haben. Und für die Frage, was wir mit »wahr« mit Bezug auf unsere eigene Sprache meinen, wären wir so klug wie zuvor. Diese Bedenken scheinen auch zu zeigen, daß Tarskis Wahrheitstheorie in Wirklichkeit nur eine Bedeutungstheorie ist: sie ordnet den Zeichen nur Bedeutungen zu, und die Frage, wie die interpretierten Zeichen sich nun auf die Wirklichkeit beziehen, bleibt offen.

Diese Überlegungen[10] sind jedoch nur zum Teil richtig. Beginnen wir mit dem letzten Punkt! Die Alternative zwischen Wahrheitstheorie und Bedeutungstheorie, die in ihm unterstellt wird, besteht in Wirklichkeit nicht. Wir haben schon in Kap. 6 gesehen, daß die Bedeutung eines assertorischen Satzes verstehen eben nichts anderes heißt als wissen, unter welcher Bedingung er wahr ist. Und wenn betont wird, daß wir mit der Wahrheit eines Satzes irgendwie seinen ›Wirklichkeitsbezug‹ meinen, so muß man sehen, daß eben dieser ›Wirklichkeitsbezug‹ schon im Verstehen eines Satzes liegt (Wittgenstein: »Einen Satz verstehen, heißt, wissen was der Fall ist, wenn er wahr ist«; *Tractatus* 4.024). Es ist weiterhin auch nicht richtig, daß Tarskis Definition nur deswegen nicht trivial ist, weil sie die Unterscheidung zwischen Objektsprache und Metasprache enthält, und es ist ebenfalls nicht richtig, daß sie nur sinnvoll für uninterpretierte Kalküle ist. Das wird sofort deutlich, wenn man die vier Teildefinitionen der rekursiven Definition so formuliert, daß die Objektsprache und die Metasprache zusammenfallen: wir erklären dann für die verschiedenen Satzstrukturen unserer eigenen Sprache, wovon jeweils für einen Satz dieser Struktur seine Wahrheit abhängt. Genau das ist es, was in Kap. 6–8 über die Bedeutung der Sätze der verschiedenen Strukturen gesagt worden war (vgl. die ersten zwei Teildefinitionen mit Kap. 7, S. 107, die dritte Teildefinition mit Kap. 6, S. 98, die vierte Teildefinition mit Kap. 8, S. 128). Wir können uns auch über die Bedeutung der Sätze unserer eigenen Sprache nur in der Weise klarwerden, daß wir angeben, unter welcher Bedingung sie wahr sind. Daß Tarskis rekursive Definition (trotz gewisser Schwierigkeiten, vor allem a) weil die Umgangssprache keine so einfachen Entsprechungen zwischen grammatischer und semantischer Struktur aufweist, und b) weil sie nur zum Teil extensional ist) auch auf die natürliche Sprache anwendbar ist, ist zum ersten Mal von Davidson in seinem Aufsatz »Truth and Meaning« (1967) gezeigt worden.

Man wird jetzt immer noch wissen wollen: wo wird nun in dieser Definition der Wirklichkeitsbezug greifbar? Die Antwort lautet: in der Bezugnahme auf Gegenstände in der vierten Teildefinition. Diese Antwort kann die Gegenfrage provozieren: Also haben nur singuläre prädikative Sätze einen Wirklichkeitsbezug? Nein, aber sie sind die einzigen, die einen direkten Wirklichkeitsbezug haben; der Wirklichkeitsbezug der anderen Sätze besteht darin, daß und wie die ersten drei Teildefinitionen auf die vierte zurückweisen. Das ist gerade der Sinn davon, daß Wahrheit ein nur rekursiv zu definierender Begriff ist. Jetzt erst kann der eigentliche Gewinn von Tarskis Wahrheitsbestimmung gegenüber der Übereinstimmungstheorie in ihrer traditionellen Fassung sichtbar werden. Der Grund, warum die traditionelle Auffassung sogar in ihren relativ vertretbaren Formulierungen (3) und (4) gescheitert war, liegt darin, daß sie den Wirklichkeitsbezug der Aussage an ihrer Übereinstimmung (3) oder Identität (4) mit einer *Tatsache* zu fassen versuchte. Tatsachen sind jedoch keine Gegenstände, die in der raumzeitlichen Welt vorkommen, sondern wir *nennen* einfach einen Gedanken dann eine Tatsache, wenn er wahr ist. Der Begriff der Tatsache ist deswegen ungeeignet, als Wahrheitskriterium zu dienen. Um das Wahrheitskriterium eines singulären prädikativen Satzes zu formulieren, können wir nicht sagen: »Fa« ist wahr, wenn der Sachverhalt, daß a F ist, wirklich ist, sondern nur: »Fa« ist wahr, wenn a wirklich F ist. Wir untersuchen a daraufhin, ob das Prädikat »F« darauf wirklich zutrifft, und nicht den

Sachverhalt, daß a F ist, daraufhin, ob er wirklich ist. Aber auch diese Formulierung ist natürlich nur für die letzte Teildefinition möglich. Bei den Aussagen höherer Struktur, die nicht Aussagen über einen Gegenstand sind, sieht die Sache anders aus. Es war der Fehler der traditionellen Übereinstimmungstheorie, daß sie eine einheitliche Formulierung für Aussagen aller Strukturen geben wollte.

Wir wollen versuchen, das im vorigen Absatz Gesagte noch von einer anderen Seite zu beleuchten. Heidegger hat einmal im Anschluß an Husserl die Aussagenwahrheit so bestimmt, daß eine Aussage dann wahr ist, wenn sie »das Seiende so zeigt, wie es an ihm selbst ist« (*Sein und Zeit*, S. 218). Was ist dabei mit »das Seiende« gemeint? Ist es der Sachverhalt, der der ganzen Aussage entspricht, oder der Gegenstand, über den die Aussage etwas sagt (also der Gegenstand, für den der singuläre Terminus steht)? Man kann sich leicht klarmachen, daß die durchaus erhellende »so – wie«-Formulierung nur paßt, wenn letzteres gemeint ist. Wenn die Aussage »Der Ball ist rot« wahr ist, dann wird durch sie der Ball so gezeigt, wie er ist (bzw. wie er »an ihm selbst« oder wie er »wirklich« ist); hingegen ist es unsinnig zu sagen, diese Aussage zeige den Sachverhalt, daß der Ball rot ist, so, wie er (an ihm selbst) ist. Der Sachverhalt kann nicht so oder anders gezeigt werden; er ist einfach der Sachverhalt, der in dieser Aussage zum Ausdruck kommt und der entweder eine Tatsache ist (wenn die Aussage wahr ist) oder nicht. Dann ist aber auch klar, daß Heideggers Formulierung nur für den besonderen Fall paßt, daß es sich um eine singuläre prädikative Aussage handelt. Eine komplexe oder generelle Aussage ist nicht dann wahr, wenn sie den Gegenstand so zeigt, wie er ist, da sie überhaupt nicht eine Aussage über einen Gegenstand ist. Das heißt nicht, daß sie keinen Gegenstandsbezug hat, sondern daß ihr Gegenstandsbezug durch die rekursive Wahrheitsdefinition vermittelt ist.

Man kann jetzt immer noch folgende Frage stellen: Wenn auch in der vierten Teildefinition der Wirklichkeitsbezug faßbar wird, ist doch in ihr keine Anzeige enthalten, wie zu erkennen ist, daß eine Aussage wahr ist. Das beansprucht diese Wahrheitsdefinition aber auch nicht. Tarski gehört zu jenen Theoretikern, die meinen, daß man die Bedeutung von »wahr« völlig unabhängig von der Frage klären könne, wie man eine Aussage als wahr erkennen kann. Es ist aber am Ende von 13.2 die Forderung erhoben worden, daß eine befriedigende Erklärung von »wahr« eine Anzeige enthalten muß, wie man die Aussage als wahr erkennen kann. Daß dies bei Tarski fehlt, hängt damit zusammen, daß er auch für die singulären und generellen Termini nicht angibt, wie man erkennen könne, für welchen Gegenstand bzw. welchen Begriff sie stehen. Statt dessen rekurriert eine Wahrheitsdefinition in Tarskis Sinn an dieser Stelle auf die hinter der vierten Teildefinition angeführten Listen, in denen den singulären und generellen Termini der Objektsprache die Gegenstände bzw. Begriffe durch metasprachliche Formulierungen einfach zugeordnet werden (z. B. »the sun« steht für die Sonne; »red« steht für Rot usw.). Während nun die vier Teile der rekursiven Wahrheitsdefinition ihren Sinn behielten, als wir die Unterscheidung zwischen einer Objekt- und einer Metasprache fallenließen, trifft dies offenkundig auf die zwei Listen nicht zu. Es wäre sinnlos zu sagen: »Die Sonne« steht für die Sonne. Wir wissen dann immer noch nicht, für welchen Gegenstand der Ausdruck steht, es sei denn, wir wußten es auch schon vorher. Wir müssen also die beiden Listen fallenlassen und eine andere Erklärung der singulären und generellen Termini geben.[11] Was hier erforderlich ist, ist bereits in Kap. 8, S. 140, und Kap. 9 gezeigt worden: Wir müssen, um zu wissen, für welchen Gegenstand ein singulärer Terminus steht, diesen Gegenstand identifizieren können, und bei raumzeitlichen Gegenständen heißt das: ihn raumzeitlich identifizieren können. Wissen, für welchen Gegenstand der singuläre Terminus steht, heißt, seine *Identifizierungsregel* kennen. Bei den generellen Termini haben wir gesehen, daß man weiß, was ein genereller Terminus bedeutet, wenn man an Hand von Beispielen gelernt hat, wie er verwendet wird, und d. h. dann zugleich: man verfügt über ein Kriterium, wie zu entscheiden ist, ob der generelle Terminus auf einen Gegenstand zutrifft. Den generellen Terminus verstehen heißt, über seine *Verwendungsregel* verfügen. Jetzt können wir die vierte Teildefinition in Tarskis rekursiver Wahrheitsdefinition so umformulieren:

(4a) »Fa« ist genau dann wahr, wenn, sofern die Identifizierungsregel von »a« befolgt worden ist, mit Bezug auf das Ergebnis dieser Regelbefolgung »F« gemäß seiner Verwendungsregel anwendbar ist.

Damit ist jetzt eine Erklärung des Wortes »wahr« für singuläre prädikative Sätze gewonnen, die zugleich angibt, wie man erkennen kann, daß ein solcher Satz

wahr ist. (Der Satz »Das Schöneberger Rathaus ist rot« ist z. B. wahr genau dann, wenn der generelle Terminus »rot« gemäß seiner Verwendungsregel auf denjenigen Gegenstand anwendbar ist, der als das Schöneberger Rathaus identifizierbar ist.)
Auf dieser Basis ist auch eine Reformulierung der Übereinstimmungstheorie möglich, in der das Wort »übereinstimmt mit« wieder aufgenommen wird:

(9) Ein Aussagesatz »p« ist wahr genau dann, wenn, sofern die von seinen Bedeutungsregeln geforderte Prozedur befolgt wird, dies zu einem Ergebnis führt, das mit dem in der Behauptung vorweggenommenen Ergebnis übereinstimmt (identisch ist).

(9) gilt für alle Teile der rekursiven Wahrheitsdefinition, aber (9) steht nicht auf eigenen Füßen, weil es in seiner Bezugnahme auf die Bedeutungsregeln auf die Wahrheitsdefinition zurückweist.

13.5 Andere Wahrheitstheorien

Wir haben in 13.2–4 gesehen, daß die Redundanztheorie, die Übereinstimmungstheorie und die semantische Wahrheitstheorie in einem inneren Zusammenhang stehen. Außer diesen Theorien sind im 20. Jahrhundert auch andere Konzeptionen von dem, was es heißt, daß eine Aussage wahr ist, vorgeschlagen worden, insbesondere die pragmatistische Wahrheitstheorie, die Konsenstheorie der Wahrheit und die Kohärenztheorie. Zu einem Teil konnten sich diese Konkurrenten zur Übereinstimmungstheorie nur dadurch empfehlen, daß die

Übereinstimmungstheorie in ihrer traditionellen Fassung so unklar war. Das gilt besonders für die pragmatistische und die Konsensustheorie.

(a) Die pragmatistische Theorie kann heute als erledigt gelten. Sie ist von James in einem sehr unklaren Aufsatz vorgetragen worden.[12] Einerseits wird gesagt, es sei nützlich, sich nach wahren Aussagen zu richten. Das hieße: Wahre Aussagen gehören pragmatisch in einen Kontext der Nützlichkeit. Man kann das auch so formulieren: Es ist schädlich, sich nicht nach der Realität zu richten. Dies ist aber unkontrovers und betrifft nicht den Sinn des Wahrheitsbegriffs. Dieser wird erst dann tangiert, wenn, wie James ebenfalls vorschlägt, der Begriff des Nützlichen geradezu an die Stelle des Begriffs des Wahren tritt. Das aber ist absurd, schon weil »nützlich« ein zweistelliges Prädikat ist (etwas ist nützlich für S) und »wahr« ein einstelliges. Die Frage, ob etwas nützlich für S ist, ist ihrerseits eine Wahrheitsfrage (»ist es wahr, daß – ?«), aber nur eine unter anderen. Meint man hingegen unter einem pragmatistischen Wahrheitsbegriff, daß die verwendeten Prädikate operationalisierbar gemacht werden sollen, dann steht sie in keinem Widerspruch zur Übereinstimmungstheorie.

(b) Die *Konsensustheorie* der Wahrheit, die es schon in der Antike gab, wird neuerdings von Habermas vertreten.[13] Sie besagt, daß der Konsens (die Zustimmung) aller Erkenntnissubjekte das Kriterium der Wahrheit sei. Nun gehört so etwas wie Objektivität zum Sinn von Aussagesätzen und damit auch zum Sinn von Wahrheit. Wenn wir sagen »Es ist so«, dann kann sich das aus einer anderen Perspektive als bloß scheinbar, als falsch erweisen; das hat dann aber zur Folge, daß die Behauptung zurückgezogen werden muß. Etwas kann nicht für den einen wahr, für einen anderen falsch sein, sonst wäre »wahr« ein zweistelliges Prädikat. Daraus folgt, daß alle, wenn sie etwas richtig erkennen, übereinstimmen müssen. So gesehen ist aber der Konsens aller eine Folge der richtigen Erkenntnis, und nicht ihr Kriterium. Soll der Konsens, wie es die Konsensustheorie behauptet, das Kriterium der Wahrheit sein, so ist diese Auffassung dem Einwand ausgesetzt, daß nicht der faktische Konsens maßgebend sein kann, da es denkbar ist, daß alle sich irren. Es kann sich also nur um den Konsens handeln, der sich aus der Befolgung der für eine Aussage relevanten Begründungsregeln ergibt. Diese Regeln sind aber, wie wir zuletzt gesehen haben, die für die recht verstandene Übereinstimmungstheorie maßgebenden semantischen Regeln, und es versteht sich von selbst, daß alle Personen, die die semantischen Regeln befolgen, eben, sofern sie dieselben Regeln befolgen, zu demselben Ergebnis kommen. Der Konsens als solcher kann erst dort relevant werden, wo wir eine Aussage oder Theorie nicht zureichend objektiv begründen können. Aber an dieser Stelle ist dann der Konsens eine kollektive Dezision zu einer Annahme und kann nicht als Begründung in Anspruch genommen werden. Die Konsensustheorie verdeckt den Unterschied zwischen Fragen, die durch ein kollektives Fiat entschieden werden müssen, und solchen, die begründbar sind.

(c) Während die Konsensustheorie behauptet, daß das Kriterium der Wahrheit einer Aussage darin bestehe, daß ihr alle Erkenntnissubjekte zustimmen können, behauptet die *Kohärenztheorie*, daß das Kriterium der Wahrheit einer Aussage in ihrer Übereinstimmung (Kohärenz) mit allen anderen Aussagen besteht. Diese Theorie wurde zuerst im englischen Hegelianismus vertreten und geht in gewisser Weise auf Hegel selbst zurück mit seiner These »Die Wahrheit ist das Ganze«.[14] Man könnte sagen, daß Hegels Logik *de facto* eine Kohärenztheorie der Wahrheit darstellt: jeder Satz bezieht seine Legitimation daraus, daß er an einer bestimmten Stelle im philosophischen System vorkommt.

Als eine Theorie der Wahrheit empirischer Sätze erscheint die radikale, unverwässerte Kohärenztheorie absurd, weil sie die Erfahrung als Instanz ausschließt. Sie ist daher in dieser Schärfe nur selten vertreten worden.[15] Sobald man jedoch nicht von einer Kohärenztheorie spricht, die die Übereinstimmungstheorie *ersetzen* soll, sondern von dem Kohärenzgesichtspunkt, der den Übereinstimmungsgesichtspunkt *ergänzen* muß, handelt es sich um eine wichtige Vertiefung des Wahrheitsgedankens:

Wir haben bisher nur einzelne Aussagen betrachtet. In 13.1 ist aber schon darauf hingewiesen worden, daß wir es meist mit komplexen Sachen zu tun haben, die wir nur durch eine Aussagenmenge »so« erfassen können, »wie sie selbst sind« (vgl. die S. 233 zitierte Formulierung von Heidegger). Ein wichtiger Sonderfall solcher Aussagenmengen sind wissenschaftliche Theorien. Bei einer Theorie wie überhaupt bei jeder Menge von Aussagen, die zusammen alle mit Wahrheitsanspruch geäußert werden, ist es eine notwendige (wenngleich eben nicht hinreichende) Bedingung für ihre Wahrheit, daß

sie untereinander konsistent sind. Es sei hier angenommen, daß unter Kohärenz nicht mehr verstanden wird als Konsistenz (Widerspruchsfreiheit).
Hier ist nun Quine im Anschluß an Duhem einen Schritt weitergegangen.[16] Quine widerspricht der im traditionellen Empirismus gemachten Voraussetzung, daß es reine Beobachtungssätze gibt, die man isoliert ein für allemal verifizieren könnte. Vielmehr enthalten auch unsere einfachsten singulären prädikativen Sätze sowohl in der Verwendung des singulären Terminus als auch in der Verwendung des generellen Terminus Annahmen über Gesetzmäßigkeiten, also theoretische Annahmen. Die im vorigen Absatz genannte Konsistenzforderung betrifft also nicht nur Theorien, sondern auch, weil sie ihrerseits Theorien implizieren, die Einzelsätze. Quine behauptet, daß alle empirischen Sätze sowohl hinsichtlich ihrer Wahrheit als auch (beides hängt ja zusammen) in ihrer Bedeutung interdependent sind. Wenn neue Beobachtungen gemacht werden, müssen bisherige Aussagen korrigiert werden, aber es ist im Prinzip offen, ob die Korrektur mehr an der »Peripherie« (den Beobachtungssätzen) oder mehr im Inneren der Theorie erfolgt. Die Wahrheit, um die es bei der Verifikation jedes Satzes geht, ist letztlich die des ganzen Systems. Die Übereinstimmungstheorie wäre jetzt durch die Kohärenztheorie nicht nur ergänzt, sondern so durchwachsen, daß man sie neu konzipieren müßte. Quines Auffassung scheint aber bisher noch nicht entsprechend konkret ausgearbeitet zu sein.

Anmerkungen

1 Zu diesen beiden Aspekten des Wahrheitsbegriffs gibt es keine Standardliteratur. Ein problematischer Versuch zu ihrer Klärung findet sich in Tugendhat, »Wissenschaft und Wahrheit«. Zu Wahrheit und Relevanz vgl. auch Popper, *Conjectures and Refutations*, S. 228 ff. Es gibt eine traditionelle Auffassung von der »Dingwahrheit« (im Sinn von »wahrem Gold«), die sich z. B. bei Hegel und auch bei Heidegger findet, wonach sie besteht in der »Übereinstimmung des Gegenstandes mit seinem Begriff«. Diese Auffassung ist falsch. Falsches Gold ist nicht Gold, das mit seinem Begriff nicht übereinstimmt, denn da es gar nicht Gold ist, ist Gold auch nicht sein Begriff. Vgl. dagegen die Erklärung im Text.
2 Vgl. Ramsey, »Tatsachen und Propositionen«. Zur Diskussion um die Redundanztheorie vgl. den von Pitcher herausgegebenen Sammelband *Truth*.
3 Vgl. Carnap, »Wahrheit und Bewährung«.
4 Die Ausführungen in 13.3 entsprechen weitgehend einem Passus in Tugendhat, *Vorlesungen zur Einführung in die sprachanalytische Philosophie*, S. 250–252.
5 Thomas von Aquin, *De Veritate*, qu. 1, art. 1.
6 Kant, *Kr.d.r.V.*, B 82.
7 Die Vorstellung eines Vergleichs eines behaupteten Sachverhalts mit der entsprechenden Tatsache macht außerdem die unzulässige Voraussetzung, daß sich Tatsachen in der Welt vorfinden. Die Welt (unsere raumzeitliche Welt) besteht aber nicht aus Tatsachen, sondern aus konkreten Gegenständen.
8 Frege, »Der Gedanke«, S. 50.
9 Vgl. Tarskis Abhandlung »Der Wahrheitsbegriff in den formalisierten Sprachen«. Eine kurze Darstellung seiner Konzeption hat Tarski 1944 in seinem Aufsatz »Die semantische Konzeption der Wahrheit und die Grundlagen der

Semantik« gegeben. Eine vereinfachte Darstellung der Theorie Tarskis findet sich in Stegmüller, *Das Wahrheitsproblem und die Idee der Semantik*.

10 Sie entsprechen ungefähr der Auffassung, die in Tugendhat, »Tarskis semantische Definition der Wahrheit und ihre Stellung innerhalb der Geschichte des Wahrheitsproblems im logischen Positivismus« vertreten wird.

11 Die im folgenden skizzierte Auffassung ist ausführlicher dargestellt in Tugendhat, *Vorlesungen zur Einführung in die sprachanalytische Philosophie*, S. 484 ff.

12 Vgl. James, »Der Wahrheitsbegriff des Pragmatismus«.

13 Vgl. Habermas, »Wahrheitstheorien«.

14 Hegel, *Phänomenologie des Geistes*, S. 21.

15 Etwa von Neurath, »Soziologie im Physikalismus«.

16 Quine, »Two Dogmas of Empiricism«, §§ 5–6.

Literaturhinweise

Thomas von Aquin, »Quaestiones Disputatae de Veritate«.

Tarski, »Der Wahrheitsbegriff in den formalisierten Sprachen«.

– »The Semantic Conception of Truth«.

Pitcher (Hrsg.), *Truth*.

Skirbekk (Hrsg.), *Wahrheitstheorien*.

14 Notwendigkeit und Möglichkeit

Der Notwendigkeitsbegriff ist uns mehrfach in früheren Problemkontexten begegnet. In Kap. 3 wurde der Begriff des Analytischen eingeführt und angedeutet, daß analytische Sätze eine bestimmte Art von notwendigen Sätzen sind, daß es daneben aber auch andere Arten notwendiger Sätze geben könnte. In Kap. 10 haben wir Kripkes nicht-analytischen Notwendigkeitsbegriff kennengelernt, den wir bisher nur sehr vage bestimmen konnten. Von Möglichkeit war im Zusammenhang der Existenzproblematik die Rede, wo wir überlegten, ob es sinnvoll ist, von möglichen Gegenständen zu sprechen bzw. wie diese Redeweise zu verstehen ist. Wir werden uns daher zwei Dinge fragen müssen: 1. Welches ist die semantische Struktur von Möglichkeits- und Notwendigkeitsaussagen, d. h. insbesondere: wovon wird gesagt, daß es möglich oder notwendig ist? 2. Welche Arten von Möglichkeits- und Notwendigkeitsaussagen gibt es, d. h. welche Bedeutungen haben die Ausdrücke »möglich« und »notwendig«, und wie sind diese Bedeutungen zu erklären?

14.1 Möglichkeit im Sinne des Vermögens

Ausgearbeitete Überlegungen zu beiden Fragen finden sich zum ersten Mal bei Aristoteles. Aristoteles hat eine ausführliche Theorie der Möglichkeit entwickelt und sich ebenfalls detailliert, wenn auch weniger systematisch, mit dem Notwendigkeitsbegriff befaßt. Aristoteles unterscheidet zwei Hauptbedeutungen von »möglich«:[1] erstens die Möglichkeit, die, wie er es ausdrückt, gemäß einem Vermögen ausgesagt wird, zweitens die Möglichkeit, die nicht gemäß einem Vermögen ausgesagt wird, nämlich »möglich« im Sinne von »nicht notwendigerweise falsch«, welches in der Form »es ist möglich, daß« vorkommt. Mit der ersteren Bedeutung, der Möglichkeit gemäß einem Vermögen, sind Möglichkeitsausdrücke gemeint, die einem Gegenstand ein Vermögen oder eine Fähigkeit zuschreiben. Wir verwenden z. B. Sätze wie »Holz kann brennen (ist brennbar)«, »Peter kann schwimmen«, in denen einem Ding oder einer Person ein kausales Vermögen oder eine Handlungsfähigkeit zugeschrieben wird. Diese Rede von einer Möglichkeit oder einem Können läßt sich so interpretieren, daß das Können ein Bestandteil des Prädikats ist, d. h. daß wir bestimmte Prädikate haben, die nicht irgendwelche Eigenschaften, sondern Vermögen oder Fähigkeiten zuschreiben. Auf diesen Möglichkeitsbegriff, der ein Können zum Ausdruck bringt, sei nur hingewiesen. Wir können hier nicht auf ihn eingehen, da er uns weit aus unserem bisherigen Problemrahmen hinausführen würde. Wir werden es also im folgenden mit der zweiten der von Aristoteles unterschiedenen Bedeutung von »möglich« zu tun haben, mit dem Ausdruck »es ist möglich, daß« bzw. für den Notwendigkeitsbegriff entsprechend mit »es ist notwendig, daß«.

14.2 Möglichkeit und Notwendigkeit als Modalitäten

Möglichkeit und Notwendigkeit in diesem Sinn bezeichnet man traditionellerweise als die Modalitäten des Urteils. In Kap. 5 hatten wir bei der Behandlung der traditionellen Auffassung des Urteils gesehen, daß man zwischen Quantität (alle/einige) und Qualität (Affirmation/Negation) des Urteils unterschieden hat (Kap. 5, S. 68). Aristoteles, auf den diese Unterscheidung, wenn auch nicht die Terminologie zurückgeht, hatte die Urteile noch nach einer dritten Hinsicht klassifiziert, welche wir damals weggelassen hatten (ähnlich Kant, *Kr.d.r.V.*, B 95). Er sagt, daß ein Urteil entweder die Wirklichkeit oder die Notwendigkeit oder die Möglichkeit des Zukommens eines Prädikats P mit Bezug auf ein Subjekt S ausdrücken kann.[2] Neben dieser Bestimmung, die auf Sätze der Form »S ist P« bezogen ist, gibt Aristoteles noch eine etwas andere Bestimmung der Modalität, die sich auf andere Arten von Aussagen ausdehnen läßt. Aristoteles sagt nämlich, daß die Ausdrücke »es ist notwendig, daß« usw. das veritative »ist« qualifizieren.[3] Tatsächlich könnte man sagen, daß die Modalität der Wirklichkeit, also der Ausdruck »es ist wirklich so, daß«, einfach das betonte »es ist so, daß«, also das veritative »ist« selbst ist. Anders als in der traditionellen Lehre vom Urteil, die die Wirklichkeit zu den Modalitäten rechnet, zählt man in der modernen Modaltheorie das einfache »es ist so, daß« nicht zu den modalen Ausdrücken. Für diese Unterscheidung zwischen »es ist so, daß« auf der einen Seite und »es ist notwendig/möglich, daß« auf der anderen Seite gibt es wichtige Gründe. Zwar sind beide Arten von Ausdrücken Satzoperatoren, d. h. Ausdrücke, die vor substantivierten Sätzen »daß p« stehen, aber es gibt auch entscheidende Unterschiede in den logischen Eigenschaften:

(a) »Es ist nicht so, daß p« ist gleichbedeutend mit »Es ist so, daß nicht-p«.
»Es ist nicht notwendig, daß p (daß es morgen regnet)« ist nicht gleichbedeutend mit »Es ist notwendig, daß nicht-p (daß es morgen nicht regnet)«.

(b) »Es ist so, daß die Zahl 9 ungerade ist« ist eine wahre Aussage, deren Wahrheit erhalten bleibt, wenn wir die Teilausdrücke durch andere Ausdrükke ersetzen, die dasselbe bezeichnen (dieselbe Extension haben), aber einen anderen Sinn (eine andere Intension) haben. Zum Beispiel bleibt die Wahrheit der Aussage erhalten, wenn wir den singulären Terminus »9« durch den singulären Terminus »die Zahl der Planeten« ersetzen, der dieselbe Zahl bezeichnet, aber einen anderen Sinn hat.
Hingegen bleibt die Wahrheit von »Es ist notwendig, daß die Zahl 9 ungerade ist« nicht erhalten, wenn wir dieselbe Ersetzung vornehmen: es ist nicht notwendig, sondern zufällig, daß die Anzahl der Planeten gerade 9 beträgt und damit ungerade ist.

Wir waren auf ähnliche Phänomene wie die unter (a) und (b) genannten im Zusammenhang der komplexen Aussagen der Form »Ich glaube, daß p« gestoßen, wo es bei der Ersetzung ebenfalls auf den Sinn der Teilausdrücke ankam (Kap. 7, S. 122), und wir können daher sagen, daß die Sätze der Form »Es ist notwendig, daß p« ebenso wie die Sätze der Form »A glaubt, daß p« nicht-wahrheitsfunktionale Zusammensetzungen sind oder daß sie, wie man manchmal auch sagt, intensionale Kontexte bilden.

Bereits Aristoteles hat die Modaloperatoren in seiner Logik berücksichtigt, und in der modernen Logik hat man die Aussagenlogik (und manchmal auch die Quantorenlogik) um die Operatoren »es ist notwendig, daß« (□) und »es ist möglich, daß« (◇) erweitert. Möglichkeit und Notwendigkeit lassen sich durcheinander definieren: »Es ist möglich, daß p« bedeutet dasselbe wie »Es ist nicht notwendig, daß nicht-p«, und »Es ist notwendig, daß p« bedeutet dasselbe wie »Es ist nicht möglich, daß nicht-p«. Erweitert man den logischen Apparat um die beiden Modaloperatoren der Möglichkeit und der Notwendigkeit, dann gewinnt man neue Möglichkeiten der logischen Folgerung hinzu. Um nur die beiden grundlegendsten zu nennen: Es gilt »$\Box p \supset p$«, denn wenn es notwendig ist, daß p, d. h. notwendigerweise wahr ist, daß p, dann folgt daraus auch die schwächere Aussage, daß es wahr ist, daß p. Es gilt außerdem »$p \supset \Diamond p$«, d. h. wenn etwas wahr ist, muß es auch möglich (möglicherweise wahr) sein.

Wir haben jetzt ein ungefähres Verständnis der logischen Form von Modalaussagen. Sie bestehen aus einem Modaloperator und einer Proposition, wobei die Zusammensetzung eine nicht-wahrheitsfunktionale ist. Die Aufgabe des Modaloperators ist es dabei, das veritative »ist« zu modifizieren: »es ist notwendig, daß« wäre sozusagen ein verstärktes veritatives »ist«, »es ist möglich, daß« ein abgeschwächtes. Wir müssen uns jetzt fragen, was genau eine solche gegenüber dem schlichten

»p« oder »es ist so, daß p« stärkere bzw. schwächere Aussage bedeutet. Da sich, wie wir gesehen haben, Möglichkeit und Notwendigkeit wechselseitig durcheinander definieren lassen, werden wir uns im wesentlichen auf einen der beiden Begriffe, den der Notwendigkeit, beschränken.

14.3 Die Problematik des Notwendigkeitsbegriffs

Wie schon eingangs erwähnt, wird meistens angenommen, daß wir von Notwendigkeit in mehreren Bedeutungen reden können. Die beiden wichtigsten Bedeutungen, die angeführt werden, sind die der analytischen und die der kausalen Notwendigkeit. Wir können als drittes Kripkes intuitiv eingeführten Notwendigkeitsbegriff hinzunehmen, den er als metaphysischen Notwendigkeitsbegriff bezeichnet.
Der Notwendigkeitsbegriff war und ist jedoch in der neueren philosophischen Diskussion ein umstrittener Begriff. Umstritten ist nicht nur, wie seine verschiedenen Bedeutungen zu erklären sind, sondern umstritten ist auch, ob sich überhaupt sinnvoll von einer Notwendigkeit reden läßt. Die meisten Philosophen akzeptieren zwar die Rede von einer analytischen Notwendigkeit als sinnvoll, jedoch wird bereits die Rede von einer kausalen Notwendigkeit häufig abgelehnt. So wendet sich z. B. Wittgenstein im *Tractatus* gegen den kausalen Notwendigkeitsbegriff, indem er schreibt: »Einen Zwang, nach dem Eines geschehen müßte, weil etwas anderes geschehen ist, gibt es nicht. Es gibt nur eine *logische* Notwendigkeit« (6.37). Wir werden uns

also im folgenden nicht nur fragen müssen, wie die üblicherweise unterschiedenen Bedeutungen von »notwendig« zu verstehen sind, sondern auch, mit welchem Recht sie als Bedeutungen gerade des Ausdrucks »notwendig« verstanden werden. Dazu brauchen wir allerdings ein vorläufiges Kriterium dafür, was wir mit »notwendig« meinen. Wir können uns an unserem intuitiven Vorverständnis der Bedeutung von »notwendig« orientieren, das Aristoteles so charakterisiert hat, daß notwendig alles ist, was sich nicht anders verhalten kann.[4] Beginnen wir mit der Untersuchung derjenigen Bedeutung von »notwendig«, die, wenn auch nicht von allen, so doch von den meisten Philosophen akzeptiert wird, nämlich der analytischen Notwendigkeit. Was diesen Begriff des Analytischen betrifft, können wir eine Reihe von Punkten aus vorhergehenden Kapiteln aufnehmen.

14.4 Analytische Notwendigkeit

Während diejenigen Aussagen, die wir gewöhnlich verwenden, Aussagen über die Welt sind, mit denen wir behaupten, daß es sich wirklich so verhält, und die wir durch Erfahrung (a posteriori) überprüfen, sind analytische Aussagen Grenzfälle von Aussagen, die nichts über die Welt sagen, deren Wahrheit oder Falschheit vielmehr schon durch ihre Bedeutung festgelegt ist und daher nicht empirisch, sondern a priori erkannt wird (vgl. Kap. 3, S. 42). Ein empirischer Satz wie »Es hat gestern geregnet« kann wahr oder falsch sein, und wenn wir in einem bestimmten Fall festgestellt haben, daß er wahr ist, können wir immer noch sagen, daß er auch hätte falsch sein können. Ein analytischer Satz wie »Junggesellen sind unverheiratet« hat nicht diese beiden Möglichkeiten; dieser Satz ist nicht nur wahr, sondern er ist notwendigerweise wahr; wir können nicht sagen, daß er auch hätte falsch sein können. Umgekehrt ist »Junggesellen sind verheiratet« nicht nur falsch, sondern notwendigerweise falsch, d. h. unmöglich wahr; wir können nicht sagen, daß es sich auch anders verhalten könnte, daß der Satz also wahr hätte sein können.

Wir können also auf analytisch wahre Aussagen offenbar das oben genannte intuitive Kriterium für Notwendigkeit, das Kriterium des »Es kann sich nicht anders verhalten« anwenden. Worin gründet aber diese Notwendigkeit? Wir hatten gesehen, daß analytisch wahre Aussagen Aussagen sind, deren Wahrheit in ihrer Bedeutung gründet (Kap. 3, S. 41) oder deren Negation einen Widerspruch impliziert (Kap. 3, S. 40). Wir können also sagen, daß die Notwendigkeit analytischer Aussagen letztlich im Satz vom Widerspruch gründet. Aussagen, die den Satz vom Widerspruch verletzen, sind analytisch falsch oder unmöglich, weil, wie wir in Kap. 4 gesehen haben, mit ihnen etwas gesagt und das Gesagte sofort wieder durchgestrichen wird, weil mit ihnen nichts gesagt wird. Und d. h., die Notwendigkeit des Satzes vom Widerspruch selbst liegt irgendwie darin, daß er die allgemeinste Bedingung für die sinnvolle Verwendung von sprachlichen Ausdrücken enthält, die Bedingung nämlich, daß ein Ausdruck nicht zugleich nach einer bestimmten Regel verwendet und nicht nach ihr verwendet werden kann, d. h. die Bedingung der Identität sprachlicher Bedeutung.

Das bedeutet nicht, daß wir die Verwendungsregel eines Ausdrucks nicht ändern können. Es heißt nur, daß wir, *solange* die Regel für die Verwendung eines bestimmten Ausdrucks so festgelegt ist, solange die Anwendungsgrenzen so gezogen sind, den Ausdruck nicht entgegen dieser Regel verwenden können. Wir könnten die Regel ändern und den Ausdruck nach einer neuen Regel verwenden. Damit ändert sich aber auch die Bedeutung der Aussagen, in denen der Ausdruck vorkommt. Zum Beispiel ist die analytische Aussage »Rot ist eine Farbe« notwendig wahr, wenn wir die Teilausdrücke in ihrer üblichen Bedeutung verwenden. Ändern wir aber z. B. die Bedeutung des Ausdrucks »rot« so, daß er jetzt das bedeutet, was bisher das Wort »rund« bedeutete, dann wird nicht die bisherige analytische Aussage, von der wir annahmen, daß sie notwendig ist, also nicht falsch sein kann, doch falsch, sondern die Bedeutung und damit die Identität der Aussage ändert sich: wir erhalten eine andere ebenfalls analytische Aussage, und zwar eine, die analytisch falsch, also unmöglich wahr ist. Also kann eine analytisch wahre Aussage als diese bestimmte Aussage nicht falsch sein, d. h. sie ist notwendigerweise wahr.

14.5 Kausale Notwendigkeit

Wir reden umgangssprachlich von Naturnotwendigkeiten oder Naturgesetzen und sagen von bestimmten Dingen, daß sie unmöglich geschehen könnten, weil sie gegen die Naturgesetze verstoßen würden. Naturgesetze sind bestimmte Allaussagen, in denen entweder natürlichen Dingen oder Stoffen allgemein bestimmte kausale Eigenschaften zugeschrieben werden (z. B. »Alles, was aus Zucker ist, ist wasserlöslich«) oder in denen das regelmäßige Aufeinanderfolgen zweier Arten von Ereignissen ausgesagt wird (z. B. »Immer, wenn es blitzt, donnert es«). Haben wir es nun hier tatsächlich mit Notwendigkeiten zu tun, mit Sachverhalten, die nicht anders sein könnten?

Hume hatte die Auffassung vertreten,[5] daß Naturgesetze einfach Aussagen über das regelmäßige Zusammenvorkommen von Ereignissen sind. Die Wahrheit der gerade angeführten Beispiele wissen wir aus der Erfahrung, durch Beobachtung vieler Einzelfälle, und Hume argumentiert, daß wir keine Notwendigkeit der Verknüpfung von Ereignissen beobachten können, sondern nur die Regelmäßigkeit. Daß wir Naturgesetze für notwendig halten, hat nach Hume psychologische Gründe: Die Tatsache, daß wir eine bestimmte Regelmäßigkeit beobachtet haben, führt dazu, daß wir die feste Meinung oder die Erwartung ausbilden, daß es sich allgemein und immer so verhält. Das würde heißen, daß die kausalen Regelmäßigkeiten zwar etwas sind, worauf wir uns verlassen, daß sie aber nicht notwendig sind.

Neben der Humeschen Kausalitätsauffassung, die mit Variationen auch heute noch vertreten wird, gibt es eine Reihe anderer Theorien, die über die Humesche Regularitätsauffassung hinausgehen. Aus den ganz verschiedenen Ansätzen sei hier nur einer herausgegriffen, der besonders wichtige Punkte enthält.[6] Humes Auffassung von Naturgesetzen scheint zu schwach zu sein. Denn wir würden natürlich nicht alle Regelmäßigkeiten, die wir beobachten können, für naturgesetzliche halten; wenn z. B. jemand beobachten würde, daß immer abends um sieben Uhr die Straßenlampen hell werden, würde er das gleichwohl nicht für ein Naturgesetz halten. Hume gibt uns kein Kriterium, wie wir zufällige von gesetzlichen Regelmäßigkeiten unterscheiden können. Ein Kriterium, welches verschiedentlich vorgeschlagen wurde, lautet, daß diejenigen beobachteten Regelmäßigkeiten naturgesetzliche sind, die eine Rolle in unserem gesamten System naturwissenschaftlicher Erklärungen spielen,[7] wobei solche Kausalerklärungen so gegeben werden, daß die Regelmäßigkeit durch die Art und Struktur der Gegenstände und Stoffe begründet wird, die in den Regelmäßigkeiten vorkommen.[8] Man würde also z. B. die beobachtete Regelmäßigkeit, daß Zucker sich auflöst, wenn man ihn in Wasser gibt, deshalb als naturgesetzliche ansehen, weil sie sich durch die chemische Struktur des Stoffes Zucker erklären läßt und weil diese Erklärung eingebettet ist in ein ganzes System wissenschaftlicher Erklärungen, die einen Zusammenhang zwischen beobachtbaren Phänomenen und Struktureigenschaften von Stoffen und Dingen herstellen.

Folgt aus dieser Erklärungskomponente, die in Naturgesetzen enthalten ist, daß sie notwendige Aussagen sind? Es scheint in der Tat, daß Naturgesetze dadurch eine begriffliche Komponente erhalten. In unserem System naturwissenschaftlicher Erklärungen würde die Tatsache, daß sich z. B. etwas, das wie Zucker aussieht, nicht in Wasser löst, dadurch erklärt werden, daß dieses

Etwas eine andere chemische Struktur hat als Zucker, und etwas, das eine andere chemische Struktur hat als Zucker, würden wir nicht als Zucker bezeichnen.[9] Es gibt also einen klaren Sinn, in dem es notwendig ist (nicht anders sein kann als), daß z. B. Zucker wasserlöslich ist; es ist notwendig, weil wir auf etwas, das nicht wasserlöslich ist, nicht den generellen Terminus »Zukker« anwenden würden.

Sofern von einer Notwendigkeit im Zusammenhang mit Naturgesetzen die Rede ist, scheint diese also die analytische Notwendigkeit zu sein, die auf den Verwendungsregeln unserer naturwissenschaftlichen Termini beruht. Hingegen haben wir eine spezifisch kausale oder naturgesetzliche Notwendigkeit bisher nicht gefunden, und ein solcher Begriff scheint auch nicht sinnvoll zu sein. So liegt unserem System naturwissenschaftlicher Erklärungen z. B. die allgemeine Tatsache zugrunde, daß Stoffe und Dinge mit der gleichen inneren Struktur dasselbe Kausalverhalten zeigen. Das ist faktisch allgemein der Fall, aber es gibt keinen Grund zu behaupten, daß es notwendigerweise so ist, daß es nicht anders sein könnte. Es sei denn wiederum einen begrifflichen Grund: den Grund, daß wir, wenn es nicht so wäre, unsere bisherige naturwissenschaftliche Begrifflichkeit, den Begriff der Kausalität, des materiellen Dings, der Struktur von Dingen usw. nicht mehr anwenden würden. Aber daß wir diese Begrifflichkeit weiterhin anwenden können, ist nicht durch Naturnotwendigkeiten garantiert, sondern ist einfach etwas, worauf wir uns verlassen.

14.6 Epistemische Modalitäten

In solchen Fällen, in denen wir uns auf die Wahrheit einer Aussage verlassen, aber die Möglichkeit eines Andersseins nicht letztlich ausschließen können, verwendet man nicht die Aussage »Es ist notwendig, daß p«, sondern die Aussage »Es ist sicher, daß p«. »Es ist sicher, daß p« und das ihm entsprechende »Es ist möglich, daß p« bezeichnet man als epistemische Modaloperatoren. Während »Es ist notwendig, daß p« »Es ist wahr, daß p« impliziert, läßt sich aus »Es ist sicher, daß p« nicht auf die Wahrheit von »p« schließen. Denn mit »Es ist sicher, daß p« wird nicht gesagt, daß es nicht anders sein kann, sondern es wird nur gesagt, daß aufgrund des Erkenntnisstandes, in dem wir uns zum Zeitpunkt der Äußerung befinden, alles dafür spricht, daß »p« wahr ist.

Die epistemischen Modaloperatoren verwenden wir häufig mit Bezug auf solche Aussagen, die weder durch Beobachtung noch durch logische Ableitung verifiziert werden können, die aber doch durch andere Verfahren begründet werden können. Ein wichtiges Beispiel sind die Aussagen über künftige Ereignisse. Wenn jemand sagt »Es ist sicher, daß es gleich regnen wird«, dann kann er seine Aussage nicht durch Beobachtung des künftigen Ereignisses verifizieren, sondern er stützt sich dann auf Beobachtungen, die er jetzt machen kann, sowie auf Naturgesetze, mittels derer sich aus den Beobachtungen bestimmte Dinge ableiten lassen. Aber auch wenn die Naturgesetze, die er dabei benutzt, notwendige Aussagen sind, läßt sich der abgeleiteten Zukunftsaussage nur die epistemische Modalität der

Sicherheit zusprechen. Denn das vorhergesagte Ereignis findet in einer komplexen wirklichen Situation statt, in der eine ganze Reihe von Kausalfaktoren wirksam sind und daher mehrere Naturgesetze angewendet werden müssen, und es läßt sich nicht ausschließen, daß der Betreffende relevante Situationsfaktoren übersehen hat oder vielleicht eines der Naturgesetze, die eine Rolle spielen, nicht kennt.

14.7 Metaphysische Notwendigkeit (Kripke)

Bisher sind wir auf keine sinnvolle Verwendung eines »es ist notwendig, daß« in der Kernbedeutung des »es kann nicht anders sein als« gestoßen, die nicht eine analytische Notwendigkeit gewesen wäre oder in einer analytischen Notwendigkeit gründete. Nun hatten wir im Zusammenhang der Identitätsaussagen gesehen (Kap. 10, S. 177), daß Kripke einen Notwendigkeitsbegriff verwendet, der seiner Meinung nach nicht der analytische ist und den er als metaphysische Notwendigkeit bezeichnet. Er erläutert diesen Notwendigkeitsbegriff gerade durch die Kernbedeutung von »notwendig«, von der wir auch hier ausgegangen waren, indem er sagt, daß notwendig das ist, was nicht anders sein könnte bzw. nicht anders hätte sein können; ob etwas in diesem Sinn notwendig ist, erkennen wir nach Kripke durch intuitive Überlegungen über mögliche Welten, d. h. kontrafaktische Situationen (*Name und Notwendigkeit*, S. 45 f.). Nun waren wir bei der analytischen Notwendigkeit in der Lage zu erläutern, worin es gründet, daß analytisch wahre Aussagen nicht nur wahr sind, sondern notwendigerweise wahr sind. Kripke hingegen verweist uns für seinen metaphysischen Notwendigkeitsbegriff nur auf unsere Intuitionen, ohne zu erläutern, was genau es heißt oder woran es liegt, daß diejenigen Aussagen, die in seinem Sinn notwendig sind, tatsächlich nicht anders als wahr sein können. Aber vielleicht können wir aus der Darstellung seiner Beispiele eine solche Erläuterung gewinnen.

Die eine Art von Beispielen, die Kripke anführt, sind die Identitätsaussagen, in denen die beiden singulären Termini zwei verschiedene Eigennamen sind. Was diese Beispiele betrifft, so hatten wir Kripkes Auffassung, daß sie notwendig sind, bezweifelt: daß die beiden gegenständlichen Raumzeitabschnitte, die wir in den Taufsituationen, in denen wir die beiden Namen eingeführt haben, vor uns hatten, ein und demselben Gegenstand angehören, kann wahr oder falsch sein. Sehen wir uns also die zweite Art von Beispielen an, die Kripke gibt. Hierzu gehören Sätze wie »Katzen sind Tiere«, »Gold ist ein Metall«. Von diesen Sätzen würden wir wohl in der Tat intuitiv sagen, daß sie notwendig sind. Aber wir würden normalerweise außerdem annehmen, daß sie deswegen notwendig sind, weil sie analytisch sind. Kripke jedoch vertritt für sortale Termini wie »Katze« und für Termini für natürliche Stoffe wie »Gold« dieselbe Auffassung wie bezüglich der Eigennamen. Er sagt nämlich, daß sie keine (deskriptive) Bedeutung haben, sondern so eingeführt werden, daß einigen Exemplaren solcher natürlicher Dinge oder Stoffe der Terminus in einer Wahrnehmungssituation zugeordnet wird, der von da an starr, d. h. in jeder möglichen Welt, Dinge oder Stoffe derselben Art bezeichnet (S. 141, 145 f.). Anders als bei Eigennamen, die tatsächlich keine deskriptive Bedeutung haben, erscheint das Absprechen einer deskriptiven Bedeutung mit Bezug auf sortale Termini und Stofftermini jedoch erstens unplausibel. Zweitens ist, wenn z. B. »Katze« ein Spezies-Name ohne Bedeutung ist, unklar, was wir uns vorstellen sollen, wenn wir uns überlegen sollen, ob Katzen auch nicht hätten Tiere sein können.

Kripke gibt zu dieser Frage Hinweise, die nicht für seine metaphysische Interpretation, sondern für eine analytische Interpretation der fraglichen Notwendigkeit sprechen. Er sagt, daß »Katzen sind Tiere« deswegen notwendigerweise wahr ist, weil damit, daß sie Tiere sind (und nicht z. B. Roboter), gemeint ist, daß sie eine bestimmte innere Struktur, nämlich diejenige von Lebewesen einer bestimmten Art haben (S. 139); das aber heißt, daß selbst dann, wenn keine Termini für äußere Merkmale notwendig mit dem sortalen Prädikat verbunden sein sollten (was man bezweifeln kann), doch Termini für interne Strukturmerkmale notwendig mit ihm verbunden sind.

Was wir überlegen müssen, ist also, ob Katzen, die die und die Struktur von Lebewesen haben, diese Struktur in einer kontrafaktischen Situation auch hätten nicht haben können. Kripke kommt zu dem Ergebnis, daß diese Möglichkeit nicht besteht, daß die Lebewesen-Katzen z. B. nicht hätten Dämonen mit der äußeren Erscheinung von Katzen sein können. Aber warum nicht? Wodurch ist diese Möglichkeit ausgeschlossen? Offenbar durch die Art der Grenzziehung, die durch die Verwendungsregeln unserer sortalen Termini für natürliche Dinge und Stoffe getroffen wird, d. h. durch den

Umstand, daß unser ausschlaggebendes Kriterium für die Anwendbarkeit von Termini für natürliche Spezies und Stoffe die Art der inneren Struktur des Gegenstandes oder Stoffes ist. Dann aber erweist sich die angeblich metaphysische Notwendigkeit als ein bestimmter Fall der analytischen Notwendigkeit, als derjenige besondere Fall, in dem die Notwendigkeit nicht in der Bedeutung irgendwelcher Ausdrücke gründet, sondern speziell in der Bedeutung unserer Termini für natürliche Spezies und Stoffe.

Wir haben also nur eine Bedeutung von »notwendig« gefunden, bei der sich das intuitive Kriterium, daß es sich nicht anders verhalten kann, begründet einlösen läßt, nämlich die Notwendigkeit im analytischen Sinn.

Anmerkungen

1 Siehe Aristoteles, *Metaphysik* V,12.
2 Aristoteles, *Analytica Priora* 25a 1 f.
3 Aristoteles, *De Interpretatione* 21b 26 ff.
4 Siehe Aristoteles, *Metaphysik* V, 1015a 34–36.
5 Vgl. Hume, *An Enquiry Concerning Human Understanding* VII.
6 Ein Überblick über die verschiedenen Ansätze findet sich in Wolf, *Möglichkeit und Notwendigkeit bei Aristoteles und heute*, § 21.
7 Vgl. z. B. Strawson, *Introduction to Logical Theory*, S. 245.
8 Vgl. z. B. Quine, »Necessary Truths«.
9 Vgl. z. B. Madden, »A Third View of Causality«, S. 180 f.

Literaturhinweise

Hughes/Cresswell, *An Introduction to Modal Logic*.
Kripke, »Naming and Necessity«.
White, *Modal Thinking*.
Wolf, *Möglichkeit und Notwendigkeit bei Aristoteles und heute*.

Literaturverzeichnis

Alston, W. P., »The Ontological Argument Revisited«, in: *Philosophical Review* 69 (1960) S. 452–472.

Aristoteles, *Opera*, hrsg. von der Preußischen Akademie der Wissenschaften, Bd. 1 ff., Berlin 1831 ff.

Arnauld, A. / Nicole, P., *La logique ou l'art de penser* (1662), Neudr. Paris 1965; dt.: A. A., *Die Logik oder die Kunst des Denkens*, Darmstadt 1972.

Berkeley, G., *A Treatise Concerning the Principles of Human Knowledge*, Dublin 1710; dt. *Eine Abhandlung über die Prinzipien der menschlichen Erkenntnis*, hrsg. von A. Klemmt, Hamburg 1957.

Carl, W., *Existenz und Prädikation*, München 1974.

Carnap, R., »Wahrheit und Bewährung« (1936); abgedr. in: Skirbekk (Hrsg.), *Wahrheitstheorien*, S. 89–95.

– *Meaning and Necessity*, Chicago 1947; dt. *Bedeutung und Notwendigkeit*, Wien 1972.

– »Empiricism, Semantics and Ontology« (1950); abgedr. in: R. C., *Meaning and Necessity*, Chicago ^{2}1956, S. 205–221 [auch in der dt. Ausg. enthalten].

Cartwright, R., »Propositions«, in: R. J. Butler (Hrsg.), *Analytical Philosophy*, Oxford 1962, S. 81–103.

Copi, I. M., *Introduction to Logic* (1953), London / New York ^{5}1978.

Davidson, D., »Truth and Meaning«, in: *Synthese* 17 (1967) S. 304–323.

Descartes, R., *Discours de la méthode*, Leyden 1637; frz./dt., hrsg. von L. Gäbe, Hamburg 1960.

– *Meditationes de prima philosophia*, Paris 1641; lat./dt., hrsg. von L. Gäbe, Hamburg 1959.

Donnellan, K. S., »Reference and Definite Descriptions«, in: *Philosophical Review* 75 (1966) S. 281–304.
Dummett, M., *Frege. Philosophy of Language*, London 1973.
Duns Scotus, J., »Ordinatio«, in: J. D. S., *Opera Omnia*, hrsg. von C. Balić, Bd. 3, Vatikanstadt 1954.

Frege, G., *Begriffschrift*, Halle 1879; Neudr. Darmstadt 1964.
– *Die Grundlagen der Arithmetik*, Breslau 1884; Neudr. Breslau 1934, Darmstadt 1961.
– »Funktion und Begriff« [Vortrag, Jena 1891]; abgedr. in: G. F., *Funktion, Begriff, Bedeutung*, hrsg. von G. Patzig, Göttingen 1962, [4]1975, S. 17–39.
– »Über Sinn und Bedeutung«, in: *Zeitschrift für Philosophie und philosophische Kritik* N.F. 100 (1892) S. 25–50; abgedr. in [und zit. nach]: G. F., *Funktion, Begriff, Bedeutung*, hrsg. von G. Patzig, Göttingen 1962, [4]1975, S. 40–65.
– »Über Begriff und Gegenstand«, in: *Vierteljahrschrift für wissenschaftliche Philosophie* 16 (1892) S. 192–205; abgedr. in [und zit. nach]: G. F., *Funktion, Begriff, Bedeutung*, hrsg. von G. Patzig, Göttingen 1962, [4]1975, S. 66–80.
– »Der Gedanke. Eine logische Untersuchung«, in: *Beiträge zur Philosophie des deutschen Idealismus* 1 (1918/19) S. 58–77; abgedr. in [und zit. nach]: G. F., *Logische Untersuchungen*, hrsg. von G. Patzig, Göttingen 1966, [2]1976, S. 30–53.
– »Die Verneinung. Eine logische Untersuchung«, in: *Beiträge zur Philosophie des deutschen Idealismus* 1 (1918/19) S. 143–157; abgedr. in [und zit. nach]: G. F., *Logische Untersuchungen*, hrsg. von G. Patzig, Göttingen 1966, [2]1976, S. 54–71.
– »Dialog mit Pünjer über Existenz«, in: G. F., *Schriften zur Logik und Sprachphilosophie*. Aus dem Nachlaß, hrsg. von G. Gabriel, Hamburg 1971, S. 1–22.
Freytag-Löringhoff, B. v., *Logik*, 2 Bde., Stuttgart [u. a.] 1955–67.

Geach, P. T., *Reference and Generality*, Ithaca (N.Y.) 1962.

– »Assertion«, in: *Philosophical Review* 74 (1965); abgedr. in: P. T. G., *Logic Matters*, Oxford 1972, S. 254–269.

Gilson, E., *L'être et l'essence*, Paris 1948.

Grice, H. P. / Strawson, P. F., »In Defense of a Dogma«, in: *Philosophical Review* 65 (1956) S. 141–158.

Habermas, J., »Wahrheitstheorien«, in: *Wirklichkeit und Reflexion*, Festschrift für W. Schulz, hrsg. von H. Fahrenbach, Pfullingen 1973, S. 211–265.

Hare, R. M., *Practical Inferences*, London 1971.

Hegel, G. F. W., *Phänomenologie des Geistes*, hrsg. von J. Hoffmeister, Leipzig 1949, Neudr. Hamburg ^{6}1952.

– *Wissenschaft der Logik*, hrsg. von G. Lasson, 2 Bde., Leipzig 1948, Neudr. Bd. 1: Hamburg 1969, Bd. 2: 1971, 1975.

Heidegger, M., *Sein und Zeit*, Halle 1927.

– *Kant und das Problem der Metaphysik*, Frankfurt a. M. 1951.

Hughes, G. E. / Cresswell, M. J., *An Introduction to Modal Logic*, London 1968; dt. *Einführung in die Modallogik*, Berlin 1978.

Hume, D., *An Enquiry Concerning Human Understanding*, hrsg. von L. A. Selby-Bigge, Oxford 1962; dt. *Eine Untersuchung über den menschlichen Verstand*, hrsg. von H. Herring, Stuttgart 1967 [u. ö.] (Reclams Universal-Bibliothek, 5489 [3]).

Husserl, E., *Logische Untersuchungen*, 2 Bde., Halle ^{2}1922.

James, W., »Pragmatism's Conception of Truth« (1907); dt. »Der Wahrheitsbegriff des Pragmatismus«, abgedr. in: Skirbekk (Hrsg.), *Wahrheitstheorien*, S. 35–58.

Kahn, Ch., *The Verb ›Be‹ in Ancient Greek*, Dordrecht 1973.

Kamlah, W. / Lorenzen, P., *Logische Propädeutik*, Mannheim 1967.

Kant, I., *Gesammelte Schriften*, hrsg. von der Königlich Preu-

ßischen Akademie der Wissenschaften, Bd. 1 ff., Berlin 1902 ff.
– »Der einzig mögliche Beweisgrund zu einer Demonstration des Daseins Gottes«, in: I. K., *Gesammelte Schriften*, Bd. 2 (1905).
– *Kritik der reinen Vernunft* [zit. als: *Kr.d.r.V.*], 1. Aufl. (»A«), in: I. K., *Gesammelte Schriften*, Bd. 4 (1911); 2. Aufl. (»B«), in: I. K., *Gesammelte Schriften*, Bd. 3 (1911).
– *Logik*, in: I. K., *Gesammelte Schriften*, Bd. 9 (1923).
Kenny, A., »Practical Inference«, in: *Analysis* 26 (1965/66) S. 65–75.
Kneale, W. und M., *The Development of Logic*, Oxford 1962.
Kripke, S., »Identity and Necessity«, in: M. K. Munitz (Hrsg.), *Identity and Individuation*, New York 1971; dt. in: *Moderne Sprachphilosophie*, hrsg. von M. Sukale, Hamburg 1976, S. 190–215.
– »Naming and Necessity«, in: D. Davidson / G. Harman (Hrsg.), *Semantics of Natural Language*, Dordrecht 1972, S. 253–355; separat Oxford 1980; dt. *Name und Notwendigkeit*, Frankfurt a. M. 1981.

Leibniz, G. W., *Monadologie*, frz./dt., hrsg. von H. Herring, Hamburg 1956.
Lemmon, E. J., »Sentences, Statements and Propositions«, in: B. Williams / A. Montefiore (Hrsg.), *British Analytical Philosophy*, London 1966, S. 87–108.
Locke, J., *An Essay Concerning Human Understanding*, London 1690; dt. *Versuch über den menschlichen Verstand*, hrsg. von C. Winckler, 2 Bde., Leipzig 1911–13.
Logik von Port-Royal: s. Arnauld.
Lorenzen, P., *Methodisches Denken*, Frankfurt a. M. 1968.
Lyons, J., *Introduction to Theoretical Linguistics*, Cambridge 1968; dt. *Einführung in die theoretische Linguistik*, München ^{5}1980.

Madden, E. H., »A Third View of Causality«, in: *Review of Metaphysics* 23 (1969) S. 67–84.
Mates, B., *Elementary Logic*, Oxford 1965; dt. *Elementare Logik*, Göttingen ²1978.
Mill, J. St., *A System of Logic*, London 1843; dt. in: J. St. M., *Gesammelte Werke*, hrsg. von Th. Gomperz, Bd. 2–4, Leipzig 1873.
Mitchell, D., *An Introduction to Logic*, London ²1964.
Moore, G. E., »Is Existence a Predicate?« (1936), in: G. E. M., *Philosophical Papers*, London 1959, S. 115–126.

Nagel, E., »Logic Without Ontology«, in: H. Feigl / W. Sellars (Hrsg.), *Readings in Philosophical Analysis*, New York 1949, S. 191–210.
Neurath, O., »Soziologie im Physikalismus«, in: *Erkenntnis* 2 (1931).

Patzig, G., »Satz und Tatsache«, in: G. P., *Sprache und Logik*, Göttingen 1970, S. 39–76; auch in: G. P., *Tatsachen, Normen, Sätze*, Stuttgart 1980 (Reclams Universal-Bibliothek, 9986 [2]), S. 8–44.
– »Widerspruch«, in: H. Krings / H. M. Baumgartner / Ch. Wild (Hrsg.), *Handbuch philosophischer Grundbegriffe*, Bd. 6, München 1973.
– »Schluß«, in: *ebd.*, Bd. 5, 1973.
Pfänder, A., *Logik*, Tübingen ³1963.
Pitcher, G. (Hrsg.), *Truth*, Englewood Cliffs 1964.
Platon, *Opera Omnia*, hrsg. von I. Burnett, Oxford 1900.
Popper, K. R., *Conjectures and Refutations*, London 1963.
Putnam, H., »The Analytic and the Synthetic«, in: *Minnesota Studies in the Philosophy of Science*, Vol. 3, Minneapolis 1962.

Quine, W. V. O., »On What There Is« (1948), abgedr. in: W. V. Q., *From a Logical Point of View*, S. 1–19.

– »Identity, Ostension and Hypostasis« (1950), abgedr. in: W. V. Q., *From a Logical Point of View*, S. 65–79.
– »Two Dogmas of Empiricism« (1951), abgedr. in: W. V. Q., *From a Logical Point of View*, S. 20–46.
– *Methods of Logic*, London 1952; dt. *Grundzüge der Logik*, Frankfurt a. M. 1969.
– *From a Logical Point of View*, Cambridge (Mass.) 1953; dt. *Von einem logischen Standpunkt*, Frankfurt a. M. [u. a.] 1979.
– *Word and Object*, Cambridge (Mass.) 1960; dt. *Wort und Gegenstand*, Stuttgart 1980 (Reclams Universal-Bibliothek, 9987 [6]).
– »Necessary Truths«, abgedr. in: W. V. Q., *The Ways of Paradox*, New York 1966, S. 48–56.
Quinton, A., »The A Priori and the Analytic«, abgedr. in: *Proceedings of the Aristotelian Society* 64 (1963/64) S. 31–54.

Ramsey, F. P., »Facts and Propositions« (1927); dt.: »Tatsachen und Propositionen«, [auszugsweise] in: Skirbekk (Hrsg.), *Wahrheitstheorien*, S. 224–225.
Rescher, N., *The Logic of Commands*, London 1966.
Russell, B., *The Principles of Mathematics*, Cambridge 1903.
– »On Denoting«, in: *Mind* 14 (1905) S. 479–493; abgedr. in: B. R., *Logic and Knowledge*, S. 39–56; dt. in: W. Stegmüller (Hrsg.), *Das Universalien-Problem*, Darmstadt 1978; auch in: B. R., *Philosophische und politische Aufsätze*, hrsg. von U. Steinvorth, Stuttgart 1971 [u. ö.] (Reclams Universal-Bibliothek, 7970 [3]), S. 3–22.
– *The Philosophy of Logical Atomism* (1918), abgedr. in: B. R., *Logic and Knowledge*; dt. in: *Die Philosophie des logischen Atomismus*, München 1976, S. 178—277.
– *Introduction to Mathematical Philosophy*, London 1919; dt. *Einführung in die mathematische Philosophie*, München 1923, ²1930.
– *Logic and Knowledge*, London 1956.
– »Mr. Strawson on Referring«, in: *Mind* 66 (1957) S. 385

bis 389; abgedr. in: B. R., *My Philosophical Development*, London 1959, S. 175–180.

Searle, J., »Proper Names«, in: *Mind* 67 (1958) S. 166–173; dt. in: *Philosophie und Sprache*, hrsg. von J. Schulte, Stuttgart 1981 (Reclams Universal-Bibliothek, 9563 [2]), S. 118–131.
– *Speech Acts*, Cambridge 1969; dt. *Sprechakte*, Frankfurt a. M. 1971.
Skirbekk, G. (Hrsg.), *Wahrheitstheorien*, Frankfurt a. M. 1977.
Specht, E. K., *Sprache und Sein*, Berlin 1967.
Stegmüller, W., »Das Universalienproblem einst und jetzt«, in: *Archiv für Philosophie* 6 (1956) S. 192–225; 7 (1957) S. 45–81.
– *Das Wahrheitsproblem und die Idee der Semantik*, Wien 1957.
Strawson, P. F., »On Referring«, in: *Mind* 59 (1950) S. 320–344; abgedr. u. a. in: P. F. St., *Logico-Linguistic Papers*, London 1971; dt. *Logik und Linguistik*, München 1974, S. 83–116.
– *Introduction to Logical Theory*, London 1952.
– *Individuals*, London 1959; dt. *Einzelding und logisches Subjekt*, Stuttgart 1972 [u. ö.] (Reclams Universal-Bibliothek, 9410 [5]).

Tarski, A., »Der Wahrheitsbegriff in den formalisierten Sprachen« (1936), abgedr. in: K. Berka / L. Kreiser (Hrsg.), *Logik-Texte. Kommentierte Auswahl zur Geschichte der modernen Logik*, Berlin 1971, S. 447–559.
– »On the Concept of Logical Consequence« (1936), abgedr. in: A. T., *Logic, Semantics, Metamathematics*, Oxford 1956, S. 409–420.
– »Die semantische Definition der Wahrheit und die Grundlagen der Semantik« (1944), abgedr. in: Skirbekk (Hrsg.), *Wahrheitstheorien*, S. 140–188.
– *Einführung in die mathematische Logik*, Göttingen 1966.

Thomas von Aquin, »Quaestiones Disputatae de Veritate«, in: Th. v. A., *Quaestiones Disputatae I*, Rom 1949.

Tugendhat, E., »Tarskis semantische Definition der Wahrheit und ihre Stellung innerhalb der Geschichte des Wahrheitsproblems im logischen Positivismus« (1960), abgedr. in: Skirbekk (Hrsg.), *Wahrheitstheorien*, S. 189–223.

– »Wissenschaft und Wahrheit«, in: *Collegium Philosophicum*, Festschrift für J. Ritter, Basel 1965, S. 389–402.

– »Existence in Space and Time«, in: *Neue Hefte für Philosophie* 8 (1975) S. 14–33.

– *Vorlesungen zur Einführung in die sprachanalytische Philosophie*, Frankfurt a. M. 1976.

Waismann, F., *Logik, Sprache, Philosophie*, Stuttgart 1976 (Reclams Universal-Bibliothek, 9872 [8]).

White, A. R., *Modal Thinking*, Oxford 1975.

Wiggins, D., *Identity and Spatio-Temporal Continuity*, Oxford 1967.

– *Sameness and Substance*, Oxford 1980.

Wittgenstein, L., *Tractatus logico-philosophicus* (1921), in: L. W., *Schriften*, Bd. 1, Frankfurt a. M. 1960.

– *Philosophische Untersuchungen* (1953), in: L. W., *Schriften*, Bd. 1, Frankfurt a. M. 1960.

Wolf, U., *Möglichkeit und Notwendigkeit bei Aristoteles und heute*, München 1979.

Zimmermann, R., *Der »Skandal der Philosophie« und die Semantik*, Freiburg/München 1981.

Zink, S., »The Meaning of Proper Names«, in: *Mind* 72 (1963) S. 481–499.

Englische und amerikanische Philosophen der Gegenwart

IN RECLAMS UNIVERSAL-BIBLIOTHEK

John Langshaw Austin, Sinn und Sinneserfahrung (Sense and Sensibilia). 182 S. UB 9803 – Zur Theorie der Sprechakte (How to do things with Words). 219 S. UB 9396

Donald Davidson, Der Mythos des Subjektiven. Philosophische Essays. 117 S. UB 8845

Michael Dummett, Wahrheit. Fünf philosophische Aufsätze. 240 S. UB 7840

Ian Hacking, Eine Einführung in die Naturwissenschaften. 477 S. UB 9442

Ted Honderich, Wie frei sind wir? 205 S. UB 9356

John Leslie Mackie, Ethik. Auf der Suche nach dem Richtigen und Falschen. 317 S. UB 7680 – Das Wunder des Theismus. Argumente für und gegen die Existenz Gottes. 424 S. UB 8075

Thomas Nagel, Die Grenzen der Objektivität. Philosophische Vorlesungen. 144 S. UB 8721 – Was bedeutet das alles? Eine ganz kurze Einführung in die Philosophie. 87 S. UB 8637

Willard Van Orman Quine, Wort und Gegenstand (Word and Object). 504 S. UB 9987

Nicholas Rescher, Die Grenzen der Wissenschaft. 382 S. UB 8095

Richard Rorty, Eine Kultur ohne Zentrum. Vier philosophische Essays. 148 S. UB 8936 – Solidarität oder Objektivität? Drei philosophische Essays. 127 S. UB 8513

Gilbert Ryle, Der Begriff des Geistes. 464 S. UB 8331

Wesley C. Salmon, Logik. 287 S. UB 7996

Peter Singer, Praktische Ethik. 331 S. UB 8033

Peter Frederick Strawson, Einzelding und logisches Subjekt (Individuals). 326 S. UB 9410

Alfred North Whitehead, Die Funktion der Vernunft. 79 S. UB 9758

Bernard Williams, Der Begriff der Moral. Eine Einführung in die Ethik. 112 S. UB 9882 – Probleme des Selbst (Problems of the Self). Philosophische Aufsätze 1956–1972. 439 S. UB 9891

Philipp Reclam jun. Stuttgart